佛藏經講義

——第十七輯

平實導師 述著

ISBN 978-626-95796-2-4

佛法是具體可證的，三乘菩提也都是可以親證的義學，並非不可證的思想、玄學或哲學。而三乘菩提的實證，都要依第八識如來藏的實存及常住不壞性，才能成立；否則二乘無學聖者所證的無餘涅槃即不免成爲斷滅空，而大乘菩薩所證的佛菩提道即成爲不可實證之戲論。如來藏心常住於一切有情五蘊之中，光明顯耀而不曾有絲毫遮隱；但因無明遮障的緣故，所以無法證得；只要親隨眞善知識建立正知正見，並且習得參禪功夫以及努力修集福德以後，親證如來藏而發起實相般若勝妙智慧，是指日可待的事。古來中國禪宗祖師的勝妙智慧，全都藉由參禪證得第八識如來藏而發起；佛世迴心大乘的阿羅漢們能成爲實義菩薩，也都是緣於實證如來藏才能發起實相般若勝妙智慧。如今這種勝妙智慧的實證法門，已經重現於臺灣寶地，有大心的學佛人，當思自身是否願意空來人間一世而學無所成？或應奮起求證而成爲實義菩薩，頓超二乘無學及大乘凡夫之位？然後行所當爲，亦不行於所不當爲，則不唐生一世也。

——平實導師

如聖教所言，成佛之道以親證阿賴耶識心體（如來藏）爲因，《華嚴經》亦說**證得阿賴耶識者獲得本覺智**，則可證實：證得阿賴耶識者方是大乘宗門之開悟者，方是大乘佛菩提之眞見道者。經中、論中又說：證得阿賴耶識而轉依**識上所顯真實性、如如性**，能安忍而不退失者即是**證真如**，即是大乘賢聖，在二乘法解脫道中至少爲初果聖人。由此聖教，當知親證阿賴耶識而確認不疑時即是開悟眞見道也；除此以外，別無大乘宗門之眞見道。若別以他法作爲大乘見道者，或堅執**離念靈知**亦是實相心者（堅持意識覺知心離念時亦可作爲明心見道者），則成爲實相般若之見道內涵有多種，則成爲實相有多種，則違**實相絕待**之聖教也！故知宗門之悟唯有一種：親證第八識如來藏而轉依如來藏所顯眞如性，除此別無悟處。此理正眞，放諸往世、後世亦皆準，無人能否定之，則堅持離念靈知意識心是眞心者，其言誠屬妄語也。

——平實導師

目次

自序　序01
第一輯　諸法實相品第一　001
第二輯　諸法實相品第一　001
第三輯　諸法實相品第一　001
第四輯　諸法實相品第一　001
第五輯　諸法實相品第一　001
念佛品第二　313
第六輯　念佛品第二　001
第七輯　念佛品第二　001
第八輯　念佛品第二　001
念法品第三　073

第九輯　念法品　第三……001
第十輯　念法品　第三……001
念僧品　第四……025
第十一輯　念僧品　第四……001
第十二輯　念僧品　第四……001
第十三輯　念僧品　第四……001
淨戒品　第五之一……175
第十四輯　淨戒品　第五之一……001
淨戒品　第五之餘……091
第十五輯　淨戒品　第五之餘……001
淨法品　第六……207
第十六輯　淨法品　第六……001
往古品　第七……173
第十七輯　往古品　第七……001
淨見品　第八……241

第十八輯 淨見品 第八——001
了戒品 第九——303
第十九輯 了戒品 第九——001
第二十輯 了戒品 第九——001
囑累品 第十——291
第二十一輯 囑累品 第十——001

自序

《佛藏經》之所以名爲「佛藏」者，所說主旨即以諸佛之寶藏爲要義。諸佛之寶藏即是萬法之本源——如來藏，《楞嚴經》中說之爲「如來藏妙眞如心」，《入楞伽經》卷七〈佛性品〉則說：「大慧！阿梨耶識者名如來藏，而與無明七識共俱，如大海波常不斷絕，身俱生故；離無常過，離於我過，自性清淨。餘七識者心，意、意識等念念不住，是生滅法。」大略解釋其義如下：

【所謂阿梨耶識（通譯阿賴耶識）又名如來藏，含藏著無明種子與七轉識種子，並與所生之無明及七轉識同時同處，和合相共運行而成爲一個五陰有情。七轉識與無明相應而從如來藏中出生，每日運行不斷；意根每天一早促使意識等六心生起之後相續運作，與意識等六心和合似一，看似常住而不斷之心，其實是從如來藏中種子流注才出現的心，就是一般凡夫大師說的「清清楚楚明明白白」的心，早上睡醒再次出生以後，就與處處作主的意根和合運作看似一心。這七識心的種子及其相應的無明種子，每天同時從如來藏中流注出來，猶如大海波一般「常不斷絕」，因爲是與色身共俱而出生的緣故。如來藏離於無常的過失，是常住法，不曾刹那間斷過；無始而有，盡未來際永無中斷或壞滅之時。如來藏亦離三界我等無常過失，迥無我見我執或我所執；其自性是本來清淨而無染污，無始以來恆自清淨，不與貪等六根本煩惱及其餘隨煩惱相應。其餘七轉識都是心，即是意根、意識與眼等五識，即是面對六塵境界時清楚明白的前六識，以及處處作主的意根；這七識心與無明種子都是念念不住的，因爲是從如來藏中流注這七識心等種子於身中才有的，當色身出生以後，意根同時和合運作，意識等六識也就跟著現行而與色身同在一起，所以是與色身同時出生而存在的。而種子是刹那刹那生滅的，以此緣故說意根與意識等七個心是生滅法。若是證阿羅漢果而入無餘涅槃時，由於我見、我執、我所執的煩惱已經斷除的緣故，這七識心的種子便不再從如來藏流注出來，死時就不會有中陰身，不會再受生，便永遠消滅了，亦因此故是生滅法。】

在三種譯本的《楞伽經》中，都不說此如來藏心是第八識（第八識是通俗的說法），而是將此心與七轉識區分成二類，說如來藏一心是常住的，是出生「意」與「意識等」六識者，也說是出生色身者，不同於七識等心。所援引的上開經文，亦已明說如來藏「離無常過，離於我過，自性清淨」；從如來藏中出生的「餘七識者心，意、意識等」，都是「念念不住，是生滅法」。這已經很明確將如來藏的主要體性與七轉識的主要體性區分開來：一是能生，一是所生，能生與所生之間互相繫屬；能生者是常住的如來藏心，沒有三界我的無常過失，沒有我見我執等過失，自性是清淨的；所生的七識心，是念念生滅的，也是可滅的，有無常的過失，也有三界我的我見與我執等過失，是不清淨的，也是生滅法。

今此《佛藏經》中所說主旨即是說明此心如來藏的自性，名之爲「無名相法」或「無分別法」，仍不說之爲第八識，而是從各方面來說明此心；並且希望後世仍有業障而無法實證佛法的四眾弟子們，未來世中都能滅除業障而證得解脫及實相智慧。以此緣故，先從「諸法實相」的本質來說明如來藏，兼及實證此心者於實證前必須留意避免的過失，才能有實證的因緣；若墮邪見或誤導眾生，並有犯戒不淨等事者，將成就業障；於其業障未滅之前，縱使未來歷經無量無邊不可思議阿僧祇劫，奉侍供養隨學九十九億諸佛以後，仍無實證之可能。以此緣故，釋迦如來大發悲心，首先於〈諸法實相品〉廣釋實相心如來藏之各種自性，隨即教導學人如何了知惡知識與善知識之區別。善於選擇善知識者，於解脫及諸法實相之求證方有可能，是故以〈念佛品〉、〈念法品〉、〈念僧品〉中的法義教導，令學人以此爲據，得以判知何人爲善知識、何人爲惡知識，從而得以修學正確的佛法，然後得證解脫果及證入諸法實相，發起本來自性清淨涅槃智，久修之後亦得兼及二乘涅槃之實證，再發十無盡願而起惑潤生乃得以入地。

若未慎擇善知識，誤隨惡知識者（惡知識表相上都很像善知識），不免追隨惡知識於無心之中所犯過失，則未來歷經無數阿僧祇劫奉侍九十九億佛之後，於解脫道及實相了義正法仍無順忍之可能，欲求佛法之見道即不可得，遑論入地。以此緣故，世尊隨後又說〈淨戒品〉、〈淨法品〉等法，教導四眾弟子們如何清淨所受戒與所修法。又爲杜絕心疑不信者，隨即演說〈往古品〉，舉出過往無量無邊不可思議阿僧祇劫前 大莊嚴佛座下，苦岸比丘等四人爲惡知識，執著邪見而誤導眾生，成爲不淨說法者；以此緣故與諸眾生相率流轉生死，於人間及三惡道中往復流轉至今，反復經歷阿鼻地獄等尤重純苦及餓鬼、畜生、人間諸苦，終而復始、受苦無量之後，終於來到釋迦如來座下精進修行，然而竟連順忍亦不可得，求證初果仍遙遙無期；至於求證諸法實相而入大乘見道，則無論矣！思之令人悲憐，設欲助其見道終無可能，對彼諸人助益無門，只能待其未來甚多阿僧祇劫受業滅罪之後始能助之。

如是警覺邪見者之後，世尊繼以〈淨見品〉、〈了戒品〉而作補救，期望以此二品能轉變諸人的邪見，勸勉諸人清淨往昔熏習所得的邪見，並了知清淨戒之所以施設的緣由而能清淨持戒，未來方有實證解脫果與佛菩提果的可能。如是教導之後，於〈囑累品〉中囑累阿難尊者等諸大弟子，當來之世以善方便攝受諸多弟子，得能清淨知見與戒行，滅除往昔所造謗法破戒所成之業障，而後方有實證之世到來。由此可見 世尊大慈大悲之心，藉著舍利弗尊者之因緣，在與舍利弗對答之時演說此實相法等，期望後世遺法弟子得能滅除業障而得證法。普察如今末法時代眾多遺法弟子，精進修行仍難遠離邪見與邪戒，求證解脫果及佛菩提果仍將難能可得，令人不覺悲切不已，是故將此經之講述錄音整理成書，流通天下，欲以利益佛門四眾。

佛子 **平實** 謹誌

於公元二〇一九年 夏初

第十七輯：

《佛藏經》卷中

〈往古品〉第七（延續上一輯未完部分）

假使佛法就像他們說的那樣是一代一代演變出來的，那他們提出這個說法時也不值得歡喜，因為他們還會被後代的弟子加以演變，顯然他們也沒有什麼傑出的地方，因為會被演變的法表示不究竟。他們可以演變祖師們的佛法，那他們的徒弟、徒孫就同樣可以演變他們的法，那他們有什麼可以驕傲的？有什麼值得自珍的？都沒有！但我們從來不演變，我們二十幾年來依照釋迦如來的法，老老實實弘揚、老老實實傳授，我們自始至終都不需要演變。

我們是不是因為這樣把他們都摧邪顯正以後，讓他們抬不起頭，我們就驕傲了？也沒有。因為我們轉依了「**無名相法**」，連語言文字都沒有，沒有面子也沒有背後，有什麼可驕傲的？全都沒有，就這樣子行於中道：無前無後，無背無面，這時還有什麼可驕傲的？但是將來世世所生，常有慧眼法眼而不止是眼根圓滿，這多棒！這樣對比之下，一勝一劣，該如何取捨，聽到我現在這麼說的人，或是以後讀到整理成書的人，自然心中有數，那麼將來正統佛教也許有望全面復興。那麼 如來接著又開示說：

經文：【「舍利弗！我今明瞭告汝，我今所說非如陶師愛護坏器。我今分明廣為四眾，說第一義畢竟空法，堅固者在，不堅固者破。何以故？舍利弗！佛得阿耨多羅三藐三菩提，不為邪見惡人說法，不為我見、人見、眾生見、壽命見者說法，何以故？是諸貪著，皆名邪見。舍利弗！如是我見人見不得順忍，況得道果？舍利弗！若我見、人見、眾生見、壽命見、斷見、常見者能得順忍，能得道果，無有是處。是故，舍利弗！若人成就如是見者，於我法中，我則不聽受諸供養；是非行者，亦非得者，但於我法求自活命。」】

語譯：【如來又開示說：「舍利弗！我如今明瞭告訴你們，我現在所說並不是猶如製陶之師愛護他所製作的坏器一般。我如今分明廣為佛門四眾，演說第一義畢竟空的法，堅固的人就留下來，不堅固的人我就破斥他。為什麼呢？舍利弗！如來得到無上正等正覺，不爲有邪見的惡人演説法要，不爲我見、人見、眾生見、壽命見的人演説佛法，爲什麼呢？因爲這所有的各種貪著，全部都叫作邪見。舍利弗！就像是這樣子，凡是有我見人見的人都沒有辦法得到順忍，何況能證得佛菩提道的果實？舍利弗！如果我見、人見、眾生見、壽命見、斷見、常見的人能得到順忍，乃至能證得佛法之道的果實，是沒有這個道理的。由於這個緣故，舍利弗！如果有人成就這一些邪見的話，在我釋迦牟尼佛的法中，就不允許他們領受各種供養；他們是『非行者』，他們也是『非得者』，他們只是在我的法中求得利養來讓自己活命罷了。」

講義：如來特地宣示：我不是像陶師一樣愛護我的坏器。製陶之師，每一個人都很愛護自己的坏器，所以必須保護燒煉之前不堅固的土坏，這叫作「陶師愛護坏器」。陶器很有藝術感，跟瓷器不一樣；瓷器做出來，製作得再怎麼精美，看起來它就是瓷器而已，很難使人跟藝術連結；但是陶器不一樣，很有藝術感。那製陶之師都會很看重自己的每一件作品，如果燒了出來覺得不滿意，有一點瑕疵，他一定把它砸爛而不敢留下來；所以他留下來的都是很成功而很看重的作品。製作瓷器就是怎麼樣讓人家特別珍惜的，不過就是做得很白、很薄，而且以指彈碗時的聲音多麼清脆；如果是特別好的，再加上一些釉彩，怎麼樣燒出紅色不會退的，那就珍貴了，但依舊沒有陶器那樣的藝術美感；珍貴而沒有藝術美感，這就是瓷器的特性。

所以青花瓷等就算很名貴了，可是有一個小小的、畫了雞的洗筆小水缸的瓷器，是紅色的，古時很少人能有那個技術，聽說後來只剩下兩個；而其中一個，那收藏者故意買來砸碎，全世界只剩下他有一個，成爲獨有，所以現在很貴。古人沒有辦法燒出那種紅色來，是因爲它的稀有才珍貴，可是你看它美不美？我覺得不美；有錢人怎麼看我不知道，至少我看著覺得不美。但陶器不一樣，陶器就是有那種飄逸或古拙的美感；也許那一個瓷器杯子可以賣個幾億元，但我寧可去買個一萬元、兩萬元的陶器產品，我覺得這樣很美。

那陶師都有這種特性，很珍愛自己的作品；而古代陶師跟現在也許不一樣，古代「陶師」這兩個字是泛指一切製陶者；但製陶包括以前裝水用的陶器，那其實是很粗糙的，主要是裡外都上了一層釉而不漏水就好了，其實作工是很粗糙的，但是每一個陶師也都說自己的陶器是最好的；就像外道們都說自己的法是最高的一樣，所以當年 如來出世時，幾乎普天下到處是阿羅漢，但沒有一個人自稱是如來，只有傳說有如來這個法（有傳說而沒有實證的法），也沒有人自稱如來；但是當時阿羅漢到處都是，有很多種的阿羅漢，譬如證得非想非非想定的阿羅漢、無所有處的阿羅漢，往下推究一直到未到地定、欲界定的阿羅漢都有。可是這一些阿羅漢，爲什麼 如來降世後都成爲 如來的弟子？大家後來都發覺說：「原來成爲如來弟子以後，修學了四聖諦、八正道才能成爲眞的阿羅漢，以前的阿羅漢們都是假的。」

那爲什麼是這樣？因爲 如來還沒有降世，三乘菩提還沒有眞的傳授下來，世間的修行人都是誤會涅槃的境界了，就一定會是這樣。傳說中有阿羅漢也有如來，沒有人敢自稱是如來，但阿羅漢是人人自稱、到處都有。那麼這些阿羅漢們還沒成爲 如來的弟子之前，全部都叫作外道。這「外道」二字是不是罵人的話？不是的，只是因爲 如來還沒有降世，當然所有人是外道。如來還沒降世以前，我當時也是外道之一——忝爲外道之一，但後來成爲 如來的弟子，就不再是外道了。可是當時外道自稱阿羅漢的人太多了，後來 世尊一一去度化，告訴他們說：「這樣不是阿羅漢，這樣只是某某定的境界。」就說明：你這是什麼定，他又是什麼定。在那之前大家都很寶愛自己的法，都向眾生宣示自己的法是最好的，都宣示自己的法是最清白、最白淨、最究竟的解脫，都是這樣講。就像天下的陶師一樣，每一個陶師都說：「我這作品的水平最好。」「我這甕是最好的。」「我這盆子是最好的。」所有陶師都愛護坏器，否則他們就別作生意了。

那麼　如來爲什麼要講這個？這是在告訴大家說：「我的法不是像世間法一樣，所以我不需要來告訴大家說：『我的法是最好的。』但是我絕對不爲某些人說法，這是有緣故的。我的法之所以好，是因爲我超越了這些邪見，不在這些邪見之內，凡是有這一些邪見的人都不能得到我的法。」這是　如來特別強調的。就是說：「我不是自賣自誇，我現在是要把眞相告訴你們。」所以說：「舍利弗啊！你們大家要聽清楚！」這是　如來的意旨。如來又說：「我今分明廣爲四眾，說第一義畢竟空法。」也就是說：「我已經講得夠清楚了，」所以叫作「分明」；而且是「廣爲」，表示所說的內涵、層面都是非常廣的。

所以我們把這一部經從前面講下來，爲何前面那一些經文往往是四個字、兩個字，我們得要講兩個鐘頭？因爲要把 如來的眞正意旨彰顯出來。如來說：「我今分明廣爲四眾，說第一義畢竟空法，」就表示「第一義畢竟空」的勝妙法已經宣講過了。但是宣講之後，凡是對 如來說的勝妙法信心堅固的人，就容許他們繼續在法中存在；如果對於 如來所說心中懷疑、猶豫不信，如來就要破斥他了，這是一定的作法。那我們身爲 如來的弟子，也得要這樣作；所以同修會成立那麼久，我弘法有二十幾年了，假使有人炫耀他的證量多高，我都無所謂，只要你信受這個法，都沒問題。除非是大妄語，那我會勸他懺摩，否則他去炫耀證量多好多好，我都置若罔聞。可他一旦否定這個正法，那我就不留情了，一定破他；破到他無法回應的目的是什麼？希望他有一天警覺：「蕭老師講的才對，我得要懺悔，否則來世長劫不可愛的異熟果就沒完沒了。」那麼他來世就不必墮惡道，我只要他懂得懺悔就好。

所以「不堅固者破」，對正法的信心不堅固而走向外道法的人，一定要破，如來的作爲就是這樣。對於堅固者，如來一定隨喜，容許他在僧團中繼續安住。如來也解釋爲什麼要這樣作：「我釋迦牟尼佛是得到無上正等正覺，這無上正等正覺的法是不應該爲邪見的惡人說法，」也就是說，凡是有邪見的人都是惡人。爲何有邪見的人都是惡人？因爲他們一定會誤導眾生，會戕害眾生的法身慧命，所以是惡人。如來前面也講過，殺人不過一世，一千個人被那個人殺了，不過是那一千個人的一世被殺，來世還得繼續生在人間。可是假使被他戕害了法身慧命，或是跟著謗佛、謗法，或者大妄語，那是要多久處在地獄中啊？所以有邪見的人都是惡人，因此如來不爲有邪見的惡人說法。

如來有時去找外道論法，就以外道法破外道法；破完了之後，那外道聰明的話就成爲佛弟子，後來就成爲阿羅漢；外道如果不聰明，就會離開，不想成爲 如來弟子，可是他們座下的弟子們就會成爲 如來弟子而證果。但 如來爲什麼不爲邪見的惡人說法？因爲他們的邪見根深柢固無法逆轉。所以外道來求 佛說法時，佛也爲他們解說，因爲外道會來求 佛說法時，表示他認爲自己的法是有問題；不管他是學來的或是自己修行的所得，就是認定自己的法有問題或者不究竟，才會親自來求 佛爲他說法；那時 佛陀就會爲他說法，當然說法時有一定的次序——「施論、戒論、生天之論」，然後「欲爲不淨」，接著是「上漏為患，出要為上（或者出離為要）」，那外道聽完時得法眼淨，是以外道身證得初果；當他知道自己有慧眼了，就會立刻求 佛允許出家。

佛准許外道在佛座下出家時有不同的狀況，有時 佛說：「善來！比丘。」那外道就鬚髮自落；說他鬍鬚掉光、頭髮掉光了，是什麼意思？是煩惱斷盡了；不是眞的頭髮掉光、鬍鬚掉光，他當下成為阿羅漢。這可怪了！為什麼說句「來得好啊！比丘」，他就成為阿羅漢？因為那是再來人，那個阿羅漢其實就是再來的菩薩，只是配合世尊的降生示現成佛而預先來受生在這裡的。這樣你們增上班的同修聽懂了沒？「來得好啊！比丘」，他就鬚髮自落成阿羅漢，其實本質就是菩薩，他當下悟了就回復往世的證量。

但這是少數人，大多數人是得法眼淨之後，請求 如來允許出家，如來允許之後，就有長老比丘帶他去剃髮，剃髮完了，他當天下午或晚上，就山洞裡或樹下坐（當年都是這樣過日子，沒有房子住的）；那就「獨一靜處、專精思惟」，思惟到半夜或者天亮，就來求見 如來，如來都沒有拒絕過；即使半夜來見 如來，如來也接受，然後他就向 如來稟報：「我生已盡，梵行已立，所作已辦，不受後有。」這一些都講了，然後如來應許認可說：「是啊！你是阿羅漢了。」這一類的人，有時他們會繼續當阿羅漢而不迴心，但是大部分人後來都成爲證悟明心的菩薩。

但凡「善來！比丘」，全部都是菩薩再來，他們往世是已經很有修證的菩薩，往世就是地上的菩薩了，才會是善來比丘。但很多人讀《阿含經》時知道這是什麼道理嗎？都不知道，老是懷疑說：「哪有可能？如來講一句『善來！比丘』，他就成阿羅漢，爲什麼我讀那麼多遍了都沒成爲阿羅漢？」就抱怨；他沒想到人家往世就是個地上菩薩，就只是提前來人間布局等待釋迦如來降生而已。所以凡是來求　佛說法的，都是沒有慢心的人；唯一一個慢心重的人，就是如來的最後弟子，就是須跋陀羅；如來已經宣告三月後入涅槃，他想：「我要去見如來，我沒有很確定自己這樣是阿羅漢，也許還不能出離生死。」可是他又想：「我一百二十歲了，如來才八、九十歲。」他就這樣一天拖過一天。如來又說：「我三天後要入涅槃。」話又傳出去了，他應該思考立刻來見，但還拖著時間沒來。然後如來說：「今天要涅槃了。」如來特地講了，故意要傳出去，但他就是不來；一直等到如來在雙林樹下準備好，已經吉祥臥要入涅槃時他才來。

所以我說他增上慢，他一定是心中想著說：「萬一我是眞的阿羅漢，那我再去找如來印證，就不是獨覺的阿羅漢了！」這就是增上慢。但眞正的「增上慢者」不會有這種想法，因爲相信自己都可以入涅槃，就不考慮去見 如來。所以阿難當時不讓他進去請示 如來，直接把他遮擋；但 如來知道還有一個弟子應該來的，至今還沒來，如來是在等他；所以 如來告訴阿難說：「這是我最後的一個弟子，你不要遮止他，讓他過來。」結果爲他說法以後，他才成爲眞正的阿羅漢，但他竟然不送 如來，竟然要先走。那是 釋迦如來太慈悲，要是我現在的想法，我才不度這個人；因爲他馬上要入涅槃，我度了他，對眾生有何用處？他至少也爲我再住壽三年，能度幾個弟子也好，怎麼能在我還沒走以前他就先走了，這就是增上慢。但畢竟須跋陀羅的增上慢不是很嚴重，所以他最後還是來了，成爲 如來的最後弟子。

但如果不會來的人，都是邪見者，邪見者都不會來求 如來爲他們開示的，而且 世尊也不爲他們開示；因爲他們認定自己的看法是最好的，自認是絕對正確的，不論誰來指出他們的錯處，他們都不接受；即使是人天導師的世尊爲他說明，他們也不會相信，所以如來「不爲邪見惡人說法」是有原由的。那麼如來特別指出——「不爲我見、人見、眾生見、壽命見者說法」，這四種人如來說都是貪著者，因爲貪著我與人；貪著自我的人一定也會貪著別人，他不會只去貪著自己。世間有人說：「天下之大，唯我獨尊。」哪天遇著了我，我問他：「汝喚什麼作天下？」要問他：「你說的天下到底是指什麼？」他一定講一大堆。我說：「都不用講那麼多廢話，其實你自己都不知道什麼叫天下，所謂的天下就是天下一切人，你把它叫作天下；沒有了這一些人，你何能夠唯我獨尊？」只剩下一個人，他自己要尊什麼？他沒什麼可尊的了。所以他以自己爲尊時，其實是執著天下人；當天下都沒有人時，他就沒有可尊的地方了，所以這就是貪著。

貪著別人時也是貪著自己，所以有個外道說：「上帝愛世人，愛一切人。」聽過吧？耳熟能詳！可是我要說，上帝自己掌嘴了；他說愛世人，愛世人時又說愛一切人，然後又要把異教徒剪除，不矛盾嗎？他們《聖經》用的是剪除這個動詞。就像一般人見到一條蜈蚣時，拿剪刀把牠剪掉一樣，這就是上帝愛世人。且不說他對異教徒、對其他人多麼殘忍，單說他愛世人而提出「博愛」這個口號時，他是不是很愛自己？如果他不是很愛自己，爲什麼要愛世人？這是相對的啊！他不但很愛自己，簡直是個自戀症患者，所以只許人家崇拜他、讚歎他，不許批評他；誰批評他，他就指控那是異教徒，教導他的門徒要去把對方剪除；剪除之不足，繼之以天火焚燒，繼之以大水淹沒，這不就是上帝幹的嗎？這樣哪裡有愛？話說回來，還眞不能說他沒有愛，因爲他這行爲是恨，恨與愛正是一體兩面；意識這一面是愛，另一面就是恨。他如果不是有愛的這一面，就不會有恨的那一面，因爲他活在六塵境界中，所以「我見」就是一種貪愛，這樣講夠白了。

如果還有人認爲說：「有我見的人不一定有貪愛。」那他一定錯了！他那個所謂的沒有貪愛，只是暫時壓制下來，因爲作爲一個修行人，得要裝模作樣。其實以意識爲眞實我時就一定會有愛，有愛就會有恨，這是一體的兩面。除非依止於空性如來藏，才能無愛也無恨，那才可以是大悲心！這一些既然都是依我見而衍生出來的，叫作我見、人見、眾生見、壽命見，那就是一種貪愛的表現。以意識自我爲中心時，一定會相對的有人、有眾生、有壽命，當他認定意識眞實時，那就是一種貪著；認定意識爲眞實時，就會以意識所相應的那些境界作爲眞實法、作爲眞實境界，就一定會有貪著。

所以證得初禪而自認爲涅槃的人，他自認爲是阿羅漢，那你叫他說：「你不要每天入初禪，不要每天入涅槃。」因爲他認爲初禪境界就是涅槃，於是叫他不要每天入涅槃，他一定不接受，因爲他有對境界的貪著。當他貪著於初禪的境界時，以爲那是無餘涅槃。如果證得二禪、三禪乃至非想非非想定，你叫他一段時間不要住在那個境界中，他也不會接受的，每天都要入那個境界中安住，因爲他認爲那是無餘涅槃，爲什麼呢？因爲他是以意識爲中心，而意識跟那個定的境界相應，所以意識就是要每天住進那個境界，自以爲是涅槃。那麼這就是對自我的貪著，也是對意識相應境界的貪著。

喇嘛教爲什麼要施設〈十四根本墮〉？是因爲他們執著那個境界，說那叫作「佛」的境界，所以自己另外施設了密宗這個戒，要求教徒們每天必須進入那個境界中，否則就是犯戒，說死後要下金剛地獄，所以每天都要進去「佛」的境界住那麼一段時間；那他們所謂「佛」的境界是什麼境界呢？就是樂空雙運的遍身樂觸境界啊！所以他們規定，假使你已經得了密灌之後，沒有每天進入那個境界，那就是違戒；犯了戒要下什麼地獄？金剛地獄！他們自己發明一個金剛地獄，不知道要嚇誰？但愚癡的信徒或喇嘛就被嚇著了，因爲怕墮落金剛地獄，又沒有多少女徒弟可用，所以那個喇嘛只好跑到華西街去逛窯子，不就被抓到了嗎？

他們如果每天修樂空雙運就不犯戒，而且叫作持戒清淨；所以密宗假藏傳佛教喇嘛們或者外圍人士狡辯說：「**我們所有密宗藏傳佛教的活佛都是持戒清淨的。**」你們可別誤會了，他們說的持戒清淨是每天跟女信徒合修雙身法，跟我們正統佛教定義的持戒清淨不一樣。但一般佛教徒並不知道他們這個特別的定義，社會人士也不知道，因此都被騙：「**你看人家都保證喇嘛們持戒清淨，你們正覺爲什麼還這樣說人家？**」所以我們眞的有必要告訴社會大眾說：「**他們所謂的持戒清淨就是依照〈十四根本墮〉，每天跟女信徒合修雙身法，這樣叫作持戒清淨，不是正統佛教定義的持戒清淨。**」我們眞的有必要來告訴大家這個眞相。

那你如果要求他們不要每天都樂空雙運，他們絕對不接受，因爲他們貪著那個境界；他們誤認爲那個境界是所謂報身佛的境界，所以這都是貪著。可這個貪著的根源在哪裡？在於具足五陰。我們往常說人家大妄語時，還沒有指說他們是具足五陰，只說他們墮在意識境界；因爲他們認定離念時是涅槃，就是眞如的境界；但離念時仍然是意識，我們也說那個是意識；因爲他們還沒有人說過：「我們涅槃時是有見、有聞、有嚐味、有嗅香等。」所以我們不說他們落入識陰或者五陰，而密宗卻是具足五陰我見的。但是有一個大山頭就落入識陰具足，所以他們說：「我見聞了了而不分別，諸位能看見師父我說法的一念心，能聽見師父我說法的一念心，師父我爲諸位說法的一念心，這就是眞如佛性。」這是具足識陰六個識的，可也只有這麼一個而已，其他都是落在意識上，不具足識陰六識。

可是密宗假藏傳佛教卻是五陰具足，不單是落入識陰而已。也許有人懷疑，我解釋給諸位聽聽，看那是不是貪著五陰？當他們行雙身法時樂空雙運，要不要色陰？要！一定要有色陰，所以宗喀巴認爲色身是眞實法；那他有沒有眼見色、耳聞聲、鼻嗅香……等？例如蓮花生寫的《亥母甚深引導》六十四式，簡直比色情小說還要色，顯然是色聲香味觸等五塵全部都具足，再加上享受淫觸的韻味，去體會裡面的一些淫樂法，那不就法塵也有了嗎？所以識陰六識具足了。

色陰、識陰都具足時，他有沒有受陰在領受？假使他那時沒有受陰，那他修什麼？那他在修樂空雙運時有沒有了知？有嘛！那就想陰具足。而且他還想方設法要達到金鎗不倒，以及可以二十四小時連續受樂不斷，當然也是受陰與想陰具足；宗喀巴的《密宗道次第廣論》就是這樣要求的，你們說他是不是大外道？眞是大外道！所以他也有想陰。這時最粗淺的想陰、最微細的想陰他都有了，他對那境界有了知，了知就是想陰。那他樂空雙運時有沒有行陰？假使沒有行陰，他還能行樂空雙運喔？你們看，他是五陰具足的，所以那是具足我貪我愛的外道。

因此說凡是以意識爲自我、爲眞實法的人，他就是貪，是貪著五陰自我，也是貪意識自我。就希望意識自我常住不壞，但意識想要自我常住不壞時，一定要住在六塵境界中；在六塵境界中就一定會跟六塵相應，然後就貪愛順心的六塵境界，違逆的六塵境界他就不願接受，就會起瞋；所以密宗的人沒有辦法修正統佛教的苦行，這個就是貪著。所以有我見時就代表背後有「人見、眾生見、壽命見」。不信的話，你問問那些喇嘛們：「你出來弘法很風光，享受好多，只能給你活十年，好不好？」他們一定不要，他們希望活到七老八十還可以金槍不倒，都是希望這樣，那就是壽命見。那他們一定也有「人見」，他總不能一個人修雙身法呀！除非像密勒日巴躲在山洞裡修單身法——手淫；那也是無可奈何，因爲他的命就是這樣。所以凡是有「**我見**」的人就是貪著，貪著就是邪見，如來說的一點都不錯。

「**如是我見人見不得順忍，況得道果？**」如來又說，像這樣有我見、人見的人，沒有辦法得到順忍。在這裡就要談到初果向，初果向就是順忍；爲什麼他證得初果向而不能得初果？因爲他沒有定力來伏惑，這見惑一定要由定力來伴隨著，才有辦法把見惑給斷除，否則最多只能伏惑；但伏惑的人是初果向，爲什麼他只是伏惑而無法斷惑？也許他有定力，但他對於聖者所說的斷我見內容有點懷疑，心中不得決定，所以他也是沒有辦法斷惑。通常有定力的人聽到善知識如實演說五蘊的虛妄時，一定可以斷惑，因爲他已經有定力先把見惑降伏了。所以《大般涅槃經》也告訴我們說：煩惱是根深柢固的，應當先把它搖動。譬如我們要把地上的木樁拔掉時該怎麼拔？沒有人直接就拔的，都是要東西搖一搖，再南北搖一搖，再不斷地搖圈圈，一直搖到鬆了以後再拔它。所以《大般涅槃經》告訴我們斷煩惱應該是怎麼斷的，只有八個字：「**先以定動，後以智拔。**」先用定的力量把它搖動，搖鬆了以後再用智慧把它拔掉。

不但 如來這麼說，在《瑜伽師地論》中 彌勒菩薩也說必須要依於未到地定的定力來斷除我見，才能眞正證得初果。如果不是依於未到地定的定力，沒有相應的這個定力，誰都沒有辦法得初果；乃至於想要證得阿羅漢果，也得要有相應的定力，就是初禪；至少要有初禪，也就是要先「**梵行已立**」，觀行四聖諦時才能證得阿羅漢果，跟《阿含經》講的一樣；其實這一點在《阿含經》都已經有講了，但是以前的善知識，他們可能連讀都沒讀，只有極少數有讀的人也讀不懂，直到我們把它講出來。「**所作已辦**」的內容是什麼？包括「**我生已盡，梵行已立，不受後有**」，這樣才能夠說是眞的「**所作已辦，不受後有**」。那「**梵行已立**」是什麼？就是從心中斷除了欲界愛，但是斷除欲界愛的驗證是什麼？是發起具足的初禪，就這麼簡單。可是那些「大」善知識都不懂，包括佛學的研究所所長也不懂，不曉得他們研究什麼？

話說回來，凡是有我見的人，就是一種貪著——貪著於自我。如果不是貪愛自我，上帝不會降大水來淹死異教徒，也不會放所謂的天火來燒死異教徒，也不會把亞當、夏娃趕出伊甸園，其實都是緣於貪著——貪愛自我！所以如果背叛他的人，他就將那些人打入地獄永不超生，永遠住在痛苦的地獄裡；因此如來說我見就是貪著，因爲有我見就會貪著自己，貪著自己就會去貪著一切人，才會講「博愛」；所以菩薩從來不講博愛，菩薩有的是大悲而沒有愛。只有外道才會講博愛，所以達賴喇嘛是不是外道？正是啊！他是跟外道取暖，因爲他的作爲跟外道一樣，跟上帝一樣，沒有差別；既是一丘之貉，當然走在一起沆瀣一氣。

當他自認爲意識的我或五陰的我眞實時，你要他接受這五陰的我、這十八界的我(特別是其中意識的我)是虛妄的，他怎能接受？那他不接受時，當然連順忍都不可能得。因爲這樣的人，你要他辛辛苦苦打坐每天修定離欲界愛，那是不可能的；以自我爲中心時(自我是跟六塵相應的)，當然每天要在快樂的六塵中打轉，於是在六塵中有很多順心的境界、快樂的境界，他都會去追求，他怎麼放棄而去打坐？這樣的人你要他當傻瓜是不可能的，而菩薩出來度眾生時，還把自己的錢拿出來作布施，不接受供養，在他看來簡直是個笨蛋；可是他不知道這個笨蛋是有大智慧的，因爲證得法界實相、轉依實相，這才是究竟法，而他不知道這些究竟法，只看這一世五陰相應的利益，所以這一些人不可能得到順忍。

因爲他會墮入我所的境界之中，以意識爲證悟標的者，都不可避免會墮入我所。也許有人想：「**不見得吧？那釋印順就好像沒有啊！**」眞的沒有嗎？釋印順不貪財物，可是他卻是個大貪，他貪最大的果位，他想要讓人認爲他是成佛了；但他其實不離我見與我所，所以我出專書評論他十幾年，他都不敢回應；但他臨終前五、六年時，卻同意他的傳記命名爲《看見佛陀在人間》，這不是大貪嗎？這成爲他的我所了，而他沒有斷我見，因爲他認定細意識常住不壞，不離識陰我見，當然也是貪著者。

我們在同修會中有時說：「**你證悟不退，智慧開始生起來，而且轉依了，那我就說你是第七住位菩薩。**」第七住位菩薩，這是個名號嗎？不是！只是告訴你說：你現在修證般若，現在菩薩道的修行進度到哪裡。而你沒辦法拿七住位的名稱去賣，去要人家供養；假使眞的拿去賣或去受供養了，我們查到了就要處理，因爲第七住位只是顯示一個階段，而不是說你有這個名位可以用來謀取利益。如果有人用來謀取世間法的利益，我就把他第七住位這個名銜取消掉。

以前退轉的那一些人，想要當同修會的領導人，沒有人同意他們，就發動法難事件，然後我就說：「他們退轉了！現在不算開悟了。」他們很生氣說：「以前給我金剛寶印的也是你，爲什麼今天可以收回去？」我說：「當然可以啊！因爲你以前轉依如來藏成功，但現在不轉依如來藏，退回意識去了，那你就不是證悟者了！所以這個金剛寶印我當然要拿回來。」理直氣壯，他們也不敢再抗議。道理眞是這樣的。所以你眞的成爲第七住菩薩了，那你是應轉依成功了才對；如果又退回意識，與意識境界相應，所以才會廣收供養，那就是意識境界，就是沒有轉依成功；既然沒轉依成功，我當然撤銷對他的印證。

這個金剛寶印在不在自己手裡，要看當事人怎麼作爲。如果他幹了壞事，我就收回來。看來這個金剛寶印我還綁著一根釣魚絲，隨時就把它抽回來。有沒有道理？有啊！誰都不能推翻的。所以他們抱怨說：「怎麼可以把我們的開悟印證收回去？」我就說：「可以啊！因爲我在理，他們不在理。」不在理的原因是什麼？正是落回到意識去了。意識跟名銜也跟權力相應：「我要當同修會的領導人。」我是希望有誰眞能接了，我就可以歸隱山林多好，不必這麼辛苦；退隱在家中每天打坐快活得緊，可是他們想要跳進這個泥潭裡卻跳不進來，因爲大家不讓他們跳進來當領導人；我卻是想要離開，你說他們笨不笨？笨啊！

所以凡是與「我」相應的人——「我見」斷不了的人，你要他無貪眞的很難，因爲意識的我乃至識陰的我，都是跟六塵境界相應的；你要一個跟六塵境界相應的人作無貪的事、起無貪之想，那是不可能的事，那叫作與虎謀皮。所以 如來說：「**我不爲這一些我見、邪見的人說法。**」是有道理的，因爲說了也是白說。如來說法一定會說到成果，如果說了白說，如來不會說。一定是遇見的有情，觀察之後確定講了這個法，對方會有什麼樣的結果出來；假使沒有結果的人，如來就默然不作。所以 如來有一次去度一個外道，如來早就看見那個外道不會成爲佛弟子，但 如來看見跟那個外道對談之後，那些外道弟子們會成爲佛弟子，所以 如來就去講法。

因此我見執著很深重的人，爲他說法是沒有用的，就像那些主張「大乘非佛說」的人，我爲他們講如來藏妙法一定沒有用的，所以我們就講給廣大的佛弟子們聽，說得久了、說得廣了，現在如來藏成爲佛教中的顯學，大家都說：只有修如來藏的法才是正法，即使修二乘菩提而不修如來藏法，也得要承認如來藏眞實有、常住不壞，才有可能斷我見。當大家都有這個共識時，那些六識論者就沒轍了，她們再也害不了眾生，這就是我們所作的行爲目的。

但她們會不會去買我的書來看？也會啊！特別是有信徒說到：「師父！蕭平實又提到妳呢。」那她們的另一個想法是：「想要找蕭平實哪一本書中有毛病，可以把他破了，殺殺他的銳氣。」所以找一本買來讀了，從頭找到尾沒找到就等下一本；下一本出來又買來找，還是找不到毛病；就這樣一直找，始終找不到問題；但她們不會死心的，只是後來產生另一個想法：「我們努力讀他的書，一方面找他的毛病，那我們也會進步。」所以這蕭平實的書還捨不得丟，公然陳列在她們的圖書館中，所有學僧都可以借閱；只是書櫃內部對那些書加個標籤，那個標籤眞棒：「疑僞外道邪書參考資料。」我說這個管理員很有智慧，什麼人都可以來借，都有好理由：「我要破他，當然要讀他的書。」義正詞嚴啊！

眞的要讚歎她有智慧，當大家都可以借閱時，她自己不就可以讀了嗎？

欸！我歡迎這個現象，因爲這是一個解決的辦法。你要上面承認這個是正法的書，那不可能，她的面子要擺到哪裡去？但是你把它加上個「疑僞外道邪見書籍參考資料」，大家就可以借去讀了，大家就可以理直氣壯說：「我要寫論文破他，所以我要研究他。」那這樣，她們的佛法水平也就跟著提升了。

當她們也在暗中不知不覺中都進步了，佛教未來就光明了，至少她們心中想要誹謗如來藏時，會膽顫心驚，這是好的；但是如果繼續公開詆毀如來藏勝妙法，就表示這個人的我見很深重，她不會容許蕭平實的書存在她的圖書館中。所以如果她們容許我的書存在圖書館中，我心中是歡喜的，不管她們貼什麼標籤都可以，我歡喜，因爲這表示可以利益她們許多僧眾；僧眾受益，信徒就會跟著受益。但是如果她繼續詆毀如來藏，連這種書籍都不許存在時，就表示她的我見深重，那這種人都是貪著；貪著是很難斷的，貪著於我，就會貪著我所，上焉者像釋印順那樣，不貪著世間財利供養，但貪著於如來的佛地果位名號，那也是我所啊！下焉者就太多了，舉之不盡，不談也罷。

那麼因此 如來說：「**若我見、人見、眾生見、壽命見、斷見、常見者能**

得順忍，能得道果，無有是處。」確實沒有這個道理，正因為這個緣故，所以如果有人成就這種邪見的話，在 釋迦如來的佛法中，如來說不聽許這樣的人（不會聽從這樣的人）接受各種各類的供養。這裡說的比較輕，前面不說過了嗎：這一種邪惡見的人（破戒比丘），即使國王的土地上他都不應該行走一步，連一滴水都不應該喝。所以這裡說的算是比較寬容，「不聽受諸供養」。為什麼要作這樣的禁止？因為他們來分取了僧眾應得的供養，真正修行人的道糧就減少了，就會導致有些真的想要修行的人沒辦法出家。

古時不像現在，現在是大家飲食太浪費奢侈，每天都有好多剩菜剩飯倒掉；古時不是這樣，古時出家人一天只能吃一餐；如果今天中午托缽沒托到食物，那就是四十八小時才能吃到一餐；因為不要民眾供養太多成為負擔，否則民眾會起煩惱就會排斥僧寶，也避免外道毀謗佛門僧眾貪食，因此就規定日中一食，每天中午十二點鐘過後不許再吃飯了，這樣可以減輕居士們的負擔。如果有我見深重的「心外求法者」混進來，他也被稱為僧眾，但他一天到晚奢求無度，信眾負擔不了，法很快就會滅失。如來說這種人叫作「非行者」，他於佛法中只是聽一聽，然後跟著接受供養，不是真正的行者。

「行者」就是真正在實行的人，依照 如來所開示的這些法義如實去修行才叫作行者，否則即是「非行者」。這種「非行者」當然不可能是「得者」，所以他們都不可能得四向四果，因爲他們連「順忍」都不可能得，所以也不是「得者」。他們都無法證果的，由於這個緣故就不聽許這一些人來接受各種各類的供養。追究它的原因則是：「但於我法求自活命。」他們只是借 釋迦如來這個正法而在世間生存，不想作事也不想爲眾生說法，就可以得到生存的所有條件。那到末法時代這樣的要求已經算是高標準了，因爲末法時代的佛門出家人說外道法、行外道法，但是一樣擁有廣大的資財。是不是這樣？是啊！

如果修的是常見外道法而擁有廣大資財，我們可能現在得要網開一面視而不見；但如果是禪淨密三修而擁有廣大資財，我們還得要正視，不能視而不見。如果他們哪一天宣布說：「我們捨棄密宗假藏傳佛教。」聽說有個道場以前是禪淨密三修的，現在私下聲明改爲禪淨雙修，不再禪淨密三修了，我聽到時倒是覺得有那麼一點點欣慰。最好哪一天再宣布：「我們排斥密宗假藏傳佛教，不與密宗假藏傳佛教爲伍；以前修過的都不算數，我們全部推翻掉。」那我就最歡迎了！他們要繼續作生意，那也無妨，就作生意吧；擁有廣大資財就繼續擁有廣大資財吧，反正咱們也不求分得一杯羹，我們要用時夠用就行了，不想要那麼多資財，因爲那些資財來到我手裡時會燙手。

這意思就是說，這些壞法的事在　如來的年代不存在；如來預記到了末法時期，這些人只是藉佛法的名義來謀求自己的生活；是謀求自己什麼樣的生活？下焉者住個別墅——出家人住別墅，上焉者竊取國家的名器；有的出家人乾脆自己弄個大山頭一、兩百公頃，每年聚集幾十億臺幣乃至於幾百、幾千億元臺幣，這是過什麼生活？古時候的皇帝都比不上的生活。所以如來說的沒錯：「但於我法求自活命。」他們來佛門出家的目的是在過生活。

然而菩薩可不可以講究過生活？菩薩不講究過生活，菩薩講究的是：「我要怎麼樣爲眾生作更多的事。」是這樣的心態與作爲，才是眞菩薩。也許　維摩詰菩薩家財萬貫，宅第非常豪華，但他是金粟如來倒駕慈航來示現，而他用的是自己的錢財，不是接受眾生供養來過生活；而且他主要還是在利樂眾生，所以不能說：「那維摩詰菩薩過那麼好的生活，那要怎麼說？」他不是在過生活，他爲眾生從早忙到晚；過生活是有錢、有閒才有辦法過生活，他忙得要命，哪能過生活，他只是菩薩道的另一種示現。所以「但於我法求自活命」，是錯誤的心態與作法。

那有一種情形我們是可以憐憫的，例如有時生下的小孩子不好養，命盤排了出來說五歲就會夭折；心裡眞不相信、不願信，又去求神問卜，結果求神也如是說，問卜也如是說；活不過五歲，那該怎麼辦？讓他出家。出家以後結果活到七老八十，他就成爲一個粥飯僧。但是我們可以憐憫心接受這個現象，因爲疼愛子女是每一個父母的常情，那他們要讓孩子長命百歲，那就讓他出家，至少種下了善根而與佛法結個好緣，這是好事。但佛法中說六度波羅蜜多，首要就是第一度布施；如果佛門中可以養得起他，就讓他長命百歲熏習佛法也無妨。但若是藉著佛法來謀取世間利益賺取錢財過生活，那就不對了！這一段說完了，我們再來聽 如來怎麼開示：

經文：【「舍利弗！我說外道欲入佛法，應試四月，何以故？諸外道人，多有我見、人見、眾生見、壽命見、斷見、常見。舍利弗！我諸弟子無有我見、人見、眾生見、壽命見、斷見、常見，我諸弟子但說空、無相、無願無

所得忍，說識無所住；舍利弗！若有成就如是忍者，我聽是人出家受戒，得受供養衣服飲食臥具醫藥；若人無是忍者，應先試之，先教令住諸法無我。舍利弗！若於此忍，心不歡喜；聞說第一義空，驚疑譏訶；聞說我見，心則歡喜；當知是人為魔所使，若先外道。舍利弗！智者於此不應生憂，但於此人應生悲心，何以故？舍利弗！若人成就如是惡者，所獲惡報說不可盡。當於此人生利益心，教以諸法無我、諸法空寂、諸法無作、無有受者。是人若愛佛法，得聞是事，心喜樂者，其餘空行比丘無所得者皆應示教利喜，安慰其心，為說諸法無所有空。若聞驚畏，應於眾中語其和尚、阿闍梨：『如經中說行空行者，有能了知諸法別相，我與為師。不與我見、人見、顛倒邪見、貪著持戒者為師。』」】

語譯：【世尊又開示說：「舍利弗！我說外道想要進入佛法中修行的人，應當要試驗四個月，為什麼如此呢？那些外道的人們，大多是有我見、人見、眾生見、壽命見、斷見、常見。舍利弗！我的這一些弟子們沒有我見、人見、眾生見、壽命見、斷見、常見，我的諸弟子們只說空、無相、無願這樣的無所得之忍，也說識是無所住的；舍利弗！如果有人成就這樣的忍，我聽受這一些人可以在我佛法中出家受戒，可以領受供養衣服飲食臥具和醫藥；如果有人沒有這樣的忍，應該先試驗看看，先教導他、令他住於諸法無我的境界中。舍利弗！如果對於諸法無我這個忍，他心中不歡喜；聽聞善知識解說第一義空時，他心中驚訝、疑惑、譏笑、訶責；如果聽聞人家演說的是有我見的法，他心中就生起歡喜；應當知道這樣的人是被魔所使喚者，或者像先前所說的外道一樣。舍利弗！有智慧的人在這上面不該生起憂愁，只是需要對這個人生起了悲心；是什麼原因這樣講呢？舍利弗！如果有人成就了這種惡心的話，他所獲得的惡報，我再怎麼說都說不完。應當對於這樣的人生起利益之心，用諸法無我、諸法空寂、諸法無作、無有受者來教導他。這個人如果喜愛佛法，聽聞到所說的這一些事情，心中歡喜快樂的話，那麼其餘行於空之中的比丘等無所得的人，都應該開示教導他、利益他讓他生起歡喜，來安慰他的心，應該爲他演說諸法無所有空。如果聽聞之後心中驚訝、畏懼，應該在大眾之中對他的教授師——對他的和尚——提示說：『猶如經中所說行於空的修行人，有能了知諸法別相的話，我與他作爲師父。但是我不與我見、人見、顛倒邪見、貪著持戒的人作師父。』」

講義：這一段經文中 如來規定了：如果有外道而不是普通的人（對一般人如來沒作這個規定），但是如果在外道中修行的人想要進入佛法中修行，應該要先試驗他四個月。試驗的目的是看他對於 如來所說的法能不能接受，特別是在末法時代更應該如此。假使我們哪一天正覺寺建好了，有人想要來出家，我們就得先要跟他談一談：「如果說無我、無所得、一切是空性如來藏，接不接受？」如果不接受，那麼另請高明，我們這裡不收，我們就拒絕他來這裡出家。如來說「應試四月」是有道理的，如果他接受五陰是虛妄的、十八界是虛妄的所以無我，接受如來藏是可證的，但如來藏是無我性的；他能接受，可以讓他掛單，看看四個月之中到底他是怎麼想的，又是怎麼樣的人；他如果完全認同，心性也良好，那就可以接受，所以說「應試四月」。因爲這部經主要是講末法時代的事，所以在末法時代更應該如實試驗。

如來又解釋爲什麼要這樣試驗，因爲那一些外道大部分人不是都有我見等，而是多有我見等，是說：「大部分外道們是有我見、人見、眾生見、壽命見、斷見、常見的，」如來特別強調說：「舍利弗！我諸弟子無有我見、人見、眾生見、壽命見、斷見、常見，」這表示 如來特別指出一點說「凡夫不是我的弟子」，是不是這樣？對啊！這裡是講出家弟子，所以當年被 如來所承認的出家弟子至少都得是斷我見的。老實說不斷也不行，如果在 如來座下有不斷我見的出家弟子，那麼是非將會一大堆，不會像《摩訶僧祇律》記載的只有那些是非，一定是好幾倍又好幾倍。

那麼 如來的弟子最少都是斷我見的，因爲在那個環境下你不斷我見也得斷，不是師兄師弟來說法，不然就是阿闍梨來說法，要不然就是其他師兄的和尚來說，都還不必勞動 如來；師兄弟們就會逼著他斷我見，因爲環境是那樣，身邊都是有定力而斷我見的人，只有他一個人還在猶豫時怎麼可能不斷，他遲早要斷的。所以 如來的弟子都說「空、無相、無願無所得忍」，都這樣講的，沒有人是具備「我見」等六見的，這就是 如來在世時的狀況啊！那「空、無相、無願無所得忍」究竟怎麼回事？時間又到了，只能下回分解。

《佛藏經》上週講到五十七頁倒數第四行：「我諸弟子但說空、無相、無願無所得忍，說識無所住；」那麼前面這句的前半句講的「我見、人見」乃至「常見」等，我們書中講的也夠多了，這裡就不再重複。那麼 如來開示說：「我諸弟子但說空、無相、無願無所得忍，說識無所住；」這個部分我們得要稍微講一下。「空、無相、無願」，或者說「空、無相、無作」等，其實意思是一樣的；這個三三昧並不屬於定，有的人把這個境界解釋作禪定的定，是不正確的。爲什麼它不是定卻又叫作三昧？因爲這是一種智慧上的心得決定，心得決定也是定。

在佛法中說三昧或者說定，不一定是指禪定的定，除非有指出來四禪八定中的某一個定的名相，否則通常都指心得決定的定。換句話說，三昧也有可能是五個別境心所法欲、勝解、念、定、慧中的定心所，那這個定心所法是包含心得決定以及禪定的定，所以三昧函蓋的範圍很廣，不是單單在禪定的境界上來說。

那爲什麼叫「空、無相、無願」？結果卻又說是「無所得忍」？這三三昧在二乘法中有說，在大乘法中也說，但兩者的內涵有異有同；相同的地方是二乘菩提的「空、無相、無願」三三昧，在大乘法中是同樣也要修學並且要現觀，而且不論在大乘法中或二乘法中的「空、無相、無願」三三昧，同樣都必須要有未到地定作爲支持；如果沒有未到地定來支持他的觀行，縱使完成了，頂多就只是「**順忍**」，還眞的不能證得這個三昧。所以禪定在佛法的修證上雖然只是對治法，但這個對治法卻是必須的，是一定要有的基本條件。

所以這十年來看到會外（特別是這六、七年來看到的大陸），有許多人讀了我三、四本的書，然後自以爲懂了，就宣稱是阿羅漢；自稱阿羅漢還是客氣的，因爲還有人自稱是四地，也有人自稱是三地，印證他的徒弟是初地。可是看他的所說、觀他的所行，連未到地定的伏惑境界都沒有；縱使他的觀行如實，頂多也是「**順忍**」而已，連初果都算不上，而竟然敢自稱是阿羅漢。不過我相信假使他們再過個十年，把我大部分的書讀完了，大概會想說：「**我要怎麼樣圓這個謊？**」因爲人家也會跟著讀，讀了就會發覺他們是大妄語，他們得要圓謊才行。但該怎麼圓？問題是圓不了，因爲未到地定是必須的，而且那只是初果、二果的事；如果是三果或阿羅漢，至少都得要有不退轉而且具足的初禪；如果是初地，不退失的初禪還不算數，得要證眞如之後加修了非安立諦三品心，再加上阿羅漢的證境。

可是那一些少聞寡慧兼又慢心高漲之人，讀了我三、五本書就說我蕭平實的法他們全都知道了；我都不知道到底我自己知道了多少法，總是說法時突然就冒出一個法又一個法來，事先我也不知道我知道這個法呀！他們倒比我知道我懂多少佛法，看來他們似乎更有資格當我的知音，所以說這是很荒唐的事。因此不管二乘法中或者大乘法中的「空、無相、無願」三三昧，至少都必須有未到地定的定力作爲支持，否則那個「空、無相、無願」其實就只有「空、無相、無願」而無三昧，也就是沒有心得決定的功德，遇事時空有智慧而無法受用解脫的功德，就不是實證，名爲乾慧。

所以自稱讀我的書成爲阿羅漢之後，要求我爲他印證；沒得到我的印證，他就離開自稱是阿羅漢，卻還會翹二郎腿，還會抽菸、會喝酒，然後再跟人家要錢、要供養。阿羅漢從來不開口跟人家要錢，古時如此，直到末法時代的現在一樣如此，絕對不可能有阿羅漢會開口跟人家要錢。可那個「阿羅漢」，我在判斷：假使大陸有在賣檳榔，他可能也會吃檳榔，但是連未到地定的功夫都沒有，這叫作假名阿羅漢。所以這個前提必須先說明，否則未來我的書出版越多，他們讀的跟著多了，然後口若懸河也來滔滔不絕，搞不好就會自稱是法雲地的菩薩了。我們得要杜絕讓他們有大妄語的機會，免得他們將來捨壽後下地獄；我們得要作這件事，所以這個道理得要先說明。

話題拉回來說，二乘法中怎麼叫作「空、無相、無願」的三昧，當然歸結起來都還是《解深密經》講的「**生無自性性**」——有生之法都沒有常住不壞的自性。如來就是依生無自性性來講二乘菩提的境界，所以生無自性性講的其實是阿含的那一些法教，只是世俗人不懂。那些佛學研究者、大法師們都不懂，也無可奈何。《阿含經》中說的就是舉凡有生之法都無自性，所以叫作「**生無自性性**」。無自性性說穿了就是沒有自性，因爲不是眞實法。三界中不論哪一個法只要曾經有生，現前證明已經有生的，將來必滅，那它就是沒有自性的法，不可能常住。

我們從大乘法的現觀來說：只要是常住的法，祂有自體性，永遠常住；而這個常住的法一定可以生一切法，這就是屬於圓成實性的部分。但是從勝義來講（從眞如的境界來看），勝義也沒有自性。那是另一回事，我們不談它。既然有生之法必定歸滅，有生之法就很容易理解了，五蘊、十八界都是有生之法，在「瑜伽行」增上慧學的觀行中，雖然說意根的特性恆審思量，但那是從祂過往無量劫來一直都存在來說的，但意根依舊可滅，因爲祂畢竟是從如來藏中生出來的——由如來藏不斷流注意根種子而存在，所以祂沒有自體性，祂無法自己單獨存在，只有「**無名相法**」如來藏可以獨存。

意根既然是有生的，不管祂是多久之前生的，乃至於你去追溯到過無量無邊不可思議阿僧祇劫之前，再來一個過無量無邊不可思議阿僧祇劫之前，一直往前追溯，永遠追溯不到祂是何時生的，因爲祂無始以來就與如來藏同在啊！但祂畢竟是如來藏所生，既然是這樣，雖然叫作恆審思量卻還是可滅，所以阿羅漢入無餘涅槃時就把祂滅了。意根恆審思量的「恆」，是相對於意識的夜夜斷滅而說「恆」，也是依於凡夫眾生意根的永不可滅而說「恆」，本質仍是有生而可滅之法。那意根都還是可滅之法，其他五色根不管扶塵根、勝義根，或者六塵、或者六識更是可滅之法，所以觀行到究竟時證明這一些法都是可滅之法，空無自性，沒有自性所以是空，證明有生之法都無常住的自性，所以生的現象雖然始終存在，生的現象卻無自性，就叫作「**生無自性性**」。

無自性等法滅了即是空，既然是空，所以這些無常之法滅了之後也就「**無相**」可言了，因爲終歸壞滅，沒有相即無一法可得，既然無一法可得，心裡還要生起願望而求我與我所幹嘛呢？所以針對五蘊、十八界這個我與我所再起願，想要更有錢，想要更有權力，想要生天……等，全都變成沒有意義！因爲不管你的願求得到什麼樣的層次的後有，最後仍然歸空、仍然無相，看清這事實了就沒有願求，沒有願求時就得一分解脫——於自我以及我所都沒有願求時就得一分解脫。假使這時有未到地定的定力支持，他證得「**空、無相、無願**」三三昧時，就是一個道道地地的初果人；這是二乘菩提中，特別是聲聞法中依於五蘊、十八界去作觀行而得到的「**三三昧**」。

但這個三三昧不但二乘人要得，大乘菩薩也要先得，要有實修實證，然後再從第一義諦去求證眞如。有一個法，祂的自性是眞如，諸位聽我說多了，當然知道這法就是第八識如來藏，在這部《佛藏經》中稱爲「**無名相法、無分別法**」。這第八識如來藏在有情的五蘊、十八界中運作，從來不曾間斷，貫通三世；而祂運作的每一剎那乃至極長的時間都一樣是眞實而如如的，祂永遠顯示出眞實而如如的特性。那麼這個眞實與如如，我們以前講過很多次了，現在也不重複。

證眞如之後，現觀如來藏的眞實性與如如性，站在如來藏的立場以我們的意識來觀察一切諸法，你會發覺如來藏的境界之中無一法可得；現象界中縱然是「萬象森羅許崢嶸」，但不管什麼樣的生滅變異，從如來藏的角度來看一切法時並無一法可得，一切都是空。那有人也許想：「如來藏不是眞實而如如嗎？眞實而如如之法怎麼祂境界中是無一法可得？」那我就提醒一下：我們以前有幾度用鏡子來形容如來藏，那鏡子出生了一切的影像，鏡中所有影像都是祂生的，但祂從來不了知祂所顯示的任何影像，連一刹那都不曾；如來藏也就像這樣，祂固然出生五陰、十八界等萬法，但是這五陰、十八界相應的各種境界相，如來藏從來不加以了知；了知六塵境界相的是七轉識，不是如來藏；祂既然不了知一切法，那祂境界中就沒有現象界中的法相，任何一法都不存在，當然是空，因此 世尊說：「我諸弟子……說識無所住；」這第八識對一切境界都「無所住」。

如來藏是眞實存在的，因爲祂生一切法，祂所生的六塵與世間相都是由七轉識所了知的，祂從來不了知六塵境界，所以祂的境界中空無所有，求一法而不可得。所以菩薩們除了實證二乘菩提的「空、無相、無願」三三昧以外，還得要再證大乘菩提的「空、無相、無願」三三昧；就是依第八識顯示的眞如境界，來觀察如來藏的境界中無一法可得，祂的境界就是空，不只是祂心體本身空無形色。這個空的境界如是現觀了以後，自然就知道祂的境界中空無一相可得；既然都是空而沒有任何一法，當然不可能有任何法相可說；任何法相都是五陰、十八界中的事，從來都不是如來藏境界中的事。

所以從如來藏的境界來看一切法時全都「無相」，而祂本身也是空，祂無形無色當然也是空，無形無色是空的時當然不可能有相。所以早期打禪三時有人告訴我說：「我找到了，我找到了。」我說：「妳找到什麼了？」她說：「我看到一個圓圓的、透明的，那就是眞如啊！」我問她說：「圓圓的，有沒有相？」她趕快把嘴摀起來，因爲還是有相。可是等你悟後讀公案時，看到祖師竟然發明九十六個圓相，說那就是如來藏，還說是他關起門來只教入室弟子的不傳之密；可是我就把他們說破了，例如有的祖師說他有祕密法，就畫了一個圓圈，裡面寫上「牛」；入室弟子立刻問：「師父！這是什麼？」師父就說：「這是如來藏。」弟子就趕快把它記錄起來：一個圓圈裡寫一個牛，這就是如來藏。有的祖師卻一直發明，有的人寫水、寫空、寫有、再畫一圈，有的禪師圓圈裡面什麼都不寫，就點一點；有的禪師裡面連點都不點，就說是如來藏，總共就有九十六個圓相。

有的人悟了一看：「奇怪！是什麼意思？我都找到如來藏了，怎麼不知道這個？」來到我面前，我將他腦袋一敲！問他：「什麼叫作圓相？」「喔！原來如此！」恍然大悟。所以不能只看表相。那這個圓相，你要是落入圓相中，就眞的是圓相，所以「如何是佛法？」「如何是道？」「如何是僧？」「如何是佛？」禪師說：「不離圓相。」那麼這是告訴大家說：凡是有相都虛妄。祖師裝神弄鬼，你們別著了他們的道；跳進他們的圈套裡，就再也跳不出來了。但只要跳得出，從此一步一步輕鬆地走，管保將來出三界；而且理上現在就出三界了——本來自性清淨涅槃。

那麼從如來藏的空無形色來看，那不也就「無相」嗎？所以如來藏在事相上都不了知一切法，祂在實相上因為本身空無形色，也是「無相」，所以兩個層面都是無相；既然兩個層面都無相、都空，依於如來藏而住時你還要再願求什麼世間法呢？

在夏天的公園沒有樹的地上，常常會看見三、五個人在那邊坐，你仔細觀察時會發覺都有一個特性，就是月亮特別大、特別圓時才會有人在那邊坐，一問才知都是練氣功的人。他們那時在那裡正襟危坐，幹嘛呢？說是要吸取日精月華。但日精月華不用去月下、不用去太陽下吸取，你每天上下班就吸到了，日出時你上班在路上行；黃昏時華燈初上，你盡撿空曠的道路走，不也看到月亮了嗎？你也可以吸啊！其實他們所謂的日精月華，還是來自他們的如來藏，只是他們無所知；那他們想要鍛鍊，每天練功希望長命（不是百歲而是千歲），可是有誰眞的長命千歲？古時還有那些氣行仙、精行仙、地行仙，現在是一個仙也無；就算練成了，千歲到了依舊死亡。

那你既然依於如來藏眞如心來看這個究竟法，也確認這才是究竟；從現象界來看，依於二乘菩提來看時「空、無相、無願」；再從如來藏的實相界來看，以及如來藏面對的一切法等現象法來看時，也是「空、無相」，那你又何必有所願求？一切身口意行都迴向利樂有情，不爲自己求願，這才是眞的、才是究竟的「無願」！二乘聖人眞的「無願」，所以捨壽就入無餘涅槃，把自己的五陰、十八界徹底滅了，不再有未來世；但菩薩不許入無餘涅槃，要爲眾生求願；爲眾生求願也是願，但不是爲自己而求，實現大悲心，這才是菩薩；對自己從來沒有求願，這才叫作無願。那這樣具足現象上以及實相上的「三三昧」，全部都是「空、無相、無願」，既然「空、無相、無願」，顯然就是「無所得」。

可是「無所得」之法，在末法時代最難令人接受；所以各大山頭諸家大師所說的證悟內容竟然千篇一律都是有所得，所以「無所得」最難令人生忍，無怪乎我們弘法二十幾年到現在，還不曾聽聞哪一個山頭出來承認說：「意識是生滅的，無所得忍才是正法。」到如今沒有讀到、聽到，因為真的難忍。末法時代的大師們都是求有，找不出一個求「無所得」的；總是口裡說無說空，行在有中，這是正常的現象，所以才都想要當各種的第一，因此有幾類的第一：環保第一，救濟眾生信徒最多的第一，寺院最大最高的第一，還有搞學術的第一。還有什麼第一？密宗假藏傳佛教那個不用談，那是外道。他們都要搞第一，請問實相中有第一嗎？全都沒有啊！

那有的山頭搞不到第一，不然就來開宗立派；所以臺灣有個信徒幾百萬人的慈善團體，她們建立一個宗派叫作慈濟宗。但也有信徒只有一、二百人，他也建立一個宗，自己當開山祖師；可沒有山、也沒有法。這些人都是求有所得。以前我初來弘法還沒有成立正覺同修會時，有個師兄悟了以後，某天興沖沖來找我說：「老師！我提出一個建議，我們要建立宗派，我們叫作正覺宗。」他講得理直氣壯：「別人都沒有法，也在建立宗派；我們有眞正的法，爲什麼不能建立宗派？」但我始終沒有答應。我的想法很簡單，就算是要建立宗派，也不是由我建立，是我走了以後你們要建立再去建立。更何況我們的法不受侷限，我們是全面的佛法；假使建立一個宗以後，全面的佛法就被侷限在某一部分了；就只是這麼一個部分，這樣對佛教、對我們正覺有比較好嗎？

譬如天台宗，天台宗被侷限在什麼裡面？就是我們講過的那一部經王《法華經》啊！問題是天台宗沒有眞懂《法華經》，智者大師和他的師父就依《法華經》建立了宗派，這就是一個過失；而《法華經》的宗義是全面性的佛法，但天台宗連經中說的「此經」都沒有實證，他們建立天台宗幹嘛呢？又如律宗建立了宗派，可是他們有教導眾生好好持律下來嗎？而持律的精神和目的是什麼，他們對此也沒有正解；而且對於律的內涵、特別是律的宗旨和精神，又不是眞實的理解。又譬如建立了禪宗，禪宗建立之後演變發展出禪門三關，那就被侷限在三關裡面；又譬如俱舍宗乃至三論宗、成實宗，他們都被自己提出的宗義所拘束，脫不出那個範圍。更何況三論宗都是凡夫大師在建立，也沒有眞正的弘揚三論。有誰眞正在弘揚《中論》？他們講出來的都不符合《中論》的眞實義；至於《十二門論》、《百論》就別提了；反而是《百論》的內容，往往我講經時這裡穿插一點、那裡穿插一點，諸位都如實吸收了。

那麼也許有人想：「你漏講了一個密宗。」我沒漏講啊！密宗就是禪宗，禪宗才是眞密啊！那喇嘛教的教、理、行、果四個部分中哪有密？喇嘛教的密是不可告人之密，他們沒有佛法中的密意；禪宗證悟的密意才是眞密，所以禪宗才是眞正的密宗，也可以叫作般若宗。但密宗是外道宗派，不是佛教中的一宗。其實三論宗的本質應該就是禪宗，因爲三論的內容都是在說明禪宗所悟的第八識如來藏，但他們卻千方百計在抵制禪宗、抵制第八識，你說那個三論宗的凡夫大師們說的法義還可信嗎？所以分宗立派的結果就是畫地自限，把自己侷限了。

當初那位師兄也建議說：「我們將來建立一個寺，叫作正覺禪寺。」我說：「我們又不是只有禪，爲何要單單叫作禪寺？」所以我們不會被限制。

人家說：「**正覺他們不懂《阿含》**。」咱們就寫《阿含正義》；說我們不懂《般若》，咱們就講《金剛經》、《實相經》；說我們不懂《唯識》，我們就寫一些《唯識》法義的書籍出來；有人嘲笑說：「**正覺再怎麼懂，終究不懂密宗藏傳佛教**。」說我不懂密宗假藏傳佛教，我就把它破了，至今還令達賴假法王一直不敢具文回應。

我們不用畫地自限，但為什麼不想畫地自限呢？因為無法畫。我們是「**無所得法**」啊！既是「**無所得法**」，你要把祂畫在什麼地方？畫不住、圈不了啊！而我們對於「**無所得法**」早就生忍了，假使對於「**無所得法**」不能生忍，有一天讓他打禪三悟了，又得到我的印證以後，他會跳出來說：「**不對！不對！這法我不要**。」可是我們到現在（二〇一七年）為止，除了那三批法難的人以外，沒有人是不接受「**無所得忍**」。而我二十幾年來一直都在繼續弘揚「**無所得忍**」，沒想到認同無所得忍的人一天比一天多，就這樣子我看到了中國佛教復興的希望。因為對於「**無所得**」能生忍，才能有菩薩性；假使他不是個菩薩性的人，對於「**無所得法**」一定不能生忍，他當不了菩薩的，頂多當個假名菩薩。

既然「空、無相、無願」是「無所得」，對於「無所得」的境界能安忍，當他後時出世弘法，一定為大家說明「識無所住」，一定會告訴大家說：眞實的識從來都無所住。那個識叫作什麼識？（大眾答：第八識！）第八識或名阿賴耶識。第八識無所住，我講了二十幾年，諸位都聽得耳熟能詳。我也常常在破斥諸方說：「他們所悟得的那個離念靈知心是有所住的，因為他們的心都在分別，而他們嘴裡都說不分別。」所以當他們證得離念靈知時都說是證得「無分別法」了，功夫最好的，假設他都可以三天不分別；當他整整三天行來去止都不作分別時，你突然間給他一巴掌，他忍著忍著，但你一定可以看見他氣急敗壞青筋暴漲；當他還沒有發作出來時，你接著換另一隻手再給他一巴掌，保證他發作起來。那時你問他：「你不是不分別嗎？為什麼生氣起來質問我了？」他說：「對啊！我現在還是不分別啊！當然我現在講話時才開始分別，那是被你逼的。」那你就告訴他：「眞的不分別是不知道冷暖痛癢，也不知道被誰打了；連被打都不知道，因為離六塵境界。可是你全部都知道，那你是有分別還是無分別？當你三天都離念時，都不知道肚子餓嗎？你都不知道尿急了嗎？知道就是分別。你要是眞的不分別，餓上三天還不知道餓，屎漏到滿褲子都不知道，那我才相信你眞的不分別。」

聰明人這麼一聽就懂了，正好趕快大懺悔，接著求學正法。所以他們說的不分別又說是從來都無所得，問題是當他正在不分別時人家講話他聽懂了，懂了就是有分別、有所得；人家罵他時他聽懂了，懂了就是有分別、有所得；褒獎他時他的面容欣怡自得顯然很舒泰，那就是有分別、有所得。了知就是分別、就有所得啊！可他們口裡都說無所得、無分別，其實他的境界都是在有所得、有分別中。因此對於「**無所得法**」他們不能忍，原因在哪裡？在於他們「**識有所住**」，他們所證得的那個識是在六塵中有所了別、有所住的識，都是意識與背後的意根。我們所證得的識，在六塵中從來無分別，從來無所得，是第八識如來藏「**無分別法**」，所以我出來弘法一向都說「**識無所住**」；那麼三論宗的大師們所證的識都不離識陰範疇，末法時代的大師們悟的什麼離念靈知、有念靈知，全部都是住在六塵中的識，不離識陰，都是有所住；縱使入了二禪等至位中，只剩下法塵存在的心，也還是意識，仍是未斷身見的凡夫，不離有所得的境界。

所以當你悟了以後遇到以前跟隨的大師，你就說：「**我現前正在分別時**

仍然無分別。」保證他聽不懂。他會想：「你都已經分別了，怎麼還說無分別？」對他們而言無分別就是無語言文字的念想（無念叫作無分別），卻不知道無念時依舊有分別，因爲不能離六塵，凡是住在六塵的境界中一定都是分別心，這個分別心一定會有念，修行好的人是有時無念有時起念。所以他們爲人家演說「識」時，一定是有所住的識，不會是無所住的識。那大師如果來請問你，你就爲他開示：「**有分別時就已經是無分別。**」「**那是怎麼說的？**」你說：「**我有一個有分別的心在跟你說話，可我還有另一個無分別的心不聽你的話，也不跟你說話。**」他說：「**那不就是啞巴嗎？**」你就說：「**祂正是啞巴，可是祂很會說話，只是你聽不懂。**」他只好終其一生在心裡納悶。

這就是說，你所悟的識是第八識如來藏，祂是無所住的，因爲祂從來不住在六塵境界中分別；但悟錯的那一些大師、小師們所悟都是第六意識的境界，甚至於識陰整整六個識全部都在，那都是有所住法，因爲不能離六塵境界而有啊！六塵是這六識出生以及存在的俱有依，所以 如來說：「**我諸弟子無有我見**」乃至「**斷見、常見**」，又說：「**我諸弟子但說空、無相、無願無所得忍，說識無所住；**」那麼早年好多道場罵蕭平實是邪魔外道，可我這個邪魔外道所講的、所住的智慧境界、解脫境界，都跟 如來在經中講的境界相符相契；那他們罵我是邪魔外道時，等於罵誰是邪魔外道？眞是膽大包天，弄到後來發覺原來自己才是邪魔外道，蕭平實卻不是邪魔外道，而且眞是「**如來弟子**」。

那麼 如來對這樣的弟子有什麼看法呢？世尊說：「**舍利弗！若有成就如是忍者，我聽是人出家受戒，得受供養衣服飲食臥具醫藥；**」所以我如果想要出家，不論年歲有多老，我都可以隨時出家的，這是 如來允許的。有誰能不讓我出家？不管哪個大法師出面來談：「**蕭平實不許出家。**」對不起！我說他沒資格，因爲這是 如來應許我的啊！只要是心出三界家的人，不論幾歲都可以出家；身不出家也仍然是出家人，因爲都已經能出三界家了。那我們正覺講的是心法，所以心出家比身出家重要；當然，若以度眾生而言，最好是身也出家、心也出家，魚與熊掌得兼，這樣就太棒了！但如果兩者不可得兼時，要取心出家，不要取身出家。成就這樣解脫與智慧的人就是「**無所得忍**」的人，如來說這樣的人有資格出家受戒，可以受種種供養，所謂衣服飲食臥具醫藥，終其一生不必憂愁四事供養。

反過來，如來又說：「若人無是忍者，應先試之，先教令住諸法無我。」但有的人喜歡出家的清淨生活，他們也想：「我以出家作因緣，也許這一世或者下一世或者未來世，我就有機會可以實證菩提。」所以他們想出家，希望修清淨行，不想跟世俗法混雜在一起，那 如來也開方便門：「假使有人尚未證得這種無所得忍，他沒有空、無相、無願三昧，當他想要出家時應該先試驗他，讓他出家在道場裡住四個月試驗，在這四個月之中要教導他『諸法無我』讓他安住。」也就是將五蘊、十八界、內外六入、十二處虛妄都教導他。假使是在大乘法中出家，還要告訴他七轉識各種心和心所有法全都是無我，這樣教導後讓他安住看看。假使他這四個月中口裡說：「我接受，我喜歡這樣，我認為這才是正法。」可是私底下見了某甲信徒卻說：「師父我最近都沒錢。」見了某乙信徒也說：「我現在都沒有補品可以保養色身。」全都是在求有，就表示他無法住於無我，這樣一試就明白了！

如來又吩咐說試驗了以後，情形是怎麼樣的，應該怎麼處理：「舍利弗！若於此忍，心不歡喜；聞說第一義空，驚疑譏訶；聞說我見，心則歡喜；當知是人為魔所使，若先外道。」就是說，要先教他「諸法無我」，讓他依此見解在道場裡安住四個月，這四個月之中該學的讓他學，該作的要他去作；如果對於「無所得忍」他在心中都不歡喜，喜歡的是有所得法；當他聽到第一義諦是空性，空性之法是諸法的空相、無一法可得，聽了之後他心中很驚恐，而不是歡喜，並且懷著疑惑，認定所學的是斷滅法，或懷疑堂頭和尚教的是錯誤的法，懷疑很多，然後有一天忍不住出口譏笑乃至訶責。這樣的人對於「空、無相、無願」三三昧是無法安忍的人，表示他喜歡三界有，特別是人間的有。因此「聞說我見，心則歡喜」，你如果告訴他說：「眞如就是這個了了分明、無語言文字的覺知心。」他聽了就歡喜：「原來就是這個心，我出家對了。」今天聽了，晚上他就想：「既然是這個，那我這個心需要什麼呢？」他就想：「我這個心有種種需要，那就理所當然應該要獲得呀！」於是他就試探性地開始求有，假使有人供養而沒有人阻止，他就越發大膽，越求越多；求到最後每年收受一、二百億元臺幣都不看在眼裡，他覺得理所當然。

我說咱們正覺要是每年一、二百億收入，我就買好幾棟大樓，禪淨班一直不斷開下去；如果沒有那麼多人來學，乾脆每上一次課，一個人發一千元臺幣。要不然我這一年一、兩百億元要怎麼花？這因果要怎麼揹啊！這個因果揹不起的，一定要花掉。那就得跟慈濟來競爭當好人，救濟貧窮，而且我們都是義工不領薪水不領車馬費。也許有人想：「這樣為了錢來上課的，那你度他有什麼用？」我說，不然！因為錢多得無處花，拿來讓他們心裡種下善法種子也好。就像那個醉酒的人說酒話要出家，如來不也是幫他在酒醉時剃髮出家了嗎？

因為那麼多錢總不能留在口袋裡，自己揹著那個因果去下輩子受苦吧？那他們領了錢，可是他們心中的正法種子就種下去了，那未來世雖然他們的福德比較欠缺，可是你將來成佛時不是也要許多人來幫你作苦力嗎？他們那時算是回來報恩也不錯呀！但正法的勢力不就鞏固了嗎？他們心中不就種下佛菩提種了嗎？因為錢多得沒處花，就可以用這個方法來花。可是現在那些大山頭愚昧，不會這樣子花，總是在求有上面用心。不是自己營生賺來的一、兩百億元是很大的錢，對我來講這會燙手的；而我們不想弄那一些東西，那好幾片的大山頭會累死人。我們只想要的是，有因緣進得來同修會的人，讓他們順順利利依照各自的因緣都可以實證，這才是我們要的。

但是那些求有的人，聽到意識是眞實的、或覺知心是眞實的，聽到這個與我見相應的法他們就歡喜，於我見相應時就會跟我所相應。我所分成兩大類：內我所、外我所。內我所的貪愛是喜歡人家恭敬、禮拜、讚歎；外我所則是最好有個大山頭蓋得金碧輝煌，像皇帝的寶殿一樣，後面再蓋好多好多金碧輝煌的寮房，名爲寮房而不是寮房，晚上可以用來修密法，類似皇帝的三宮六院七十二嬪妃，就犯下大惡業了，因爲那都是我所。錢多得無處花時他們就會亂動腦筋，依世俗法而言也是正常；因爲他們落在我見中，必然要跟我所中的種種法相應。所以正覺的門風，到現在都還有許多道場不相信，他們都不相信說：「你蕭平實出來弘法，一定會在同修會中弄很多錢進自己口袋中，我才不信你都沒搞過錢。」他們不信。我們說：「我們親教師都不領薪水，都不領差旅費。」他們也都不信，他們說：「哪有人這麼傻的？」

最具體的代表是什麼人？是達賴基金會董事長達瓦才仁，他在法院上說：「我就不相信正覺都沒有在賺錢，砍頭的生意有人作，賠錢的生意沒有人作，他們正覺怎麼可能不賺錢？」他在法庭上說的大意是這樣，還講了那兩句成語。可見他還眞的融入臺灣在地的生活中了，因爲密宗的道場開設目的都是藉假佛法在賺錢的。但我們就是這樣清淨啊！因為我們證的是「無所得法」，生起的是「無所得忍」，說的也是「無所得法」，教導諸位證的也是「無所得忍」。但他們不相信，所以我們聽到「我見、人見、眾生見」等「心不喜樂」，他們聽到「我見……」等「心則歡喜」。可是這些「心則歡喜」的人，如來說：「當知是人為魔所使，」他們是被天魔波旬所使喚的人。天魔波旬早就講過了：「到末法之世，我會派我的徒子徒孫到你釋迦如來的法中出家，看你怎麼辦？」他眞的說到作到，如來佛眼、法眼、天眼清淨，當然看見天魔以後會眞的這樣作，所以 如來為末法時代的眾生，捨壽前也掉下清淚，眞是為末法時代的佛弟子憐愍。

可怪的是末法時代很多佛弟子被誤導了，被天魔所使，他自己卻不知道；我們努力救他們，他們還怪我們，菩薩們直得無理可申、無苦可訴！為什麼無理可申、無苦可訴？因為都是自己自願承擔的，還有什麼話講？就好像要救那一條落水狗，心中明知一定會被牠咬一口，早就準備好被牠咬著拉牠上來；如果牠上來以後懂得感恩跟你搖搖尾巴才走，你就應該安慰自己，心中應該很欣慰了；如果牠起來還跟你吠一聲再跑掉，你也別怪牠。因為末法時代的眾生就像是這樣愚癡，因爲他們背後有天魔在運作著，如來說這樣的人「爲魔所使」，都是被天魔所使喚的。「若先外道」，他們就好像 如來示現到人間之前的那些外道們一樣，這個「先外道」，也可以解釋作「先尼外道」。先尼外道主張的是說：「我這個心了了常明，摸頭時頭知道，摸腳時腳知道，抓癢時也都知道，這就是眞實心。」這就是先尼外道。

那些人「聞說我見，心則歡喜」，就跟常見外道—先尼外道—完全一樣，但是這樣的人在末法時代非常多；你是發了悲心的眞實義菩薩，有佛法的實證，那你對這一些人是不是應該憂愁：「這些人將來會怎麼樣？」一定爲他們發愁。但是 如來說不應該憂愁，如來吩咐說：「舍利弗！智者於此不應生憂，但於此人應生悲心。」你憂愁是沒有必要的，應該對他們生起悲心。生起悲心以後才會想要救他們，如果單單是憂愁，不斷憂愁而愁眉不展，也沒有辦法作什麼；那你有了悲心時就想要救拔他們，這才是 如來的意旨。

所以看見那一些人，你明知道救他們時還會被他們罵，會被他們糟蹋，你還是要救他們啊！因爲你於他們生悲，而不是單在那邊憂愁，所以 如來說：「智者於此不應生憂，但於此人應生悲心，」如來就解釋原因說：「何以故？舍利弗！若人成就如是惡者，所獲惡報說不可盡。」因爲他們落在我見中，喜歡我見等「邪見」，那他們一定會跟我所相應；與我所相應時就會胡作非爲，到後來弄個不好，連坑殺拐騙等事情都敢作，全都不在意了，至於戕害眾生的法身慧命，他們將更不在意；因爲那時他們將只會看重世間有形有物之法，所以 如來說這樣的人成就種種惡事，所獲的惡報再怎麼說都說不完，所以應該要救他們。

如來就交代舍利弗，也就等於是交代我們大家，就是指諸位包括我在內，都應該要救他們。交代會外那一些大師是沒用的，所以諸位現在開始要覺得肩膀上有重量了，因爲 世尊絕對不是只爲我蕭平實一個人說的，世尊講給舍利弗聽時就是給所有佛弟子聽：「當於此人生利益心，教以諸法無我、諸法空寂、諸法無作、無有受者。」對於那些落入「我見」的人，乃至對於那些落入我所的人，應該要以悲心想方設法來利益他們。

那麼利益他們並不是送更多的錢財給他們，而是教導他們：「諸法無我、諸法空寂、諸法無作、無有受者。」可問題來了，落入我見的人，諸位爲他們說這四句法時容不容易解說？他們是以意識爲中心、或者以識陰六個識爲中心這樣來生起的邪見，你要爲他們解說「諸法無我」很不容易的，你跟他們解說「諸法無我」時他們一定會跟你論辯或跟你諍論：「我在諸法中很清楚知道我在了別諸法，那你講的諸法無我不符合事實。」因爲他們的現量境界是意識的境界、是識陰的境界；意識或識陰的境界就是能夠了別諸法，所以他們能從諸法中確認自我是眞實存在的，所以認爲諸法中不可能無我，一定是有我。

你要爲他們解說「諸法無我」還眞的困難，得要很有耐心喔！先從二乘法爲他們說起，但不要當下就直接把他們砍掉說：「不對！你講錯了！」你要告訴他們說：「是啊！你們說的對，從現象界的表相來看時，諸法中是有個我。」不要讓他們生起煩惱，他們聽起來好像你是認同的，因此心中很平靜，然後你再告訴他們：「在這諸法之中，你去了知諸法時，你這個我到底是什麼呢？」他們當然講：「這是覺知心。」如果有一點修行，他們也許告訴你：「這是意識。」然後你再慢慢告訴他們：「意識要依意根和法塵才能現起，而意根不能單獨在人間現起，得要依於五色根，意根才能安住、才能在人間生起。」然後再告訴他們「五色根是無常的」，再告訴他們「要有六根才能生起六塵，而六塵也是無常的」，再說明：「這六根觸了六塵以後，你們這個覺知心六個識才能生起，意識是這六個識之一，排行老三，前面還有一個老大六根，還有一個老二六塵，你們這六識覺知心排行老三，是最小的；你能了知諸法的我，就是這六識，是排行老三的識陰六個心。可是那六根、六塵都是有生之法，藉六根、六塵而生的有生之法，你們這個六識是否也是有生的？有生則必有滅，那你們這個六識我還是眞實的嗎？」

但他們可能一時會意不過來，回說：「眞的嗎？你看我從小到現在我都是這樣，這覺知心一直都沒有改變呀！」還眞不容易說服他。你得要進一步告訴他們：「那你這個心就是從小到現在的啊？先不談晚上睡覺，單說你從小到現在好了，想法不斷在進步，這就是改變。而你們這個心是從上一輩子來的嗎？」你要很有耐心跟他們講，他們一聽：「我這個心就是從上輩子來的啊！」你就告訴他們：「那你們上輩子姓甚名誰？幹何行業？你們那一世的父母親又姓甚名誰？你們上輩子的兒女如今何在？」他們說：「忘記了！」那你只好問他們：「那你們今天醒來還記不記得昨天的事？」「記得啊！」「既然記得，表示你們這個意識心跟昨天的意識心一樣，可是你們都不記得前世，表示你們這個心跟前世不一樣。」他們聽到這裡應該有一點點明白了，但就只是明白這麼一點點，你還得告訴他們，一步一步持續演變發展下去再告訴他們：「你們這個心去不到未來世的，因爲這個心是依這一世的六根、六塵而出生的；下一世不是這一個六根，所以你們下一世的覺知心不會是這一世的覺知心。」

慢慢讓他們去理解時，只能用二乘菩提跟他們講，還不能用大乘菩提講。你如果用眞如的境界去跟他們講「諸法無我」，他們聽到天黑（不如說太陽打西邊出來時），他們都還不懂；要專撿他們懂的來講，這是方便善巧。這樣來教他們「諸法無我」，最後他們終於瞭解：「果然在諸法中去瞭解，諸法的我是虛假的，所以說諸法無我，你說的還有一點道理，我們回去再想想、再思惟看看。」這樣他們就有機會得救了。所以「諸法無我」還眞不好講。那你如果一開始就告訴他們「眞如的境界中連一法都沒有，哪裡會有我？」他們才一聽就說：「你說什麼？」他們會反問你說：「你在跟我講夢話？你是作夢或是腦袋發燒。」因爲他們無從理解實相的境界。所以「教以諸法無我」時，你還得要有方便善巧去說。

「諸法無我」我們以前也講得很多了，就此打住，再來講「諸法空寂」。「諸法空寂」一樣很難懂，對於那些深著我見的人，千萬不能用第一義諦解說，因爲他不可能聽懂；當他完全無法理解時，絕對不會對你生信，只有懷疑再懷疑，所以你只能用二乘菩提爲他說：「你現前看見諸法，一法又一法，非常多的法，但是這些法全部生住異滅、無有常住，最後歸於空。」他一定聽不懂，那你得要舉例告訴他：「你小時候是模範生，模範生是很好很好的法，可是這個法現在還在不在？」他聰明的話就告訴你：「早就不在了，我一畢業就沒有了。」他聽懂了，那你就告訴他：「那你畢業後當中學生，那時也許你還名列前茅，名列前茅也是個法，那個名列前茅現在還在不在？」「也不在了，但我高中還是名列前茅啊！」他說得有道理，你就說：「縱使你大學還是名列前茅，但大學與高中的名列前茅還是不同的。那你現在到了社會上還是名列前茅嗎？」「沒了，進了某某大公司也是從基層幹起。」總不會他剛大學畢業一進來就幹總經理吧？「這個法沒了，表示最後歸於空。空無所有就沒有這個法繼續被你領受了，當然是寂滅境界。」

如果這樣還聽得進去，你再跟他講：「這一切法全都收歸如來藏空性之中，同樣都是空寂，因爲如來空性的境界是寂滅的。」再慢慢講；但通常不應該爲他說這個法，因爲他一定聽不懂。所以我有時說，離開同修會而在外面時我都不說佛法，因爲我說了沒有人聽懂，人家可能還會罵：「你算老幾，一天到晚眞如、眞如的。」只有討罵挨！除非我從現在開始每一本書的書衣都印上大頭照，那我出去說時人家就會聽；可是聽了也沒用，也度不來，因爲不是那個根性度了來也沒用，不如就讓他們去讀讀書，種下那些正法種子就夠了。所以「諸法空寂」仍然只能先用二乘菩提來解釋。

如果他不懂諸法，你就告訴他：「意根也是法，五色根也是法，扶塵根也是法，勝義根也是法，六塵也是法，六識也是法，你的五陰、十八界全都是法。」讓他對你信受。如果他還聽得下去再爲他講一點心所法：貪瞋癡慢疑也都是法。這樣讓他瞭解了以後，最後爲他點了出來：「這一切諸法都歸於空，因爲無自性，都不是本住法，所以無常故空，空故無我，無常、空、無我就是寂滅，這叫作諸法空寂。」這樣他聽了至少表面上懂了，覺得你還很有深度；他可能會讚歎你很有深度。

也許他一天到晚罵人家膚淺，終於讚歎你很有深度，很不錯了，接著再跟他講「諸法無作」。看來諸法是有所作，怎麼會無作？那你可以用眞如告訴他，他聽不懂。老實講，我們出來弘法那麼久，沒看過哪個大師講過一句話解說什麼叫眞如，他們都不提眞如。只有釋印順書上有寫過眞如，可是他寫的眞如可就是莫名其妙的眞如，他說：諸法生滅不住，滅失以後的滅相不會再滅失，說這樣是非常非滅叫作眞如，名爲滅相眞如；他就這樣解釋眞如。遇到這種人眞的跟他講不清楚，所以你用眞如來講時一定好多人都沒聽過；大部分人讀到眞如、聽到眞如，是接觸正覺同修會以後的事。

那麼既然不能講諸法眞如無所作，你還是用二乘菩提爲他講吧，就告訴他：「諸法其實是和合之後才能作，諸法自己不能作。你的六根分開來時沒有一根能作，六塵就更不必提，六識還得要依六根與六塵才能作，結果這麼多的諸法到底誰能作？沒有一法能作，就是和合起來才能作。」你講到這裡，也許他靈光一閃就跟你說：「欸！那這樣還是有作啊！諸法和合起來就能作。」好像有道理，那你就告訴他：「這諸法背後得要有意根，意根你就弄不懂了。可意根自己也不能作，得要背後有個如來藏才能作。」這時他又想：「你說的這些我都不懂，我不相信。」你就告訴他：「你可以不信，但是你最好疑著點。怎麼疑呢？你就疑說：『也許可能是眞的背後要有個眞如。』」

這樣教導了他，他信了，正法種子就被種下。你告訴他說：「這十八界等法、五陰等法，一切諸法眞的無有所作，因爲這不過是一個現象。表面上看起來活了這麼幾十年乃至上百歲都是能作，其實不是眞能作，因爲都是無主之法；無主之法沒有本住性、沒有自性性，都是假合而有、緣生緣滅，所以『諸法無作』。」

他聽信了，你再告訴他「無有受者」。「無有受者」最難信了，因爲餓時眞的是餓，食道逆流時眞的是火燒心；如果不小心碰著、磕著眞是痛，怎麼可能無受，無受那就不痛了；所以這個受對他而言，那是很眞實的存在。譬如假使有人說他證得無受，那你就當面給他一巴掌，越用力越好，看他怎麼說；他如果氣起來跟你槓上了，那正好顯示他有受；如果他不跟你槓，那你這第二次作勢要打時，對第二記猛掌他一直是後退的，而且還摀著臉一直說：「無受、無受、無受。」你得要瞭解這裡面有虛有實。假使你再度問他：「無受何在？」他大聲回應：「無受！」你就知道這傢伙有來由；假使繼續在那邊喊「無受、無受、無受」而繼續後退，你就知道那是假的，他依舊有受，只是爲了圓那個無受的說法而在那裡裝模作樣罷了。

那你這樣告訴他：「一切受者，緣生緣滅虛妄不實，都是暫時而有，不是眞的有受，那只是一個過程中一個覺受，那覺受不能常住，你怎麼可以說有眞實的受者？」如果「諸法無我」乃至「無有受者」這四個他都接受了，你就告訴他：「其實這背後都是眞如的事，剛才講了這麼多都不牽涉到實相法界，都還在現象法界中，你想要現觀實相法界的『諸法無我』乃至『無有受者』嗎？」你這麼一問，他一定說：「我當然想聽，不然我跟你談這麼多幹嘛呢？」這時正好告訴他：「那你去正覺修學，因爲這法太深，你必須從頭學起。」也許他就與法有緣。

眞要說回來，這四句深妙法都必須以眞如來說——都必須依於第八識「無名相法」來說。但因爲他以前是「我見深重」的人，你要是依於眞如跟他講，他完全聽不懂，就信不過你；所以還是得要從二乘菩提入手，讓他一分又一分地瞭解，最後再攝歸佛菩提第八識「無名相法」來告訴他。

在「無名相法」中具體的表達正好就是這四句。那也許有人想：「眞的嗎？假使眞的，那禪宗就應該這樣吧。」說到禪宗，正好證明這是眞的，所以那小師父荷澤神會去見六祖，六祖拿棒子打他，問他：「**吾打汝，痛不痛？**」他說：「**亦痛亦不痛。**」六祖要他說個亦痛亦不痛底道理，當時他還是說不出來，他是後來才會的。所以當時說的不痛，不是眞的不痛。眞要不痛的人，是痛得厲害時當下也是不痛的。也許有人說：「**豈有此理？痛就痛，不痛就不痛，哪有痛時不痛的？**」但是實相法界跟現象法界同在一起時正好就是這樣，所以禪師家不是無緣無故打人，打人也得有名目，就是設法叫弟子們體會那個「**諸法無我**」乃至「**無有受者**」的第八識「**無名相法**」。

臺灣很多年來一直都有人喜歡講《六祖壇經》，但他們講《六祖壇經》時，通常在「菩提本無樹，明鏡亦非臺」那四句偈作文章，但那其實是六祖悟前所講的法中，還只是對二乘菩提的臆想。而諸方大師都不懂，專講這首六祖未悟時寫的偈；而六祖悟後在《六祖壇經》裡面講的：「**何期自性本自清淨……何期自性能生萬法。**」那五個「何期」他們都不講，眞怪咧！你們看臺灣幾十年來講《六祖壇經》的人很多，但他們對那五個「何期」都不講，究竟是爲什麼都不講？（有人答話，聽不清楚。）對了！諸位料著了，正是不知道該怎麼講。因爲他們都是離念靈知的境界，他們要說明「**何期自性能生**

萬法」時，那離念靈知能生什麼法？怎麼個生法？「何期自性本自清淨」，離念靈知的自性是本來就清淨的嗎？「何期自性本無動搖」，離念靈知心以前沒有動搖過嗎？現在也都不動搖嗎？講不通呀！所以他們不知道該怎麼講，頂多拿古德的註解依文解義一番，那還算是好的。

所以「諸法無我、諸法空寂、諸法無作、無有受者」，這本來就屬於大乘法，是「無名相法」第八識的境界；可是因爲他執著我見，一點大乘法的正知見都沒有，那你只好方便從二乘菩提先說給他聽，當他信得過以後再爲他講眞如「無名相法」，看他能聽受多少；但這是不容易的，因爲對於執著我見的人來說，這很難理解。

我就是個現成的例子，你們看我出來弘法早期那十幾年，都是臺灣佛教界的大法師們在反對我，後來這十年則是大陸佛教界的中佛協和各省佛協在反對我，臺灣佛教界倒是不反對我了。所以說，現在大陸佛教界各省佛協可以說大部分都在抵制我，因爲我說的是「無所得法」，他們說的是有所得法，他們不能認同這個「無所得法」。這一認同就會壞事，因爲顯然他們必須要被人家指稱說錯了、悟錯了；然後他們必須再接受後面的結果，就是名聞利養都流失，所以他們不接受我的說法。因此臺灣現在是表面上接受我了，因為不得不接受：閱遍一切聖教都是如此說的。所以對正覺的法沒辦法挑毛病，就只好默然接受而不再反對，免得佛教界說他們大法師都悟錯了。

但大陸佛教界的水平還很低，而且大陸對宗教言論的封鎖越來越緊縮了；現在我們說明佛法義理的言論，已經沒有辦法去大陸廣為散發或廣作傳播。因此在大陸，這四句妙法如今還很難宣導，大陸佛教界大部分人都不懂；只有珍愛佛法的人才願意接受，才願意在不懂之中試圖理解它的勝義。但是這一種人，我們得要留待下週再來分解了。

十二月不冷，元月冷，聽說還會更冷；但臺灣這個冷，其實也不是怎麼冷，終究不會下雪，都不算冷。可有一個問題，上了年紀的同修們特別要留意；尤其是老師們、助教老師們，因為走到這個地步眞的很不容易，別讓我痛失英才。雖然不很冷，但它的影響還是在的；因為天氣冷了以後，如果沒有注意保暖，平常又沒注意到自己血液的濃稠度，天氣冷了會變得更稠，那微血管就不容易過得去；過不去時身體別的部位倒還好，就怕腦幹的微血管如果也過不去，腦袋勝義根有個小部分供應不到血液，問題立刻就會出來。

或者是有些地方供應不到血液，所以心臟會強行增加壓力，血壓就高起來，就怕微血管迸裂；如果是周邊的血管迸裂倒也還好，頂多就有一點不方便；如果是腦幹血管迸裂就完了，那時腦幹的血管破裂成爲腦溢血，這問題就很嚴重，可能救不回來；那我好不容易培養起來的人才，就這麼又要失去一位，這是很感傷的事情！

所以請求諸位同修：有年紀的人一定要保重，千萬要保重。有時我都會說：「我還沒走，他就先走了。」那應該說他是不……怎麼樣呢？諸位想想看。如果我有機會去送別時，一定要拿枴杖打他的壽棺，因爲正法的推廣期正需要用人，他卻先走了。我們高雄這位同修也是個人才，現在他作的事情也很重要，這麼突然撒手，這就不只是傷感，還可以說是痛心啦！唉！這眞是沒辦法！所以千拜託、萬拜託，諸位同修假使還沒有當上助教，還沒有當班級義工，還在增上班乃至於進階班、禪淨班，我都希望諸位千萬千萬要保重，因爲我雖然沒有眷屬欲，但是我在復興佛教時，這是節骨眼，千萬不能有人半途離開，這是很重要的事情。

另外四十幾歲、五十幾歲的同修們，也別想說：「我還年輕，我沒事。」

這不一定，因爲老人家有一句俚語說的正是事實：「棺材裝的是死人，不一定是老人。」所以現在也有三十幾歲就中風的，也有人死亡的，所以大家千萬要保重；每一個進入正覺來的都是稀有動物，都要很小心照顧。那你總不能要同修會來照顧你，同修會沒有那麼多人力、也沒有那麼多資源，你得要照顧好自己，爲了眾生要照顧好自己。因爲你將來破參之後可以爲眾生作什麼事情，很可能是爲眾生作很重要的事情，那是不可預料的。所以我們教學組長今天 line 給我，請求我照顧好自己。我想這句話我得接受，但我在這裡也要呼籲大家：爲了眾生，諸位要照顧好自己。因爲能進入正覺來的人都不簡單，千萬要保重。

關於這事，我還要再談一件事情。好多人擔心我這二個多月來一直咳個不停，晚上也咳不停，難睡覺。其實我不是感冒，只是打了流感疫苗的副作用，因爲我的體質太敏感；後來一直都沒有辦法解決，吃了好多藥也都解決不了：大青龍湯，小青龍湯，葛根湯，柴葛解肌湯，麥門冬湯也都喝過了，就是沒用。也有義工菩薩幫我泡的，我一喝就知道那枇杷膏是哪裡來的，那是信義路那家慶餘堂的，很高貴的，我也知道。那時我就把它喝完了，但也都沒效；後來又吃了日本的感冒藥，那是沒放咖啡因的，喝了好睡，但是晚上照舊咳不停，也沒效。

後來意外解決了，有一天因為實在太口渴，那天上座後講經前，看到講桌上剛好有泡了金桔和綠茶各一杯，我就喝一口綠茶；以往我喝綠茶就會上痰，但那一次沒有。五分鐘沒覺得不好，再喝一口，又沒怎麼樣；下座之後呢，我整杯把它喝光沒事兒，那個晚上都沒再咳，一覺到天亮。原來綠茶可以解流感疫苗的副作用。第二天早上我就開始泡，連續泡了七天，每天都喝。有時二、三天沒泡，又有點癢癢開始咳，我又泡了又喝，就沒事了。那我想：這意外的發現太好了！應該要告訴我們增上班的某些同學，因為我也聽有人說他也是流感疫苗副作用，他們夫妻倆都很難睡，趕快 mail 給他，結果沒想到他說：「我們喝綠茶，已經好了。」我算是野人獻曝，希望有同樣副作用的同修們都趕快好起來；如果上年紀的人打流感疫苗也有同樣情況的話，就喝綠茶吧！但這只是對今年的流感疫苗有用，明年保不定綠茶有效；這是我的經驗，提供給諸位。總而言之，就希望諸位為眾生保重，不但是為自己，也為正法的未來發展，請諸位一定要保重。希望將來整理成書，這還是整理進去，也許對有些人會有幫助。

回到《佛藏經》，我們上週講到五十八頁第三行：「教以諸法無我、諸法空寂、諸法無作、無有受者。」今天要從下一句開始：「是人若愛佛法，得聞是事，心喜樂者，其餘空行比丘無所得者皆應示教利喜，安慰其心，爲說諸法無所有空。」就像儒家講的：「得天下英才而教育之，其樂何如。」正是這樣。當末法時代諸多大師、小師、大居士、小居士們，大家都喜歡有我，都喜歡離念靈知時，終於遇到有個人，聽了「諸法無我」乃至「無有受者」，他心中歡喜，接受這個「無所得法」，這眞的很不容易。

想想臺灣佛教界號稱一千兩百萬佛教徒，有多少人是喜歡這四句偈的？沒幾個人呀！所以能進到正覺講堂來的就是諸位，這樣的人，才是眞正的愛佛法者。因爲佛所說的法就是「諸法無我、諸法空寂、諸法無作、無有受者」，這才是佛的眞實說，不是「有我、有人、有眾生、有壽者」。終於在末法時代還可以遇到這樣的人，而這個人表現出來是「得聞是事，心喜樂者」，他聽到「諸法無我」乃至「無有受者」時心中歡喜，愛樂這個法；如果是這樣的話，其餘修空行的比丘，證「無所得法」的比丘們，都應該對他

「示教利喜」。

談到這裡有個名詞先要說明一下：「空行」。什麼人才是眞修「空行」的人？很多人一定想到說：「密宗假藏傳佛教不是有空行勇士、空行母嗎？這跟他們有沒有一樣？」眞的不一樣，而且大不相同。密宗假藏傳佛教是一個竊盜佛法名詞的大集團、大外道，他們遠不如一貫道。一貫道是一貫要竊盜，可是他們原則上不想改變你佛法的眞實義，往往也還能依文解義，現在臺灣的一貫道不會把佛法中說的「空行」套在雙身法中的空行勇士、空行母，他們至少還是依文解義的；至少在我們破了密宗假藏傳佛教以後，一貫道再也不跟雙身法扯上邊了，所以我說它遠比喇嘛教要好。

往常我也說過，我喜歡度一貫道的道親，因爲他們說是「五教一以貫之」，可是他們其實都只能懂佛法的表面；雖然如此，他們對其餘的一家三教沒有很重視，還是比較看重佛法的；既然看重佛法，我就有機會度他們。而且因爲他們沒有僧衣崇拜，所以四大山頭的大法師們影響不了他們，釋印順更影響不了他們，那我正好度他們。所以現在我們有許多助教老師是一貫道過來的，也有一貫道過來的道親現在已經當親教師了，他們遠比印順派的那一些法師們的善根深厚得多！這也能證明喇嘛教遠不如一貫道。

「空行」的意思是說：他的心性是「行於空」之中。那諸位來正覺進修久了，都知道「空」有兩個意涵：空性與空相。空性指的是如來藏第八阿賴耶識，正是這部經中說的「**無名相法、無分別法**」。而這第八識空無形色，但有其性用能生萬法，所以稱爲空性。萬法攝歸於祂而顯示萬法隨時不斷地生住異滅，這個生住異滅的本身是個空相；因爲沒有眞實體，不是常住法，但是藉由這個空相，去顯示出背後不是無因無緣而有蘊處界一切萬法的生住異滅，就顯示出背後有另一個空性，這也是空。那麼菩薩行於蘊處界無常、苦、空、無我，不離現象界的生滅性，但菩薩同時也行於實相法界妙眞如心如來藏的空、無我境界，而現觀祂能生萬法的自性，這樣雙具空性與空相的正住者，才能叫作「**空行**」的人——「**空行者**」。

這「**空行者**」在佛法中，很清楚的定義就是三乘菩提都有實證的人。那麼實證三乘菩提所以能行於空，不單單像二乘聖者行於蘊處界的空相而已，菩薩同時還行於實相法界的空性中。因爲身口意行具足在「**空相、空性**」中來運行，來顯示給眾人看，這樣來說給眾生了知，來度化眾生同得實證，這樣的人才能叫作「空行者」，菩薩就這樣成爲「空行比丘」或「空行菩薩」。所以「空行者」是一個很神聖的聖號，不是二乘聖者之所能知的，那密宗假藏傳佛教只是竊取佛法名相亂用而已，根本不懂「空行」的意義。譬如第七住位菩薩才剛明心，打禪三拿到金剛寶印剛回來時，阿羅漢面對他時就沒開口的餘地了。所以這是很珍貴的，這是一種聖境；證悟的人都是行於聖境，因爲眞如是賢位菩薩之所證，於「凡、愚」二類人而言就是聖者，因爲非二乘聖者之所能知，所以這算是聖境。

行於空的境界之中，是一個行於聖境的賢聖。而喇嘛教把那個下三濫的閨房技術，拿來說兩個人在那邊胡搞一氣就叫作「空行母、空行勇士」，那眞是胡謅！所以「空行者」的意思一定要先弄清楚，要先界定好，不要聽到這個名詞就說：「喔！那喇嘛教也有。」不！喇嘛教所有的全都是外道法，把佛教的好名詞拿了去以後，就變造成下三濫的、不入流的、下墮惡道的法，因爲死後一定墮惡道。所以「空行」的意思要先弄清楚。

那麼如來在這裡說「其餘空行比丘」，指的就是已經現觀蘊處界苦空無常無我，同時也現觀了實相法界空性妙眞如心的無我，而能生萬法的自性，已經有這種現觀的出家人才能稱爲「空行比丘」，在家人則稱爲「空行者」。所以「空行比丘」是已經如此現觀、如此親證而行於空的比丘，才有資格叫作「空行比丘」。那麼臺灣、大陸所謂藏傳佛教喇嘛教的所謂空行比丘（聽說現在也有空行比丘尼），其實全都是外道，絕對不是眞正的佛法，這先要界定清楚。

那麼 如來把「空行比丘」定義得很清楚，因爲接著四個字叫作「無所得者」，所以說「其餘空行比丘無所得者」，因爲所有「空行比丘」都是「無所得者」。證如來藏以後不能再說是有所得了，因爲證如來藏時轉依了如來藏來看一切法，那時已經無一法可得。你既然轉依如來藏，那麼你來看自己在世間法中，即使你貴爲國王、貴爲皇帝，也還是你的五陰所得。皇帝對臣民可以生殺予奪，但那是五陰的事，他的如來藏依然不領受一切法，也不擁有他在世間的權位和財富、眷屬。所以菩薩這樣實證時，假使這菩薩是個皇帝，當他行於空時會發現到這個事實，所以轉依眞實心如來藏時，他就住於「無所得」的境界中。

反觀喇嘛教假藏傳佛教所謂的空行者或者空行母，全都是有所得，因爲他們全都住在六塵中才能樂空雙運；既然在六塵中，接觸六塵而領納時就是有所得。所得不是單單指得到財物，只要有所領納就是有所得。那他領納了六塵，他們在雙身法中都是六塵具足的，那怎麼可以叫作無所得？不論是從色陰或者受、想、行、識來講，雙身法的境界全都是有所得；既然是有所得，他們顯然就不是空行，所以他們都是「**口中說空、行於有中**」，因此他們的空行勇士、他們的空行母，全都是口中說空、行於有中，應該正名爲「**有行非勇士，有行非佛母**」，因爲恐懼眞正實相法界的空，只有愚癡人才會被喇嘛們所欺騙。

進得正覺來學久了，都有智慧可以了別那是有所得法。而我們正覺修證的是「**無所得法**」，在眞如的境界中有男有女嗎？有貧有富嗎？連人與我都不存在，連冷與暖都沒有，連六塵都不存在，何況有男有女有雙身法？證得這樣的眞如境界，然後轉依於眞如，以這樣的心而在三界中運行，永遠不離空相與空性，以這樣的智慧在三界中運行來利樂眾生，這樣才可以說是行於空的菩薩；像這樣的比丘稱爲「**空行比丘**」，這樣的比丘尼可以稱爲「**空行比丘尼**」，乃至於這樣行於空的人稱爲「**空行菩薩**」，但是行於空的菩薩們，全都是「無所得者」。

好不容易在末法中遇到一個聽聞「諸法無我、諸法空寂、諸法無作、無有受者」而竟然「心喜樂者」，這是稀有動物，是很稀有的菩薩種姓，我們應該歡喜說：「終於遇到這麼一個人！將來他會成爲一個很好的菩薩。」既然自己於「空行」已經實踐、有所實證了，就應該針對這樣的人加以「示教利喜」。

「示教利喜」這四個字其實是四個法。你首先要顯示出來你的所證，因爲人家還不知道，光看你默然杜口也不懂的，所以你得要爲他顯示說，你是有這樣的實證者；當你顯示出來時當然是身口意行有異於一般眾生，這便是「示」。另一方面的示，是某一種實相法界、實相經典裡所說的法，當對方提出來請問時，你如實理解；讓他知道你是如實理解的，這也是「示」。所有善知識利樂有情的第一步都是「示」。

顯示出來而使大眾瞭解了，當然就會請求你要教導，那你就得加以教導，這就是「教」。就像我這一世出來弘法也是一樣，只是因爲破參之後，有時人家提到某一個法時，我直接就迸出來，直接爲他解釋；這是往世的種子，我這一世並沒有讀過那些經典，就直接解釋了。人家問說：「你怎麼會這樣講？到底對不對？」因為我講的和大師講的不同。我說：「我不知道，我所知道的就是這樣，至於對不對，你去找經典查查看。」結果他們一查再查、三查四查，查過好幾遍，後來也問過好幾個問題，又查了好幾個問題，結果符合經教所說，而我為他們講解，這也是「教」。他們後來要求：「蕭師兄！那你來幫我們共修，來指導我們。」於是我這位「蕭師兄」就去指導他們共修了，我的弘法事情就是這樣開始的。

共修的時日久了，後來他們發覺：「我們不應該再稱他為師兄，因為他的證量確實是很可觀的。」就有第一個人改稱我為老師，後來第二位也改稱我為老師，漸漸地大家就改習慣了，我就變成蕭老師，就這樣我開始了教導佛法的過程。所以「示」一定是最前頭，然後要「教」導；一定是你先顯「示」出來有那個實質，人家才會來請求你教導，那你就得要「教」導。

當你開始「教」導了，這就是要利益他們，因為你教導他們的目的是要利益他們，這就是「利」。如果教導時應該說的法只說前半段，不講後半段，讓他們去猜，就對他們沒什麼利益，他們一定一天到晚在那邊疑著：「到底怎麼回事啊？聽又聽不懂，後半段的內容又不告訴我們。」假使善知識都只肯教一半，那對他們沒什麼利益，後來一定會起疑：「唉呀！這個法應該是假的，所以他沒有辦法講得清楚，讓我們永遠都不懂。」最後的懷疑就是：「搞不好他根本就不懂，他只懂一半。」這也是事實，二〇〇三年退轉的帶頭者，他的學生們都稱他「某一半」，在他的姓後面加上「一半」兩個字，不稱呼他的全名了。所以你講的法、你教導他們的法，得要使他們聽懂，對他們才有利益；那麼讓他們聽懂而得到「利」益，才眞是「示教利喜」的「利」。

當大家都聽懂，也能有所實證了，心生歡喜，對法就如實信受，而且願意依教奉行，這時才說是眞正的「喜」，也就是法喜的意思，這樣四個法是整個弘法的過程，就是「示教利喜」。

可是「示教利喜」關於實證的部分，那個現觀的內涵就不可以公開講，也不該明講，所以想要實證很困難，因此有時得要「安慰其心」。現觀的部分一定要自己去修、自己去觀行，而那個現觀很困難，也很難令人信受，所以得要自己去作觀行。例如有人來參：「如何是佛？」禪師一棒就打過去了。也許人家又來問：「如何是佛？」禪師可能大喝一聲：「出去！」如果比較不喜歡打人的禪師，他就答覆你：「花藥欄。」不然就告訴你：「東山水上行。」如果當下會了，就有般若的現觀。這是現觀的部分，禪師悟前尋訪大善知識都是這樣的，悟後的現觀就是這樣。也許你心裡打了個大問號說：「既然開悟是同樣的內涵，那麼禪師們的現觀應該都一樣，爲什麼又會打一棒，不然就大喝人家出去，不然又什麼東山水上行，什麼花藥欄；雲門甚至告訴人家乾屎橛，那個髒東西也是佛法喔？」

看來都不一樣，因此總是疑惑著。這不奇怪，因爲那是現觀的境界，而禪師奉 佛之命不能明講，因爲 如來有交代：明講了以後眾生信不及，心中生疑就會謗法，死後就下三惡道。所以禪師們只能這樣旁敲側擊；其實他們的現觀都是一樣的。但是「愛樂空行」境界的比丘或居士們，到這個節骨眼是不是很喪氣？總是無可入門，因爲這叫無門之門。所以禪師們一向用什麼來印證？用《楞伽經》，特別是達磨祖師，以及有深厚文學造詣又悟得很深的禪師們。但《楞伽經》講什麼法？講第八識如來藏；也有禪師把《楞伽經》歸納出十個字來：「佛語心爲宗，無門爲法門。」意思是說，佛所說的一切言語都是在講心，以心爲宗旨，即使二乘菩提也是如此，但是要想入這個門，卻是「無門爲法門」。

我們正覺算是老婆到徹底了，還幫大家施設一些次第：先從功夫入手，然後教以知見，教導大家看話頭，最後還辦禪三來幫大家指點入處，看來是有門可入的。但是等你入門時還是發覺其實是無門可入，就那麼一念相應，哪有什麼門；這跟次第禪觀截然不同。次第禪觀知道嗎？就是四禪八定，那是有門可入的，就好像無相念佛有門可入，而般若的眞見道是無門可入的。不懂的人就說：「禪宗那個法無門可入，那要叫人家怎麼入？人家次第禪觀多好，一步一步可以走上去。」那我讀了那個比丘尼在香港這麼說，我就說她是外行人。因爲次第禪觀與禪宗的禪截然不同，不能混同的；一個是定的修行，一個是智慧的修行；她把二者混爲一譚，所以是佛法的門外漢，也是禪定的門外漢，無怪乎她很喜歡搞世間法。

那我們回來說，這個般若波羅蜜多的現觀，禪師們都不可以明講，因爲如來也不明講，還告誡菩薩們不可以明講，否則就是虧損法事、虧損如來。這在《阿含經》中就已經有告誡了：如來說菩薩們應當要「隱覆說法」。要隱覆密意來解說佛法，所以現觀的部分要由佛弟子們自己現前去觀行然後實證，這樣才不會退轉，免得有人聽人明講密意之後謗法而下墮三惡道。那麼這個現觀顯然不容易懂，古來聽禪師家說起來時，一個人講一個樣。所以人家來問老趙州：「如何是佛？」老趙州就問說：「你來過沒有？」「來過。」「喫茶去。」後來又有一個比丘行腳來參，趙州問：「你來過沒有？」那僧人說：「沒有來過。」老趙州說：「喫茶去。」眞奇怪！來過也喫茶去，沒有來過也喫茶去，院主見了覺得奇怪，就問：「和尚！來過也喫茶去，爲什麼沒有來過的也叫他喫茶去？」老趙州就呼喚：「院主！」院主不自覺就答：「諾！」老趙州又說：「喫茶去！」

這樣看來老趙州是前後一致的，可是你看諸多禪師各人所說互不相同：「如何是佛？」「麻三斤。」「如何是佛？」老趙州竟然說：「老僧在青州作得一領布衫，重七斤。」你要怎麼會去？眞是難會啊！這時不是很喪氣嗎？當然喪氣。甚至於參上好幾年都灰心了，有的人心志不夠堅定，不能堅持到底最後就灰心了，那是不是你得要「安慰其心」？當然要安慰他了！就鼓勵他：「繼續參究，一定會悟的，只差時間早晚罷了。」他聽得這麼一講，心中想一想：「好吧！我就繼續參究，二十年參不出來，也許我參到死時正要嘸氣，**那時剛好悟了也行！**」那他就努力參禪了，這也很好，這就是「**安慰其心**」。

但是有的人修學佛法以來已經很多劫，所以他會堅定心志參究到底，那你就不用「**安慰其心**」，所以你要看是什麼樣的人。但我總是要「**安慰其心**」的，因為我剛出來弘法時，沒有人能實證如來藏，所以我「**安慰其心**」之不足，最後一天都叫到小參室來一起明講，結果這是惡事，使他們的智慧都起不來，退轉了許多人，還引生了三次法難事件；最後我就不再明講，只是「**安慰其心**」讓大家繼續努力，要這樣才對。如果心志堅定，參到最後終究是會悟的。

你們看雲門座下澄遠侍者十八年才悟入，我認為對他是好事，所以後來成為香林澄遠禪師；所以那香林澄遠後來終究不會退轉，成為當代大師之一。澄遠每天早上端了熱水上來，泡了熱茶，讓雲門洗臉漱口；當時人沒有牙刷，晚上睡前用柳條一端搗成毛毛的，刷過後第二天起床不再刷牙，就只是漱口。澄遠又奉侍雲門禪師洗了把臉，再把水倒掉，回來侍立在左側。這時雲門文偃禪師就呼喚：「**遠侍者！**」師父呼喚時當不能不應答，不能只是站著看。有的人很怪，不懂禮節，只是站著看。澄遠當時就應答：「諾！」雲門就問他：「是什麼？」每天都這樣喚，每天就這樣答，每天都悟不了。雲門這樣呼喚了十八年，要是換了我，我也眞的累；但雲門就不嫌累，照樣每天呼喚。我可沒那個耐心，頂多喚個兩三年吧，眞要喚不出來時就換別的機鋒給他；但雲門特有耐心，就這樣喚了十八年。有一天澄遠侍者回答：「諾！」雲門又問他：「是什麼？」這回他突然會了，當下禮拜。你看，他十八年才悟，難不難啊？是難啊！

所以你們不要說：「我進正覺來，才二、三年或四、五年我就悟了，這沒什麼。」不應作如是觀，這一悟眞的很有什麼。雖然祂很平凡、祂很實在，但是這一悟，未來智慧就不斷地滋生。你們到同修會來二、三年或三、五年可以證悟，那是我們施設好多的方便善巧，親教師又善於保護，又善於傳授正知見，然後我們禪三再給你適當的機鋒；那些機鋒如果要記錄起來，我想你們拿去跟祖師的開示機鋒比較看看，記錄下來讀過以後，那些沒見過我、也不知道我的讀者一定會想：「這蕭平實大概有五百多歲吧。」禪師活最久的不過一百二十歲吧？但他那麼老婆的人，記錄下來也就那麼一點點機鋒，哪像我這麼多！所以進得同修會來三年悟了、五年悟了，那都是老師們的功勞，不是你們厲害；要懂得這一點，否則這慢心一起來就完蛋了，接下來悟後進修之道就會自我遮障。

但是話說回來，這現觀畢竟是很困難的，因爲要實證禪宗這般若禪確實是很困難，所以百般參究無門可入時一定非常喪氣，很喪氣時一定要安慰他，不應該像某些人看見有的同修參不出來時還潑冷水：「**我說你們沒希望就沒希望，下輩子再來吧。**」這是很不好的言語。我這個人很討厭人家這麼說，假使有人當眾被這麼嘲笑，我偏要把他拉上來，所以我是個怪人，也因爲我的所見跟他的所見不同。這就是說，像這樣的人愛樂於空，喜歡無所得；這在末法時代是不多的，應該要加以安慰才對。因爲末法時代的學人，被普遍教導的都是落在識陰之中，都是愛樂於有三界有，從不同的層面來說就是我、人、眾生、壽命。至於喇嘛教，那都是落在我所中，還談不上五陰我的觀行，連二乘菩提都攀不上邊，就不提他們，佛法知見差太遠了！

既然有這樣的人，你應該「**安慰其心**」，別讓他退轉。但光是「**安慰其心**」沒有用，還得要爲他細細解說：「**爲說諸法無所有空。**」這是要爲他解說：爲什麼佛法這麼難修證？那是因爲祂無所有，那是空，所以你很難修證。三界中的法，眾生都是可以體驗到的；即使體驗不到，你爲他形容了，他約莫可以瞭解你的所說，就像俗話說的八九不離十；但眞如境界是三界外之法，是出生三界法的實相法界，祂不屬於三界法，所以很難理解。很難理解時，你就得從各個層面來告訴他什麼叫作無所有，什麼叫作空，什麼是三界有……等。所以「無所有空」的法，你得要從各個層面告訴他，不能單單爲他講一個部分。如果只是同一個部分反覆不斷爲他講，那也是沒有用的，他很難契入；所以「安慰其心」時，還得要再詳細爲他從各個層面來說這個「無所有空」。當然你就得要告訴他如來藏的體性，否則他無法理解也無法修證。

現成的事，例如末法時代二十世紀大師們那麼多，竟然沒有一個人懂得什麼叫作空，都落入有所得法中追逐，特別是大陸佛教界，都是在追逐世間法，如今都還在極力排斥正法。談到佛法時，他們都以爲說：「一切法都壞滅了、空無了，就叫作空。」總是在無我苦空無常上面設想，心中不喜，就不肯接受聲聞菩提，何況是大乘菩提正法。以此緣故，海峽兩岸佛教界，終究沒有人出來說空就是如來藏，因爲也都不懂。所以當我們出來說「空就是如來藏」時，沒有一個道場認同。那我們不斷把「空性就是如來藏，涅槃就是如來藏」這道理演繹出來，演繹出很多的說法以後，大家從各個層面去瞭解，終於知道：「啊！原來空就是如來藏！」

可是我們說了那麼多，卻有人又落到另一邊，還是錯以爲「無所有」就是空，就說如來藏其實是無所有，就是緣起性空的另一種說法。我們只好說：「如來藏有自性能生萬法，叫作『不空如來藏』，所以如來藏有兩個意涵：『空如來藏』、『不空如來藏』。」那你說這個法容易理解嗎？很難理解啊！所以你得要爲他解說爲什麼「諸法無所有空」，讓他具足更多的知見以後，他參禪時才有辦法證悟，否則這無門之門要怎麼入呢？偏偏佛法就是這樣，所以祖師說了這兩句話還眞好：「佛語心爲宗，無門爲法門。」讀三乘菩提的諸經時一定先要確認這一點，就是佛所說的一切言語都依於眞實心而說。如果不是依於眞實心而說，二乘涅槃就變斷滅空，跟斷見外道一樣；如果不是依於眞實心而說般若，就跟斷見外道講的一切法空一樣。那麼第三轉法輪經典中，如來乾脆明說第八識如來藏是萬法的本源，所以這是很難理解的深妙法，應該從各個層面不斷爲這個愛樂「空行」的比丘解說，讓他從各個層面理解，然後才有辦法得到現觀，否則無門之門永遠都是難可得入的。

「若聞驚畏」，是說這位愛樂「空行」的比丘是很稀有的，而一般人很難一開始聽聞就愛樂於空；所以即使不貪著於有，但是聽到「空無所得」的法，心中還是會有驚畏的。所以 如來告訴舍利弗、也就是教導我們說：「若聞驚畏，應於眾中語其和尚、阿闍梨：『如經中說行空行者，有能了知諸法別相，我與爲師；不與我見、人見、顛倒邪見、貪著持戒者爲師。』」所以爲人師者，各種千差萬別太多了。但是 如來說「行於空行」的比丘，也就是實證的賢聖們，對於弟子大眾聽聞到無所得空就是「諸法無我」乃至「無有受者」這一些法時，他心中驚訝。覺得怖畏，怕落入斷滅空中；是因爲一開始無法瞭解這個空不是斷滅空，所以他驚訝恐怖，這時還是應該堅持到底，必須繼續弘揚無所得空，不能隨順眾生就開始講落入我見、常見中的種種法，所以這時應該在大眾中直接告訴他們的師父，或是直接告訴他們的老師說：「猶如經中世尊所說，行於空行的人，如果有能了知諸法別相的人，世尊才願意作他的師父或作他的老師。如果他們是喜歡我見、人見、落入顛倒邪見，甚至貪著於持戒而歧視實證的人，這樣的人我釋迦牟尼不當他們的老師。」

這又是諸位應該學習的地方。這一世也許你不當人家的師父，可是下一世或下下世呢？或是下一劫、下下劫呢？你遲早要當人家的師父。因為你行菩薩道，就是要利樂有情，不能是實證之後你們就每一世都躲在深山裡，總要出來利益眾生，否則你的成佛之道無法成就。既然能行於空，既然住在「無所有空」中，你看到了某些大和尚、小和尚也在度眾時，結果他們的徒眾們聽到無所有空，心中驚訝畏懼，而那些大和尚、小和尚心中也搖擺不定，自己也在猶豫，也在懷疑佛法是否眞的「無所有空」，那時你就應該直接對那個堂頭和尚講，或是找更高層的和尚談，不論那個道場是誰主持的，就直接找他講，而且是在大眾中跟他講；「猶如經中世尊所說的行於空行的人，如果他眞的能了知諸法的別相，我釋迦如來願意作他的師父。」換句話說，要直接告訴那個領頭的人，告訴他的時候也要給他的徒眾們都聽見。如來就是這樣教導的。

所以對於那些不愛樂「空無所得法」的人，你就不應該攝受他們；因為你教導他們之後，他們還是要追求有；你度這種人永遠都沒有實證的因緣，那你乾脆不要作他的師父，否則你什麼時候才能成佛？而且 世尊也表明不作這種人的師長。因此你要設法說明到讓他們喜歡「無所得法」、喜歡「空」的法性與法相，這樣你才可以作他們的師父，因爲 世尊不接受有所得的弟子。否則你度化這一些人沒有用，他們喜歡有所得法就讓他們去有所得法的道場修人天善法。

反過來還要告訴他：「不要去給具足我見、人見、顚倒邪見的人作師父，也不要去給貪著持戒的人作師父，因爲這些人難度。」因爲 世尊也不想當這類人的師父。「我見、人見、顚倒邪見」諸位容易理解，這一些人是不容易度的；因爲他們很堅強地執著於我，落在蘊處界我之中，非常堅固而不可改變；你若是當他們的師父，那你度化眾生是沒有什麼結果的，因爲他們不肯改變。如果他們願意改變，願意聽從你所說的「無所有空」，那麼你可以當他們的師父，因爲他們會漸漸轉變，就成爲你將來成佛時的佛土。

所以「我見、人見」很深厚的人，你無法改變他，那你就不要當他的師父，就告訴他說：「你的因緣不在這裡，我不想當你的師父。」他當然要問你：「爲什麼不想當我的師父？」一般的師父都是徒眾多多益善，偏偏你不要收他，徒弟當然好奇要問，那麼師父就有個機會告訴他：「因為你始終都不離我見、人見，那我不要度你；我教導的，你又不聽。」那也許他突然間一念醒悟，願意接受教導，那你就能眞的度得他了。

但是另外有一種人不可度，也就是完全不懂邏輯的人。眞的有人不懂邏輯也在學佛，別說佛法上的邏輯，單說世間法上的邏輯他就不懂了，譬如臺灣有一句大家聽了都會覺得會心一笑的話：「生眼睛不曾看過。」這是說「打從我有眼睛以來沒見過這樣的人」；我還眞的有遇見這種人。比如當你去到某一個社區買了一戶房子，買房子時你一定會要求產權完整：圍牆裡的土地全部都要有。如果我是獨棟的房子，那我就是全部要；如果我買的是四層樓、五層樓，那我就是要有持分四分之一、五分之一的產權；除了這樣以外還要包括公共設施，社區的路地和公設的土地，也應該要有一分比例，這才是邏輯正確的人的想法。

但我就遇見一個人，一棟別墅，她圍牆裡還有許多地都還在賣方的手裡，賣方主動說要過戶給她，結果她不要，她振振有辭說：「我為什麼要多一張所有權狀？」問她說：「為什麼妳不要多一張所有權狀？」「我還要繳稅啊！」然後社區的道路應該大家都要有一分，否則憑什麼行走道路？她也不要，她說：「這也要多繳稅，我不要；而且辦過户時代書費還要一萬多元。」捨不得了！那我都同意過戶，稅金我也願意自己繳；結果她笑我，因爲我要取得那些還不具足的土地，而地主願意過給我（後來都不過給他們，只要過戶給我；我說：「應該順便過戶給他們吧？」地主終於同意了，我也算完成一件好事），因爲地主看我的面子，將要辦理過戶時，那位代書外行，一算出來，我那一戶就得繳二百多萬元土地增值稅，我說：「好！我就繳了。」她反而笑我：「要繳那麼多錢，你還那麼高興喔？」

我的想法是一個正確的邏輯：我需要產權的完整。後來一辦，不用繳稅（因爲那是水資源保護區，第一次過戶不用繳稅），後來多數人願意過戶，但還是有二、三戶不要那些地；他們那個腦袋眞的有問題，只有一、二萬塊錢的代書費不肯花，然後一天到晚來跟我爭執說：「我講的才對，因爲我去地政事務所問過了，他們都說我講的對，我不需要過回來圍牆裡的地，我也不需要過回來路地的持分。」我不想再跟她講，覺得無可理喻，就說：「好！妳講的對、講的對！」我知道爲什麼地政事務所的人員要說她講的對，因爲她不可理喻，只能隨順回答讓她離開就好了。這叫作什麼？就是世間法的顚倒邪見。等到要賣房子時心裡叫苦了，因爲產權不完整，人家不買，這就是世間法的顚倒邪見的例子。竟然有這樣的人，一天到晚爭執說：「**那個東西我才不要，我又用不著！**」我心裡好笑說：「**妳每天都不走道路喔？妳用飛的出門去喔？**」這種人能不能度？不能度的，因爲她連世間邏輯都不通，那麼像咱們這麼深的實相法界的邏輯，她更沒辦法理解了。她每天打扮得花枝招展，看起來很有錢的樣子有什麼用，這都叫作顚倒邪見。

那麼佛法中也有顚倒邪見，就是那些六識論者，她們是具足「**顚倒邪見**」，在法理的邏輯上根本就不懂。例如禪宗的禪與次第禪觀的禪是截然不同的，她們偏要混在一起來談，你有什麼辦法跟她們說道理？所以那種人是不可度的，叫作「**顚倒邪見**」。因爲禪宗的禪悟是智慧，智慧是一念相應就契入的，沒有門可說，所悟的是法界實相心第八識，悟了就能發起般若波羅蜜多的正觀，純屬智慧境界；但次第禪觀是有境界法，就是世間禪定，屬於定而不是智慧；既是有境界法就有門可入，就是一步一步向前走，證得第一個次第之後再往上轉進證第二個次第。譬如無相念佛也是有境界法，譬如次第禪觀的欲界定、未到地定、初禪、二禪、三禪乃至非想非非想定，都是有境界的法，那當然是可以次第而修；但般若智慧是一念相應而悟入的，要什麼次第？但是我們說了她們也不信，這就是 世尊指斥的「顚倒邪見」。

般若智慧是無境界法、「無所有法」、「無所得法」，也是「無名相法」、「無分別法」，親證時憑的是智慧一念相應；這不是境界法，爲什麼她要求禪宗要像次第禪觀的那種有境界法一步一步走進來？沒這回事。所以那一種人叫作「顚倒邪見」，你要度她們？沒門！放棄了，另外來度有因緣的人還快一點，可以多度一些人。度那一種人，度上一個所用的精神與時間，可以用來度一百、一千個有因緣的人，何樂而不爲？又何苦要去度她們？那麼這就是「顚倒邪見」的具體代表，眞的不可度。

還有一種人不可度，就是「貪著持戒」者；他一天到晚沾沾自喜，說自己持戒多麼清淨，但他的持戒清淨是不盡人情的，以不盡人情的持戒自豪，認爲沒有誰比得上他而沾沾自喜，這種人的「見取見」是非常強烈的，你沒有辦法度他；這種人永遠都認爲他持戒清淨才是最重要的，假使看到有一個人快要被毒蛇咬到了，他還是堅持不殺生，眼睜睜看著那個人被毒蛇咬到，然後說他持戒很清淨，他絕對守戒不殺生；但這種人不是菩薩，要叫作標準的聲聞，而且是邪見的聲聞。

且不論他對菩薩戒的開遮懂不懂，他對於聲聞戒的開遮懂不懂，這都暫時不談，他就因爲自己的持戒清淨而瞧不起一切人，包括實證的菩薩在內；因爲實證的菩薩不被戒相所繫縛，只依戒的精神而行。所以假使看見某一個人即將被毒蛇咬死，而那個人渾然不覺，菩薩寧可動手把那一條毒蛇打死。比如那一個人是個聾子，毒蛇從背後過來，你大聲呼叫他聽不見，這時該怎麼辦？來不及時就得把蛇打死，殺生但是救了一個人；菩薩是這樣幹的，不以持戒清淨而炫耀於任何人，全都著眼於衆生是否得度。那麼「貪著持戒」的人以持戒清淨自我標榜，瞧不起一切人；假使實證的菩薩們爲了正法久住，不得不開緣而作了一件看來好像不好的事情，其實背後可以利益很多的衆生，這樣的菩薩作了事情以後他就瞧不起，這叫作「貪著持戒」。

我們弘法的過程中，在剛開始那五年都不評論諸方大師；但後來不得不評論，因爲他們都說我們是邪魔外道，那我們就開始評論，看誰是眞的邪魔外道。可是就有許多小法師、大法師就放話了：「各人講各人的法，不要互相評論，僧讚僧佛法興；你蕭平實這樣評論法師們，這是誹謗僧寶。」結果我就這樣無端被扣上誹謗僧寶的帽子；後來我不得不指出被我評論的都是凡夫僧，我的身分是勝義僧，這下他們只好閉嘴。那他們也是什麼人呢？正是著眼於受戒的表相。

戒的表相固然叫你不可以自讚毀他，十重戒雖然有這樣規定，但那戒的精神指什麼？是指證量上不要自讚毀他，不包括破邪顯正，不包括救護眾生！假使大法師們誤導眾生很嚴重，我們為了救護他的弟子眾別再陷入大妄語業中，當然要摧邪顯正；這不是自讚毀他，這是救護眾生、護持正法，結果他們都混為一談，就在戒條上綁死自己，也想要綁死善知識，那就叫作「貪著持戒」。即使是清淨的持戒而這樣作了，仍然叫作「貪著持戒」，因為他不以實證佛法為重，就是「顛倒邪見、貪著持戒」而不可度的人。

如果表面上說他都持戒清淨，暗地裡在修密宗假藏傳佛教的法，那叫作大妄語，他有什麼持戒清淨可言？他持戒清淨的定義跟我們持戒清淨的定義不同。他是依照密宗假藏傳佛教的三昧耶戒每天都行雙身法，說這樣叫作持戒清淨，但不論是否如實受持正統佛教的戒，或是持守密宗的三昧耶雙身法的戒，都叫作「貪著持戒」。其實，依密宗假藏傳佛教的三昧耶戒來說持戒清淨，那是等而下之——不入流，已經比不上「貪著持戒」的那些愚癡比丘、比丘尼了。所以如果想要度「貪著持戒」的人修學佛法，那你的成佛之道非常緩慢，因爲這些人都有「見取見」，縱使你依著智慧爲他說法，講到他無話可說了，他們心中終究不服氣，也不會依你的指導走上實證之路。因此世尊說：「不與我見、人見、顚倒邪見、貪著持戒者爲師。」是因爲這些人不可度。

這一段經文中，如來很明白昭示給大眾：若是行於空行的人，你要爲他說明諸法的別相。諸法的別相不同總相，總相就是眞如空性無所得、無分別，別相是一切諸法本來寂滅涅槃，你就得從一切諸法爲什麼本來就寂滅、本來就涅槃，爲什麼一切諸法就是無所有，要一一解說給他聽；而他也願意聽，那你就可以當他的師父，因爲這樣有意義。世尊說是願意當這類人的師父，我們得要效法。

如果反過來是「我見、人見」那種人，聽你說「無所有空」法以後，他不願意改變，你就不用度這一種人，你努力度他是不會有結果的。至於「顚倒邪見」者更別度，因為他完全不可理喻。換句話說，我們正覺演說正法的這麼多書流通出去，有很多人陸陸續續要進同修會；雖然他還沒有實證，還無法如實了知，但是因為懂邏輯，懂思考的理路，所以他不斷地閱讀思惟之後，知道這才是正法，因此會陸陸續續進來。如果是「顛倒邪見」者是無法度的，因為他沒有邏輯，不懂如法思慮；也就是說他完全與因明學不相應，那你要跟他談內明就很困難了，因為內明之學是實相法界的事，很難理解。至於「貪著持戒」這種人的見取見非常重，你就不用度他了，只要讓他繼續持戒清淨作為未來世、未來劫修證正法的助因就夠了。接著 如來又開示說：

經文：【「如來聽許具正見者而共布薩，不聽破戒邪見之人、破威儀者而共布薩。長老、弟子聞說空寂無所有法，心不信樂，志在外道，佛不聽與外道布薩。是人若當不捨是見，不應聽使得入僧事，亦不受其欲。如是作已猶故不捨，當知是人不得在道，便是永棄；應語其和尚、阿闍梨，不應復畜。舍利弗！若僧如是，則供養我，亦為善破外道邪見，是名清淨說戒布薩。舍利弗！我今明瞭告汝，若人受是我見、人見、眾生見、有無見，是人不名供養於我，不名隨我出家受戒，是名隨逐六師出家，以六師為師。舍利弗！若

人於是清淨實法不能得忍，而受供養，是人所得則爲邪受。」】

語譯：【世尊又開示說：「如來聽許具有正見的人共同參加布薩，而不聽許破戒和具有邪見的人、以及破壞律儀戒的人同來布薩。長老和弟子們假使聽聞善知識演說空寂無所有的佛法，心中不信也不愛樂，他們的志向是在外道法，佛不聽許弟子們與這樣的佛門外道布薩。這一些人如果將來還是不捨棄這樣的邪見，不應該允許他們進入僧團中共同論事，也不應該接受他們所希望的想法或作法。如果這樣默擯之後他們仍然繼續不願意捨棄邪見，應當知道這樣的人不可能住心於佛道中，便是永遠的捨棄他們；應該告訴他們的和尚或者親教師，不應該繼續畜養他們。舍利弗！如果有僧人像這樣子作，那他就是供養了我釋迦牟尼，也是屬於善破外道邪見的佛弟子，這樣就叫作清淨說戒而共同來誦戒。舍利弗！我如今明確清楚地告訴你，如果有人接受了這樣的我見、人見、眾生見、有無見，這種人不能說他是供養於我，也不能說他是隨我出家受戒，這種人其實是跟隨而且是追逐六師外道出家的人，他們是以六師外道爲師父的人。舍利弗！如果有人對於這個清淨的眞實法不能得到忍法，而接受了大眾的供養，這樣的人凡有所得都是邪受。」】

講義：布薩這個法已經在大多數的佛教道場消失很久了，一直到我們正覺弘法之後才又回復起來。以前布薩時有的法師問我說：「某一件事情來龍去脈是如何，那我們布薩時是應該怎麼樣？」我說：「這種事情很平常，你們出家以前在寺院怎麼布薩，現在就一樣布薩。」沒想到我聽到的是說：「現在臺灣的寺院哪有在布薩？」我聽到這句話時很驚訝，我說：「啊？臺灣所有寺院都沒有在布薩？」我說：「那我們正覺倒是很特殊的。」我當初的想法，在寺院裡本來就應該如 佛所說半月半月布薩；結果聽到的是不但沒有半月布薩，一個月也沒有，兩個月也沒有，那就太超過、太過分了。可是我後來才知道，原來全臺灣寺院大多沒有在布薩，他們有受菩薩戒都不布薩。

（註：詳前諸輯編案，此處不再說明。）

我那時好驚訝，在我的想法中很單純，我們在家居士不是一起共住於寺院中，所以半月半月布薩有其困難，因爲大家分居各地，而我們道場共修往往都是幾十里地來的，這很平常；甚至於每週共修時還有人是從花蓮每週都來共修，這很不簡單。因爲散居各地而不是同住一個寺院，所以半月半月布薩是有其困難，因此我就規定每兩個月布薩一次。後來才知道全臺灣所有寺院幾乎都不布薩，想起來那大陸就更別提了。後來我就想：佛教界怎麼樣我們不管，我們就依著自己的方式，每兩月兩月布薩；就這樣行之有年了，不只是有年，而是十幾年了。

可是布薩得要如法，因此我們依照戒律的規定，布薩時該懺摩的先懺摩，就如法來布薩，我們也一一作到了。那布薩前犯戒的人固然全部都要先懺悔滅罪，然後才參與布薩；如來卻又指示了特別重要的部分，就是「破戒邪見之人」以及「破威儀者」，我們都不應該讓他們共同來布薩。破戒之人是一定先要懺悔滅罪的，所以他沒有懺悔滅罪之前不得參與布薩；布薩就是誦戒，他是不得參與誦戒的。

那麼邪見者特別要提出來；有邪見的人，你讓他共同布薩，而他因為邪見的緣故，可能就在布薩之前的懺摩過程中，因為所聽所聞所見而又繼續產生或滋生更多的邪見，反而對他不好，也對佛弟子大眾不好，所以邪見的人不應該讓他布薩。那這個到底是什麼原因呢？譬如說「我見、人見、眾生見、壽命見」或者「顛倒邪見」，他們將來一定會破壞律儀戒，將來也不免要誹謗正法，那就是嚴重的毀破菩薩戒，所以「邪見之人」也不應該讓他參與布薩。那麼說到破威儀，就是對於十重戒有所違犯；另外一種破威儀，是布薩時沒有如法，也是破威儀。所以布薩時一定要搭衣，不可以穿著一件背心來布薩，也不可以穿著短褲、不可以穿著短裙來參加布薩；一定要具威儀，還得要穿菩薩衣，否則不聽許他來參與布薩。因為布薩這個規矩自從佛世就是如此，一定要三衣具足才可以參與布薩。

如果是在家菩薩，也得要衣著齊整才能參加布薩，否則不許布薩，所以「**破威儀**」的兩個意涵都要函蓋。也不許有破十重戒而不可悔的人共同布薩，因為他已得斷頭罪，已失菩薩戒的戒體了，等同沒有受戒的人，就不許參與布薩，還有就是他必須具足威儀；如果違背了這個規定而讓他參與布薩，主法的法師得罪，因為這是 如來之所不許。

那麼關於邪見的部分，世尊特別有說明：「**長老、弟子聞說空寂無所有法，心不信樂，志在外道，佛不聽與外道布薩。**」這意思就明白告訴我們說，即使他貴為長老了，但他聽到主法和尚演說空寂無所有法時，心中不信、不愛樂，他心裡想要的是外道法，譬如離念靈知……等；那麼 如來言下之意是說：「**他即使貴為長老也還是外道，佛不聽許大眾與外道布薩。**」就是說這種人雖然住在佛門中，是身出家的人，但他的本質就是外道，就是身在佛門的外道；更何況同樣情況的弟子，當然也是外道而不許一起布薩。

我們以前說某某人是佛門外道，就挨某些法師與徒眾罵，現在　如來說這種人就是外道；他還受了比丘戒，貴為長老，但是「聞說空寂無所有法，心不信樂，志在外道」時，他就是外道，佛不聽許與這種外道布薩。這講得夠白吧！諸位想想，貴為長老都還是不聽許他和大眾共同布薩；如果身為弟子而仍然「志在外道」，比如愛樂常見外道境界的離念靈知，硬是狡辯為眞如佛性，當然更是外道，當然更不應該准許他共同布薩，因為他和佛法大眾不同見也不同行。所以假使師父講的是「空寂無所有法、無所得法」，他卻一天到晚在講「我、人、眾生、壽者」、離念靈知、識陰的境界，那師父就不應該容許這弟子繼續參與布薩，如來的意旨是這樣。

那麼這個情形在我們同修會中不會出現，因為他如果公然出來主張有我、有人、有眾生、有壽者，公然主張說意識是不滅的，說離念靈知才是眞如，我們就把他轟出去了！因為親教師一定要找他來小參，小參後還無法說服他，就只好告訴他說：「你的法緣不在這裡，請你離開。」而他如果想要參加布薩，我們也會拒絕。我想這樣的人應該會很快離開的，他也應該不會堅決說：「我要繼續在這裡布薩。」因爲他一天到晚聽到親教師講「空寂無所有法」時，他都不能接受，心中應該也會很難過，就會主動離開；假使他主動離開後還想要參加布薩，我們可有理由拒絕他，因爲這是 如來教誡的。

假使不幸的是這種人已經出家了，因爲我們本來想他可以被教化，來接受「空寂無所有法」、「無所得法」，結果他不捨邪見，老是堅持他的看法，抱著邪見都不肯放棄，那這樣的人縱使已經出家了，世尊說「不應聽使得入僧事」，這時要作的就是默擯，不當作他已經出家；就當作養一個閒人在寺院裡，不當他是出家人；僧眾凡有論事時都不讓他參加，也就是僧眾在討論事情時不讓他發表意見，因爲不當作他是出家人了。那他當然應該不得再參與僧事，所以說：「不應聽使得入僧事。」

如果他還住在道場裡，他今天來主張說「我想要怎麼樣」，明天或者來主張說「我又想要怎麼樣」，闔寺僧眾全都不可隨從他，都不能如他所願；因爲他墮入外道見時，他的所思所爲就一定會跟外道法相符，就會依意識或者依識陰的境界去想要作什麼、想要修什麼，那都是外道法或者外道行，這時僧眾不應該順其所欲：「**亦不受其欲。**」所以他的所欲，一切僧眾不應該接受。

如果已經這樣默擯他了，結果他仍然繼續故作主張，不肯捨棄他原有的邪見，如來就告訴大眾說：「**如是作已猶故不捨，當知是人不得在道，便是永棄；**」也就是說，應當知道這個人不但永遠都不能在佛法上有所實證，乃至於不應該讓他在佛道中安住，就是應該將他逐出寺院；因為他存在佛道中是沒有意義的，只會破壞僧團而已，所以就是永遠的默擯他而趕走他；若沒辦法趕他走就默擯，所有人永遠都不跟他講話。若是永遠的默擯他，就叫作「**永棄**」，等於是僧團都不接受他了，永遠捨棄他。但他不犯戒，他就是邪見不改，一天到晚都是在講邪見、想著邪見；因為他不犯戒，不能依犯戒的規矩把他趕出去，那就讓他住著，結果就是默擯他。

在佛法中最重的處分就是默擯，比如《摩訶僧祇律》有記載一群比丘尼，以前是在外道法中，然後過來佛法中出家，而她們的師父沒教好，一天到晚喧鬧不停，如來就說：「**把那一群比丘尼招喚過來，我來告誡她們。**」結果這群比丘尼竟然說：「**我們又不是拜如來為師，我們師父是某某人，為什麼**

如來叫我們時我們就得去？」如來說：「這些人在我的法中出家，我叫她們來，她們竟然不來。」如來就說：「不然就叫她們離開吧！」不承認她們是比丘尼，結果是要趕她們走時，她們也有話說：「爲什麼如來要趕我們走？如來有什麼用意、有什麼身分可以叫我們走？」她們又不走，又在 如來住的附近喧鬧。因此 如來說：「她們既然不離開，依諸佛的常法，就由如來離開。」

如來這一離開就有問題，麻煩來了，阿闍世王不是殺了父王嗎？那是無間地獄罪，好在 如來接受他了，爲他說法後使他得到無根信，但是他每天都要去見 如來懺悔；可是有一天去了僧團中卻見不到 如來，「如來哪裡去了，爲什麼如來不見我？」「如來不見了，是去哪裡了？爲什麼如來離開了？」後來知道：「原來這些比丘尼這麼可惡，我要把她們殺掉。」他連父親都殺了，看那些比丘尼又算什麼；結果阿難就勸他說：「你不要殺吧，她們畢竟是比丘尼，放走她們就好了，不要殺她們。」後來他想也對，就頒布命令，不許比丘尼在他的國境裡，就要全部趕出國境外。

所以這一群比丘尼慌了手腳，因爲被趕出去就沒有什麼可以依止了，生活都成問題；然後才來懺悔，來懺悔三次，如來都說不見；後來是阿難替她們來求，如來問他說：「你爲什麼這麼殷勤三度來爲她們求？」阿難就替她們找理由：「因爲如來您說她們叫作比丘尼僧，因爲還是僧，所以我替她們請求。」如來才接見她們。那你們看，這時的比丘尼們是不是邪見？是邪見。後來是 如來慈悲，叫他們去找五通居士結夏安居，聽受五通居士的教導後才證得初果；不然這種比丘尼不畜也罷，法主呼喚竟然不來，叫她們離開竟然也不離開，所以「應語其和尚、阿闍梨，不應復畜」，因爲遲早會出麻煩。

今天講到這裡。

上一回《佛藏經》是一月十七日講的，今天二月七日，整二十天沒見，新的一年希望大家身心康泰，事事如意！那我們回到《佛藏經》來，上一回是講到五十八頁倒數第四行：「應語其和尚、阿闍梨，不應復蓄。」如來的意思是說：凡是喜歡外道法、喜歡執著種種有的人，那種出家人不應該再畜養，應該捨棄他們。這就是同見同行的意思，若有人住心於外道見，就不該與他同住同行，必須默擯直到他離開僧團，或者被大眾或和尚教化遠離外道見爲止。

接下來說：「舍利弗！若僧如是，則供養我，亦為善破外道邪見，是名清淨說戒布薩。」如來這裡的意思是說：依照菩薩戒，凡是愛著於三界有，特別是欲界中的種種我所，不論他是內我所、外我所，甚至於愛樂外道的邪見，那麼這一些人其實是違背菩薩戒的，因為菩薩戒的依止是正法，也就是以大乘了義究竟正法作為依止；那如果不依止於法而依止於外道的一切言教，那是犯菩薩戒的，這種人不應該接受他在僧眾中存在，不許他於僧眾中共住，當然也不許和他一起來布薩；討論戒法時，也不應該讓他參加，布薩時、羯磨時都不應該讓他參加。也就是說這一種貪著外道法的人，如來不承認他是弟子，所以不讓他參加。

那麼依這樣的 如來開示，應該說整個中國佛教界，除了淨土宗的修行道場（沒有外道見和修密的人），以外不論臺灣與大陸的所有寺院，都不應該讓這樣的出家人共同布薩。但是我提出這樣的主張，其實講了等於沒講，主張了等於沒主張，因為不論臺灣或大陸幾乎沒有寺院在辦布薩的，目前所知幾乎只有我們正覺依舊如法地定期布薩；所以我主張了等於沒主張，對他們而言是不痛不癢，但我們還是要說：不許外道見者參與僧眾或菩薩僧團的布薩。意味著說他們不是佛弟子，所以 如來不允許他們參加布薩，包括傳授戒法時也不應該讓他們聽，因爲他們是外道，雖然剃了頭髮在佛寺裡出家，身是佛弟子而心是外道啊！

既然他們的實質是外道，當然不允許他們參加布薩。如果讓他們參加了，縱容他們繼續參加布薩，就等於承認他們是僧眾中的一分子，這樣作了是違背 如來的告誡；等於是把 如來的告誡當作耳邊風，陽奉陰違。那我們正覺必須要依照 如來的告誡，不許違背，所以我們還是要提出來講。至於其他的所有道場他們聽不聽是他們的事，但是我們有個期望：也許將來《佛藏經》的講義出版了，而大家普遍讀過了，有的寺院爲了表示說：「**我們是遵照如來的意旨，所以開始半月半月布薩。**」如果這樣的話，他們就可以執行這個規定了。如果眞的有這麼一天，海峽兩岸的寺院僧眾都開始布薩了，也都摒除執著外道見的人不許共同布薩，這就應該說佛教復興的時代開始了！因爲有一就會有二，各家寺院就會漸漸跟進；雖然不可能每一個道場都開始能有人實證菩提，但至少佛門的家風漸漸清淨起來，能清淨到一半或者三分之一都是很好的、都是我們所期待的，所以我們還是要講。

如來接著開示說：「**舍利弗！我今明瞭告汝，若人受是我見、人見、眾生見、有無見，是人不名供養於我，不名隨我出家受戒，是名隨逐六師出家，以六師爲師。**」假使佛門中大法師、小法師、大居士、小居士們說的法都跟外道法一樣，他們自稱是佛弟子，我們見了這種人時應該怎麼說他們呢？應該說他們是不孝子；因爲 釋迦老爸說這樣，他們偏偏跟著外道說那樣；不隨著老爸的說法，偏要隨著外道的說法，那就是不孝子啊！等於明著來反對老爸，這樣怎麼能叫作孝順？因此以後佛教界大家就要觀察到底誰孝順老爸、誰不孝順老爸的；不孝順 釋迦老子的就說他是不孝子，很簡單！就這麼分判。因爲 釋迦老爸說的是「**無我、無人、無眾生**」，也說「**一切諸法本來自性清淨涅槃**」，不落有無見之中；他們說的卻都跟常見、斷見外道等等一樣，那他們是公然反對 釋迦老子，就是不孝。

假使你有個兒子、有個女兒，在外說是你的兒子或你的女兒，結果他們講的都跟外人講的一樣，都跟你講的相反，然後又說那都是你講的，那你接不接受？不接受。我也不接受啊！所以落在「**我見、人見、眾生見、有無見**」以各種「**邪見**」來爲人解說，而說那就是佛法，說那是 釋迦如來所說，那

個人怎麼能說是對 如來作「法供養」？他不但沒有作法供養，甚至他根本就是身在佛門、心在外道，本質是個叛徒，所以 如來明著說：「這樣的人不名供養於我，不名隨我出家受戒，是名隨逐六師出家，以六師爲師。」一定是以六師外道爲師，否則怎麼都是演說六師外道講的法呢！他們如果講了出來時，說這是六師外道講的法，那倒也罷了，偏偏說這是 如來講的，那就是在誣賴 如來；所以 如來不承認這樣的人是佛弟子。

那麼六師外道，他們的那些邪法是 如來示現在人間之前就已經普遍存在的，但是 如來出現之後被破斥，所以他們的信眾萎縮了；但是隨著年代漸漸過去，到了末法時代，六師外道的法不但復興起來，而且廣大的滲入佛門之中。好在沒有全部都滲入佛門中，因爲六師外道大略來說有六種：常見外道、大自在天外道、斷見外道、自然外道、宿作因外道、苦行外道。【編案：一、常見外道（末伽梨拘賒梨子，又稱邪命外道，是裸形托缽教派的始祖，無因唯緣論者）。二、大自在天外道（迦羅鳩陀迦旃延，主張大自在天能生諸法）。三、斷見外道（富蘭那迦葉，無因果論者，亦名空見外道）。四、自然外道（阿耆多翅舍欽婆羅，即順世外道，說一切法皆自然生，唯物論者，追求現世快樂）。五、宿作因外道（尼犍陀若提子，宿命論者，一切苦樂皆因前世造業而得）。六、苦行外道（删闍夜毘羅胝子，現代學術界認爲他是不可知論者，說眾生所愛生死皆因著樂，善修苦行便得解脫）。】

那麼最後這種不可知論外道有沒有滲入佛門？有喔？你們知道是誰？對！就是那個六識論的釋印順，他說涅槃是不可知的，所以涅槃不可說。偏偏我們講涅槃是可知的、可證的，而且可以講得很清楚明白，所以他其實也是六師外道之一。那他也是不信因果的外道，又同於常見外道，主張無因唯緣論；所以他的思想很雜亂，既認爲地獄是聖人的方便施設，地獄不存在；又否定了大乘法而否定了如來藏，說萬法都是無因唯緣就能出生，和常見外道一樣，也同於宿作因外道；也說沒有地獄可下，那他不就是那個無作外道嗎？無作外道就是說沒有所作、沒有能作、沒有作者，所以沒有因果，所以他什麼都敢作，因此不怕下地獄，說地獄不是 如來講的，是後人創造出來嚇人的，就把它推翻了。

那自然外道，六師外道中有一種叫自然外道，說有情是由地水火風組成的，由於物質的集合所以有了人身，有了人身之後就能有覺知心，意識就會出現，這就是唯物論。這種外道多不多？多啊！臺灣海外的西邊整個都是，並且還是勢力最大的。但這種思想是從蘇聯、歐洲那邊傳過來的，一個起源於德國的凡夫邪見，現在卻成爲某國很偉大的思想。我們中國有宇宙中最偉大、最豐富的文化財產，卻不想要，反而崇奉外國凡夫的邪見，很不值得。但四大極微是什麼？是物！這樣諸位聽懂了，但問題是物能生心嗎？可就是有很多人信啊！

那麼印順有沒有自然外道的思想（唯物論思想）的外道本質呢？諸位檢查看看：他認爲只要有父母因緣和五色根與外六塵就可以出生有情的五陰，正是物能生心的具體實例；所以他認爲意識縱使是生滅的，但有父母和四大等物質上的因緣，意識等六識就可以出生了；因此他認爲不需要有第八識如來藏和第七識意根，單憑父母與四大的緣就可以使有情的五陰具足出生，所以他同時也是「無因論」者，不也有一大部分是自然外道的成分嗎？至於「順世外道」的邪見，他也逃不掉，所以六師外道的邪見他大部分都有，只有一種沒有，就是他沒有主張赤身露體修行以及裸形外道的理論，所以應該說他是五師外道的弟子。

這種外道邪見混入佛門在二十世紀初越來越嚴重，就是因爲國家太衰弱以致勝妙的文化沒有人重視，積弱不振久了大家就崇洋媚外，結果這個風氣傳入佛門，佛門也就開始崇拜外國的所謂學術研究等，覺得外國的月亮比中國的圓，於是乎一窩風派學僧往外國學習佛學。可是現在來看，咱們臺灣佛門這個月亮顯然比外國的更大更圓，大好幾倍也更加的圓，如今日本、歐美學術界研究佛學者，也不得不接受。這就是說 如來重視的是心而不是身，身是出家人、是佛門的比丘、比丘尼，心也得是佛門的比丘、比丘尼。假使身在佛門出家，但心中所有的都是外道的邪見，所說所行都與六師外道合流，同一鼻孔出氣，或者沆瀣一氣，那麼 如來不承認他們是佛弟子，說他們的出家是隨逐於六師外道而出家，是以六師外道作為師父，世尊不想當他們的師父。

這下可好了，既然他們不是佛弟子，他們住在寺院又趕不走，那我們無可奈何，至少有一件事情可以作：不禮拜供養他們、不支持他們；這是我們作得到的，也是正信的佛弟子應該要作的事。至於不披僧衣而住在喇嘛教外道的寺廟裡，明著反對 釋迦老爸的法，公然宣稱他的證量比 釋迦老子還要高，那種人，咱們一見一聞就知是外道，看著只是頭搖一搖就走開，別理他們。可是以前有人很自豪，進入同修會以後常常對我說：「我以前在密宗某個道場多麼護持，在那裡種了好多福田。」說他種福田種夠了，我說：「你種的不叫福田，那叫作毒田，生長出來的果實都有毒，你還是趕快捨棄了，不要再執著那個毒田，要趕快懺悔捨棄，否則你未來世就要快快樂樂去接受那些有毒田所生的果實，那就是你來世的果報。」後來果不其然，他也退轉了。所以心是佛弟子，這個才最重要。

如來甚至說，有個外道是大菩薩，他說的法也成爲佛經，那就是很有名的薩遮尼乾子；他顯現的是外道身，但他專門對國王大臣宣揚佛法、讚歎釋迦如來；所以單看外表是不準確的，要看他的心與他的所學。假使心中所存的都是外道邪見，那只是「隨逐六師出家，以六師爲師」，本質是外道弟子，不能稱爲佛弟子；這一點正見，大家一定要建立起來。

如來又開示說：「舍利弗！若人於是清淨實法不能得忍，而受供養，是人所得則爲邪受。」受有正、有邪；從禪定的受來講，受也是有正、有邪。未到地定的深入領受，那境界就是正受；如果把那個定境當作是無想定來領受，就好比南懷瑾老師一樣，就是「邪受」；或者把那個境界當作是涅槃境界而領受，就成爲「邪受」。甚至有人把很粗糙的一念不生境界—欲界定—當作未到地定，乃至當作無想定或者當作第四禪，全都不是正受，都叫作「邪受」。如果以受戒來講，戒也有正受與邪受，最糟糕的邪受就是密宗假藏傳佛教自設的十四根本墮——所謂三昧耶戒，其實純屬外道戒，受那個戒就成爲魔子魔孫了。我們總是奉勸已經受那個邪戒的人趕快捨離，但信密宗假藏傳佛教的人都被喇嘛們恐嚇說：「受了三昧耶戒不可以披露出來，也不可以捨離，捨離就會下墮金剛地獄。」

但我說了，三界沒有金剛地獄這個東西，是他們自己創造一個名稱來恐嚇人；所以儘管捨棄或遠離密宗，不但不下金剛地獄，而且有大功德，因爲改邪歸正，叫作金不換。佛門的浪子回頭了，當然是金不換，哪裡還會有金剛地獄可下呢？受密宗那種戒正是「邪受」。如果以常見外道的知見來傳授菩薩戒，領受的人也會變成「邪受」；但是過不在於學人，而在於傳戒者；因爲學人無知所以跟隨他，而他以常見外道的知見作依歸，來爲人傳菩薩戒或者出家戒，那都是邪見；領受他所傳的戒就沒有眞正的菩薩戒體可得，因爲菩薩戒是以大乘三寶的實質爲依歸，也不許毀謗大乘三寶的正法第八識如來藏妙義；那他所傳授的法是常見、我見等外道法，受戒者在戒體上就沒有得到正受，所以那只是一個表相上的受戒。

如果傳戒者是依於如來藏的教義來傳戒，即使是戒師仍是凡夫，受戒者至少還有下品戒的功德與戒體；如果他主張人唯有六識，否定七、八二識，這樣的人已經成爲毀謗三寶的破戒者，他自己都沒有戒體，由他來傳戒時，所有戒子都沒有戒體可得，因爲他本身都沒有戒體；如果在那樣的人所辦的法會中受戒，都不得正受，並且還叫作「邪受」，因爲同時就領受他的六識論「邪見」，成爲我見、常見者，不可能是「如來弟子」了。

那麼在佛法中，講道理也是一樣的；智慧境界千差萬別，但眞正的佛法智慧境界就只有一種，就是唯一佛乘的智慧。這唯一佛乘區分爲三乘菩提，依著三乘菩提的實修實證，才能說他的智慧境界是正受。所以咱們弘法以前海峽兩岸的佛教界，他們所謂的佛法境界其實都是「邪受」，因爲都不離識陰或意識，都落入我見、人見、眾生見、壽命見中。他們以意識的境界當作是如來所說的證悟境界，當然就是「邪受」，因爲跟六師外道一樣。

那麼如來在這一段經文中作了很清楚的定義：如果有人對《佛藏經》

所說的「無名相法、無分別法」本來自性清淨涅槃的境界、對於這個眞實法清淨法不能安忍，這樣的人出家而領受信眾們的供養，他在世間法上所得一切供養全部都叫「邪受」。因爲佛弟子是要以正知正見來出家，依於正知正見來接受信眾的供養，這樣的領受才是正受，否則都是「邪受」。如果不是正受，就虧負了身上所穿的那件僧服。那件僧服有威德，是因爲 如來與正法的緣故；但是他藉著僧服的威德而領受信眾的供養時，卻是相信外道的邪見；他寧可信受外道的常見、斷見等法，不相信 如來說的第八識如來藏勝妙義理，所以他的一切所受都是「邪受」。若是「邪受」，未來世的果報堪憂；可是他們並不瞭解，因此我們應該要告訴他們，令其了知。接下來 如來又開示說：

經文：【「舍利弗！是人雖於我法中出家護持淨戒，而於第一義空無所得法，心不信解驚怖疑悔，當知是人但貴持戒、多聞、禪定；舍利弗！是人不名供養恭敬尊重於我，何以故？舍利弗！無始世來無有眾生不得四禪。若但知得四禪謂爲沙門利者，是人何名供養於我？是故舍利弗！我今明瞭告汝，當來世人於我法中種種貪著、種種邪見毀壞我法。舍利弗！若人但貴持戒、多聞、禪定，當知是人不能淨行沙門諸法，我則不說此人名爲沙門婆羅門。舍利弗！若人於一切法無我，如實知見無我；一切法本來無所有空，能如實知無所有空；是則不以持戒爲上、多聞爲上、禪定爲上。何以故？舍利弗！諸法實相無生無起，於中無法可爲上者。舍利弗！是諸法如實中，無持戒者、無破戒者，何況貪著而以爲上？舍利弗！是名諸佛阿耨多羅三藐三菩提，謂一切法無相自相空，無我無人；若有是忍，是名行者，是名得者。是人名爲以信出家，應受供養、清淨布薩，是人則爲人中之天。」

語譯：【世尊又開示說：「舍利弗！這樣的人雖然在我釋迦牟尼的法中出家護持清淨戒，但是在第一義空無所得的勝妙法，心中不信受、不能理解而且還驚怖懷疑懊悔，應當知道這樣的人只看重持戒、多聞和禪定；舍利弗！這樣的人不能說他是供養我、恭敬我、尊重我，爲什麼呢？舍利弗！打從無始世以來，沒有一個眾生不曾證得過第四禪。如果只知道想要得到第四禪，就說那是出家人的眞正利益的人，這樣的人怎麼可以自稱是供養於我？由於這個緣故舍利弗！我今天明白清楚地告訴你，未來世間人在我釋迦牟尼的法中生起種種的貪著、以種種邪見來毀壞我釋迦牟尼所說的法。舍利弗！如果有人只是看重於持戒、多聞、禪定，應當知道這樣的人不能清淨修行出家的種種法，我就不說這樣的人叫作出家的修行人或是在家的修行人。舍利弗！如果有人對於一切法無我，能如實知也如實看見一切法中確實沒有眞實我；一切法本來就是無所有的空，能如實知無所有的空；這樣的人就不會以持戒爲最尊貴、也不會認爲多聞是最尊貴的、更不會以爲禪定是最尊貴的。爲什麼呢？舍利弗！諸法的實相本來就沒有出生、沒有生起過，在諸法的實相之中沒有哪一個法可作爲至高無上的。舍利弗！在這種種諸法猶如眞實的不壞常住之中，卻沒有所謂的持戒者，也沒有破戒者，更何況貪著於持戒而認爲是至高無上的？舍利弗！這樣就叫作諸佛的無上正等正覺，也就是說一切法無相、自相是空，一切法無我也無人；如果有人能這樣的接受而安忍了下來，這樣的人就叫作眞正修行人，這就是已經證得的人。這樣的人就稱爲以信而出家，應該領受供養、可以清淨地參加布薩，這樣的人就是人類之中的天。」】

講義：從這一段開示中可以瞭解如來看重的是什麼，所以三乘菩提實證的智慧才是如來所看重的。那些三界中的有爲境界可以拿出來炫耀於世俗人，但如來卻不看重這一些。如來說：「信受六師外道邪見的人，雖然在佛法中出家，而他也護持淨戒，不犯戒，但他信受外道法而在如來法中出家，對於第一義空無所得法心不信受，」當然，以前佛教界對第一義空的無所得法，都被解釋成緣起性空而沒有眞實常住法；自從我們弘法以後才開始漸漸改變，到現在佛教界才終於接受說：第一義空的無所得法就是如來藏的境界，以前都錯解爲緣起性空了。

那麼如來接著說：「信受常見外道法或者六師外道法，雖然在佛法中出家，也努力護持清淨戒，但他對第一義空的無所得法並不信受，也沒有勝解，而且聽了覺得很驚訝、很恐怖，還懷疑這是不是佛法。」又會懊悔說：「爲什麼佛教中會有人把這樣的法結集起來？」也許他還懊悔說：「我爲什麼會聽到這種法？」這樣的人對第一義空的眞實妙義不能接受；落到意識境界中，當然會追求和意識相應的法。和意識相應的法，在佛門中主要就是三個：「持戒、多聞、禪定」。所以佛門中假使有哪一個道場持戒很清淨，戒律非常精嚴，那他們伴隨著出現的現象是瞧不起所有的道場，所以他們很標榜持戒清淨。但是現在能有多少個道場標榜持戒清淨的？其實也是寥寥無幾。那他們對於三乘菩提的實證就不看重，結果就會自以爲是，覺得自己已經在佛法中有深厚的證量，因此遇到眞善知識時自然就格格不入；這個例子在佛教界中是誰，我就不必再舉證，諸位應該都知道。

那麼「持戒爲上」是一種，第二種就是「多聞爲上」。以前佛教界大家在比高下是怎麼比的？就看誰經論讀得多、書讀得多；如果經論讀不多、書也讀不多，就標榜說他閉關了多少年；往年佛教界大約就是如此，所以只要經論讀得夠多就覺得自己很行，洋洋得意。我剛出來弘法時，有一位姓郭的同修也是這樣，他覺得比我更行；可爲什麼悟不了、得要我幫忙？他覺得他很行，所以有時提出某一部論中的某一段、某一句來問，他覺得自己的見解很棒，那我當場就指出來說：「你這樣的見解不對，爲何不對；應該怎麼解釋才對。」其實那時我根本就沒讀什麼經論，老實說就現在我也還是沒讀過很多經論。你們至少有讀過《中論》吧？但我《中論》也沒讀過。可能有人讀過《百論》，《百論》我也沒讀過；可我就把《中論》的法講了，我也能把《百論》的法講出來。

他認爲論讀得很多，我也老實承認我沒讀過，他提出來那些經論的名相我都沒讀過，可是我會講；後來他跟另一個師姊在討論時，抱怨說：「**我辯不贏老師啦！老師太會辯了。**」原來他認爲這是會辯；其實不然，是因爲智慧的緣故。所以說到論時，我到底讀過幾部？眞的說來我讀不到兩部，《成唯識論》我讀過，因爲我以前講過一次了；《瑜伽師地論》我快讀完了，因爲我也快要講完了；我都是準備要開講之前，才開始閱讀、開始斷句；如果那天很忙來不及，我來到講堂小參室就關起門來，什麼人都不要來找我小參，我要先斷句，然後就上座來講。

所以全部讀完的是《成唯識論》，快要讀完的是《瑜伽師地論》；《中論》我是人家談到哪一首偈時我覺得好像有問題，然後才去翻閱，把那首偈找出來，我確定了的就是讀過的，其他部分我就沒有讀了；《大智度論》可能讀不到二十分之一，也是查資料時才去讀的。還有一部論我讀過的，叫作《分別功德論》，因爲我要破《分別功德論》，當然要把它讀完，所以這一部我也讀完，其他的沒讀過。《俱舍論》我也沒讀完，這是因爲人家提出來質疑我，用《俱舍論》的內容質疑，所以我針對他質疑的部分去讀，其他的部分我也沒讀；所以我讀得很少，經倒是比較多，因爲我講過很多部經了。

這就是說，三乘菩提的實證遠比多聞重要，如果不是依於實證，讀得再多也沒用的。以前出版《正法眼藏—護法集》之前，有人想阻止我出版那本書，所以約了我在大乘精舍談論；他們指著大乘精舍一整排的書櫥說：「這整排的書櫥總共有五千多冊佛書，我們都讀過了。」我聽了眞佩服，我說：「相較之下我讀的眞是太少、太少，可我要跟諸位說的是，你們讀的多，不代表是眞正的實證，眞正的實證卻是要以經典作爲檢驗的標準。」他們就問：「什麼經典？」我說：「《維摩詰經》，正是禪門的照妖鏡；假使所證通不過《維摩詰經》的考驗，那都是錯悟，讀再多經論也沒用。」他們提出來要我舉個例，我說：「這很容易啊！維摩詰大士講了：『法不可見聞覺知，若行見聞覺知，是則見聞覺知，非求法也。』」

我接著說：「維摩詰大士是金粟如來倒駕慈航，他來協助釋迦古佛，那他講出來的是佛法呀！明明告訴你說：『你所實證的那個法是離見聞覺知的，不可以有見聞覺知；你如果還在見聞覺知之中去運作，那還是見聞覺知，落在見聞覺知的境界中，那就不是求法。』」我又說：「維摩詰大士還有說『諸入不會』以及『知是菩提』，這個道理得要兩邊通，假使會不得，人家一提出來問：『不會是菩提，諸入不會故。』你怎麼答？縱然解釋通了，可反過來立刻又說：『知是菩提，了眾生心行故。』這是悟得同一個法而兩邊都通，那你如果是離念靈知，後面這一句好像通，其實不通；若要提到前面那一句，根本就不通。如果是這樣，讀再多也沒用啊！所以多聞爲貴，其實是邪見。」他們就閉嘴了。

諸位看那些所謂的佛學學術人士，通常大多是教授，大部分是屬於哲學系的教授，他們應該是最多聞的人，他們讀的經論也很多；可是以前曾經有位很有名的哲學教授說他要寫書評論蕭平實，可是已經很多年過去了，終究沒有寫出一本書來評論；我在猜測，可能他都已經被我說服了，因爲他要評論我就必須讀我的書，而且不能只讀一本、二本，讀得越多越好；但是讀越多就會被我說服，那他來世就會是正覺的弟子。因此說佛法以實證爲貴，多聞沒有什麼大作用，只能用來增長正知正見幫助參禪實證。

假使自己有正知見，「多聞」倒是可以建立對於眞假善知識的判斷能力；可是如果他的多聞，都是讀那些常見外道類的，或是讀悟錯的法師居士寫的書，那樣的「多聞」反而爲害，不如不聞。正應了古人那一句話：「盡信書，則不如無書。」所以「多聞」不足爲貴。

臺灣佛教界有位老前輩叫作王雲林，這是我很尊重的一號人物，《大正藏》他從頭到尾讀了六遍；海峽兩岸佛教界有哪個讀完一遍的？一個也無；可是他跟我說：「蕭老師！我讀了《大正藏》六遍，就是腦後還欠一槌。」他這麼講了，我就說：「好的，王老哥！這一槌我補給你，禪三留個名額給你。」他說：「你這不是廢話嗎？我這肺氣腫還能去打禪三？」就這樣擺下來了。所以有時因緣很難講，而他讀了六遍，到如今兩岸佛教界無人能及！但他不以「多聞」爲貴，眞是有智慧的人，只是疾病纏身，很可惜！

那麼「多聞」既然不足爲貴，有的人就開始往禪定方面走；所以大家都比閉關的年歲，用閉關期間的長短來比較：「我閉關四年，勝過你閉關三年。」「我閉關六年，勝過你閉關五年。」我剛出來弘法時有密宗假藏傳佛教的人士曾經嚇我：「我們活佛都是閉關好幾年的，你連閉關都沒有，談什麼佛法？」還有一個好像落實到文字上罵我的那個人，叫什麼名字？義雲高在臺灣那個徒弟，姓吳的，叫作喜……什麼？喔！喜饒根登：「看人家釋迦佛至少也閉關了六年，你連閉關一天都沒有，你說什麼開悟？」

問題來了，釋迦如來苦行六年是一個示現，表示沒有人能像祂那樣作得到。而六年之間每天只吃一麻一麥，誰辦得到？但是六年之後卻告訴大家：苦行不是證悟的方法，修苦行不能成佛；要把苦行捨棄，改修不苦不樂行，要去參禪才能開悟。釋迦如來那苦行六年，還是在得了四禪八定之後才苦行六年的，世間有誰辦得到？但畢竟最後還是把它捨了，所以去沐浴洗盡一身塵垢，因爲祂一坐就是幾個月，灰塵一定厚厚一層，所以得去洗卻塵垢；沒想到沒了力氣，還得要勞動樹神垂下樹枝給祂拉才上得來。這樣的示現有誰能辦到？但 如來就示現給大家看：要捨棄苦行；後來接受牧牛女的乳糜（就是用牛奶去煮成的稀飯），喝了、有力氣了開始參禪。

但是那五個隨從看 如來放棄苦行，又接受牧牛女的供養，他們就覺得沒有用了：「**太子不修苦行，沒有出路了。**」他們就離開了！眞笨！如來的苦行，他們五個人能及得上嗎？別說及得上一半，及得上十分之一就夠好了，結果他們竟然離開，跑大老遠去到鹿野苑那個雞園去修行。他們離開後可以走那麼遠，表示身體很好，那時他們曾修什麼苦行？但 如來是這樣示現捨棄苦行才證悟的。到了末法時代大師、小師們不懂這個道理，大家都在比閉關：「我閉關多一個月就贏過你。」可是他們閉關時在幹嘛？原來他們參的是睡覺禪、瞌睡禪。有的人閉關專門讀經，所以他們叫作閉經關；以前聖嚴法師閉關時都在讀日本人的著作；有的人閉關是修定，但是即使修得禪定又怎麼樣。

如來也特意示現給我們看，怕大家忘了而刻意示現給我們看：去拜訪所有的外道，外道說了初禪的境界，如來馬上取證初禪；另一個外道證量更高，他有二禪，如來去聽聞他一說，當下實證；一直拜訪外道直到修得非想非非想定的外道時，都是如此當場實證。但實證以後都馬上把外道推翻：「這與阿羅漢的解脫證境無關，這與出生死無關。」都馬上告訴他們說：「你這個境界是三界中的境界，不出生死。」如來這樣示現，結果到末法時代還有很多人努力閉關，在那裡修禪定，到底他們證得什麼禪？其實都沒有證得什麼禪定，也沒證得禪宗的禪，因此所謂的修禪定都是瞌睡禪。

以前我們找禪三道場的用地，我幾乎是全省走透透；有一次開車跟一位楊師姊出門，因為她說那邊有地我就跟她去看。我們一行三人到哪裡去看？到南投國姓鄉。國姓鄉那裡大部分是山，山上好多的茅屋，小磚房非常多，都是比丘或者比丘尼一個人在那邊自煮自炊，然後在那邊修定打坐，可沒看見哪個人得初禪、得二禪的，結果就是盲修瞎練。

那麼閉禪定的關也就罷了，有的人不閉禪定關，他閉讀經關；讀經，我不曉得他們是爲什麼要閉關？讀經讀不懂，最大的關卡就是「我見」跟尚未明心這兩個關卡。有的人讀經讀了六、七年，或是八年後，結果每一個關卡都過不去，那又有什麼用？更何況有的人閉關說是六年，就是我們這位北投的鄰居，他閉關是專門讀書，讀什麼書？讀日本鈴木大拙寫的書。鈴木大拙有幾本書，需要閉關全心全意讀六年喔？要是拿給我讀，我一目兩行一天就讀完了，他竟然要閉關讀六年。結果閉關六年後出來弘法，爲他的出家徒弟印證，宣稱印證了十二個出家弟子明心又見性；是怎麼印證的？是坐到一念不生時就是明心，一念不生之後如果心花朵朵開，很歡喜，就是見性了，他的書中也這樣明文寫著。但他這樣閉關六年到底在幹什麼呢？結果這樣的印證，直到死前都不敢印證給在家人，只敢印證給他的出家徒弟，然後告訴他們不能講出去。雖然不許講，但我讀了他的書也就知道他的境界了，能瞞得了誰呢？那這樣的閉關不如不閉，因爲只是浪費道糧而已。

那麼「持戒、多聞、禪定」都有後遺症，假使禪定修得好，他會目空一切。我所謂「他的禪定修得好」，是指未到地定修得很好，而不是指他有初禪、二禪。證得初禪、二禪的人反而不會自認爲禪定修得很好，爲什麼呢？因爲知見不夠的人是無法得初禪的，他會把未到地定的境界當作證得第四禪，因爲第四禪叫作「捨念清淨定」，那他們不懂，只看文字就說：「喔！原來是把妄想妄念捨掉了，心就清淨了，就變成清淨定，這就是第四禪。」跟南老師的誤會差不多。南老師誤會說：沒有妄想時就是無想定。不知道無想定是第四禪再轉進的境界，是沒有意識的境界，他全然不懂，起慢心也就很自然。那證得未到地定的人慢心高漲，往往會認爲自己證得第四禪了，可不知道第四禪「捨念清淨定」是個簡稱，其實要叫作「捨清淨、念清淨」的定；捨什麼？捨棄二禪、三禪的境界，所以心得清淨，從此以後但凡起心動念都是清淨的；他的念心所都是清淨的，所以他不會瞧不起人。

老實講，得初禪的人就不會瞧不起人了，因爲得初禪的人都離五蓋的，離五蓋時就不會瞧不起人。可是自認爲已經證得第四禪的那些人，他們其實只是未到地定，還沒有離五蓋；所以在未到地定越來越深入，出定後就瞧不起人，都覺得自己很行，沒有人可以跟他們相比。正因爲如此，所以他們的初禪永遠發不起來；那麼這樣的人貴於禪定，反而在佛法的修證上被障礙了！所以我們在禪淨班親教師一定教給諸位什麼叫未到地定，也會把第四禪、四空定大略告訴諸位，讓大家瞭解第四禪不同於未到地定。

這個現象很普遍，佛教界曾經嘲笑過咱們正覺，因爲他們風聞人家傳說蕭平實講過初禪的境界以及二禪的境界，他們就來嘲笑一番說：「我們都是先證得第四禪，然後再來修三禪、二禪、初禪，你們只有初禪、二禪，太差了。」我聽到這個傳聞，公開講經時就說：「沒有初禪證不得二禪，沒有三禪證不得四禪，證初禪的原理是……。」結果他們就不再講話了，終於知道自己鬧了大笑話。所以有深厚未到地定的人，反而生起很嚴重的慢心遮障了他，讓他修道不好修，連見道都有問題。所以「貴於持戒、多聞、禪定」都是一種偏差。

那些號稱未到地定修得很好的人，我說他們那個未到地定眞的沒什麼，結果大陸有人就嘲笑說：「那是蕭平實他沒有辦法修到那個境界啦！譬如我們講的離念靈知，他就辦不到，才會那樣講。」所以我不得不說：「只要把無相念佛的念捨了，就是離念靈知；但會離念靈知的人不會無相念佛，會無相念佛的人一定會離念靈知的境界。

所以，人有時都是慢心障道而且造了口業自己都不知道，如來就是在強調這個部分：「但貴持戒、多聞、禪定，而不相信第一義空無所得法，這樣的人不能說是對如來供養恭敬，不能說為尊重如來的人。」因為如來不是看重這個，如來看重的是三乘菩提的實證；而未到地定或者初禪，只是為了實證三乘菩提所應該有的條件，那是一個基礎。想要證初果的人，觀行之前一定先取證未到地定，藉未到地定的定力把自己的邪見先降伏，然後如實觀行才能斷我見，才是初果人。所以未到地定是基礎，必須要有未到地定作支持，否則觀行再好也不能取證初果，因為他「證果」之後一定言行不符。如果想要證三果，至少要有不退轉的初禪來作支持，否則他所謂三果的實證也是虛假的。

所以禪定的境界只是三乘菩提實證前所需要的條件之一，但禪定本身不屬於三乘菩提的實證。所以只看重「禪定」者都是愚癡人，必須要把禪定修好然後來作正確的觀行，有了如實觀行的智慧，依於禪定的支持才能如實的轉依所觀行的結果，才是眞的證果，如來看重的是這個。那麼如果只是「貴於持戒，貴於多聞，貴於禪定」，如來說：「他每天辦了豐盛的宴席來供養我，也是不算供養；每天來禮敬於我，也不算恭敬於我；每天口中怎麼讚歎，都不算是尊重於我。」如來這樣說，一定要解釋那個原因，所以就說：「何以故？舍利弗！無始世來無有眾生不得四禪。」

現在很多人很看重第四禪，往往誇耀說：「證得第四禪多麼棒、多麼棒。」其實只要你有福德、有時間，修證四禪並不難。我以前也講過修學禪定最困難的是初禪，因爲離五蓋很困難；初禪之後主要就是定力、看重定力；初禪與二禪之間距離很大，是因爲那個定力落差很大。那你如果證得二禪之後，二禪跟三禪的距離就近一些了，證得三禪以後要得四禪又更近。所以只要你能得初禪、二禪，要得三禪、四禪不是難事，只要你有時間就可以。

而且如來說每一個有情都有過去的無量世，無始劫以來曾經有無量世，以前的無量世中你不但得過四禪，都還當過轉輪聖王，都還當過諸天的天主；諸天的天主其實你們也都當過，沒有當過的天主叫作四空天，因爲四空天沒有天主。既然全部都當過，無始劫來就是大家輪流著當；因爲你有過去的無量世，一定曾經修過大福德或供養過辟支佛或應身佛，一定曾經當過的。但是也許當過鐵輪王、銀輪王或者銅輪王，還不算數，要當轉輪聖王才算數，也就是金輪王。當了金輪王以後你就一定是走佛法這一條路了，接著就是之後的實證菩提。所以無始世來你也當過銀輪王、銅輪王、鐵輪王，那美國總統算什麼？入地後要給你當你也不想當。

你知道了這一點，未來再要讓你當，你也不想當，除非佛菩薩說：「**法快要滅亡了，必須要有一個有力的人來支持，你得要去投胎當國王、當皇帝，由你來支持這個法，讓很多人可以出來弘法。**」除非這樣，否則你都不想去當國王；再去當了要幹嘛？因為轉輪聖王都當過了，那小小的國王算什麼。人間的國王再怎麼大，能管多少人？現在哪一個國家人口最多？中國吧，十幾億人。印度最多嗎？印度幾億？十三點七億，中國最多不過也十幾億人，就那麼一個國家；但金輪王管的，不說金輪王，鐵輪王就好；鐵輪王管娑婆世界中的小世界一大部洲，那是多少星球欸！不只是一個地球，是管很多的星球！那些你們以前也都當過，從證得第四禪的境界來看鐵輪王的境界，你就不覺得什麼了。

而你們都曾經去過四禪天，大致上說來應該也當過四禪天王，因爲你們過去有無量世，你們都是無始的，那爲什麼今天看見人家得四禪時就在那邊羨慕：「啊！好厲害！」用不著的；他只是這一世厲害，你過去很多世也厲害過。所以在路上看見酒家女、公關女郎，我也不會搖頭，因爲我馬上想到：**「我過去無量世也幹過，不需要去笑人家；她們的因緣是這樣，搞不好未來無量世以後她們也會是個大菩薩。」**所以很平等地看待這一切。因此證得禪定沒有什麼奇特，因爲那還是在生死之中，仍然在眾生數中，所以以後不用再羨慕誰得四禪。

假使有證四禪的外道像「楚門的世界」那樣現場直播，他這一入定幾個月都不動，不睡覺也不躺下來，不會餓、也不會死，心電圖一直都是沒有心跳等；這也沒有什麼值得羨慕，因爲你過去世功夫曾經比他還好。**「無始世來無有眾生不得四禪」**，這是事實，可是沒有誰敢說：**「無始世來無有眾生不得初果。」**尚未實證三乘菩提的所有眾生都沒辦法這樣講，因爲得初果的人一定會繼續往前走，不會今天還落在那裡貪愛世間法。

如來接著又說：**「如果只是知道得到第四禪就說那是出家人最殊勝的利**

益，這樣的人怎能叫作供養於我釋迦牟尼呢？」因爲不論禪定再怎麼好，用來對 釋迦如來作法供養，那仍然不值得一提，因爲「無始世來無有眾生不得四禪」，這不算是最好的法供養。以後要是有人爲了「得四禪」來跟你炫耀，你就先不要戳破他那個不是第四禪的境界，就先告訴他 如來這個開示。他聽了說：「『無始世來無有眾生不得四禪』，我怎麼沒聽過？」你就告訴他：「自是爾孤陋寡聞。」

所以出家之利不是在於禪定的實證，禪定的實證不算什麼，不必看重；禪定在佛門中只是工具，只是基石，就等於你打地基時需要的那些大石頭，那是你實證三乘菩提所需要的條件之一；那個定力表示你把我見的煩惱已經壓伏住了，壓伏住之後，接著你來作觀行時就可以把它眞的斬斷，所以如來說眾生的煩惱很難拔除，得要「先以定動，後以智拔」，就是這個道理。

如果不修定是沒有辦法把那個煩惱降伏的，想要斷除就不可能。就好像一根木樁打入泥土中，年深月久它很堅固，你想要直接拔出來是很困難的；但你如果先把它搖動，東西向搖一搖，南北向搖一搖，繞圈圈搖一搖，不斷把它搖動；搖到後來它鬆了，你再巧設方便，以智慧運作就可以把它拔掉，眾生的我見煩惱正是要這樣拔。所以那麼多大道場的信眾那麼多，我們的《阿含正義》也出版那麼久了，爲什麼沒看見幾個初果人呢？假使有人因爲讀過《阿含正義》，他再去如實作觀行，眞的證初果了，他一定會進正覺修學，因爲他知道：「**初果是可以實證的，所以正覺說的如實不二，我一定也可以明心、可以見性。**」他一定會來，可目前看來就是沒有。

那沒有來正覺，就代表他們沒讀《阿含正義》嗎？不是的，有很多人讀過了。怎麼證明呢？譬如我們《阿含正義》第二輯才出版幾個月，有一次供佛齋僧大會，我們有一位出家的同修也去應齋，聽到隔壁兩個比丘尼在那邊談說：「**修十二因緣時一定要先修十因緣。爲什麼要修十因緣？因爲『齊識而還，不能過彼』，『不能超過彼識』的道理要先懂。**」可見她們讀過了，因爲講這個道理、寫這個道理的就只有一個蕭平實，沒有別人講過寫過；可見有很多人在讀。

可是爲什麼沒有證得初果？因爲他們沒有把定修好，以「**多聞爲上**」；就只是努力去讀，但沒有把煩惱先給壓伏；當他們沒有先藉修定降伏煩惱時，就算觀行完成了也不能證初果。如果他們眞的證初果了，一定三步併作兩步闖進正覺來，要繼續往上進修，但是並沒有。這意思是說：「單單多聞沒有用，單單禪定也沒有用。」所以一定要先有正知見，要以禪定作爲基礎來支持自己作觀行，這樣才是正確的修法。

如果只是看重禪定，有一點禪定的修證就自誇於全球佛教界，說誰都不如他，那其實不是有智慧的人，因爲　佛已經說了：「無始世來無有眾生不得四禪。」所以那個人如果跟你誇耀證得四禪時，你先告訴他　如來這個聖教，然後再點破他的四禪，因爲他一定不是得第四禪。他若是眞得四禪時不會來跟你誇耀，因爲他的心太寂靜了，連三禪的境界他都能捨了，還會想要跟你誇耀？眞的不會了，所以他一定錯悟，只是離念靈知的欲界定境界，你就可以點破他。

那麼　如來又說：「如果把證得四禪就當作出家人的眞實利益，這個人再怎麼每天供養我都沒有用，那不算是眞供養。」如來又吩咐說：「由於這個緣故舍利弗！我今天就明白清楚地告訴你，未來世間人在我釋迦牟尼的法中會生起種種的貪著、以種種的邪見來毀壞我所說的法。」諸位請看今天的佛教界正是這樣。這經典是從天竺流傳到中土來翻譯出來的，可不是二十世紀才寫出來的。釋印順他們的說法是怎麼樣的：「大乘經典所謂的預記其實是假的，後世有事情發生了，然後佛弟子們再去寫出來，說佛世有那樣的預記。」但現在看 如來說的這些，現前都存在，這部經典總不是二十世紀編出來、十九世紀編出來的吧？這是古時從天竺流傳到內地時就翻譯出來的。所以他們對於經典結集的說法都是很荒唐的，都是自作聰明隨意解釋；就像他們講的第一次結集、第二次結集、第三次結集……等，我都把他們說破了、推翻了；在《阿含正義》中都把他們推翻了，證明他們根本就是亂講！《阿含正義》出版也有七、八年了，爲什麼他們所謂的佛教研究、所謂的學術派都沒有人敢出來反駁呢？因爲我說的是事實！不但是事實而且合於情理，而他們講的根本不合情理。

那麼當年 如來預記了：「**未來世的人們在我釋迦牟尼的法中出家會生起種種的貪著。**」果然如是！所以一個人貪著一個樣，因爲有貪著，所以大乘佛教才會分成八個宗派，若是沒有貪著就不需要建立宗派。法相唯識宗有建立宗派嗎？沒有啊！玄奘並沒有建立，窺基沒有建立，可是世間人卻稱呼他們是慈恩宗，或叫法相唯識宗，但那只是世間人的稱呼，玄奘、窺基並沒有自認爲是一個宗派，他們也認爲自己弘揚的是整體的佛法。所以我們剛開始弘法時，有一位組長姓詹，他就建議：「我們來建立宗派，叫作正覺宗。」我說：「我們不要建立什麼宗派，我們的佛法是整體的，不要偏限。」所以我始終都沒有答應；後來大家都知道我不會答應建立什麼宗，於是我們就只是正覺同修會，是一個佛教裡的道場而不是宗派。

建立宗派表示什麼？他們對法有執著。譬如說律宗，他們以律宗自豪，表示他們以「持戒」爲上，眞應了　如來的破斥。有的人說：「我是禪宗。」其實他的禪宗不是眞禪宗，因爲他是以禪定爲宗旨，誤認爲禪宗是修禪定的，那表示他以「禪定」爲上，可是卻沒有絲毫實證。那麼俱舍宗貪著什麼？貪著《俱舍論》說的解脫法，他覺得《俱舍論》最好。至於密宗假藏傳佛教那是外道，所以嚴格說來大乘佛教只有七個宗，沒有密宗，因爲那是假藏傳佛教，是外道。再嚴格一點說，也沒有法相唯識宗，所以只有六個宗，法相唯識宗不建立宗派，因爲它是整體的佛法。所以將來也不可以有誰說：「以前蕭平實建立一個正覺宗。」我不承認有這個宗派。所以未來五十年後、一百年後有人說：「以前有個正覺宗如何、如何……。」我們在未來世就要告訴他：「正覺不建立宗派，正覺是佛教道場，弘揚全面的佛法。」

所以建立宗派就是一種執著，天台宗單單尊崇《法華經》；尊崇《法華經》沒有過失，但是你要兼顧所有的經典，不應該單單以一部經爲宗旨來建立宗派，所以我說當年天台宗的智者法師與他的師父都有貪著，有貪著就無法證得《法華經》，以致天台的創始者智顗法師的師父以及智顗本人都沒有證悟，都因爲於法有貪著。等而下之，貪著於名聞利養、道場、眷屬……等，因此而建立宗派，那已經不值一提了，所以我們才說那叫作等而下之。

可是從二十一世紀的今天來看那個貪著的現象時，卻又覺得還好，因爲畢竟還在法上貪著，二十一世紀的現在是怎麼樣呢？已經是「**種種邪見毀壞我法**」了；應該說是從二十世紀開始，因爲我們是在二十世紀末就開始破斥邪見，在二十一世紀初，邪見開始銷聲匿跡，他們現在比較安分。假使我們當年不出來指正，眞的就是「**種種邪見毀壞我法**」，釋迦老爸的法就被他們這樣毀壞到淋漓盡致。好在我們好人當不成、出來當惡人，檢點諸方；但這事不好幹，所以我說自己就是橫挑扁擔，轉過來轉過去都會打到人。但沒辦法呀！末法時代的邪見者圍繞在我周遭，我不論怎麼轉身都會打到邪見者，所以當年大家都要罵我；好在我往昔就被罵慣了，也不差這麼一世。

有人願意罵我還算好，如果都不罵，表示他們已經心死、無可救了。一定要有人罵，罵了大家才會注意到這一號人物；終於注意到了，引起更多不知就裡的人跟著罵，越罵就越要找證據，越要找證據就必須閱讀更多我寫的書，就越會被我說服，這倒是個好結果。所以現在臺灣佛教界不罵我了，只剩下密宗假藏傳佛教的喇嘛們或外圍賺錢的組織在罵我。這表示什麼？二十世紀末的臺灣佛教界以「種種邪見毀壞我法」的事，現在消失了，他們對正覺的法義都不再批評了。我正要他們這樣，表示他們的知見水平大幅度提升了，這對他們是好的，所以我就好好把正法繼續演繹出來供養大家。因此說，「種種邪見毀壞我法」的事，在末法時代是很常見的，這事情不是現在才開始，而是元朝就開始了，因爲元朝的皇帝都跟西藏密宗假藏傳佛教連結在一起，他們政治勢力也聯合在一起，所以皇帝都相信喇嘛。

那元朝開始就是推廣密宗假藏傳佛教的法，後來明朝朱元璋因爲他住過佛寺，被佛寺庇護過，認同正統佛法；但傳了沒幾代以後，也開始搞密宗假藏傳佛教的法了。到清朝，整個清朝都是密宗假藏傳佛教的天下，特別是雍正搞密法搞得最厲害，所以「種種邪見毀壞我法」的事情已經延續好幾百年。現在正好我們遇到這個可以百花齊放的時節，我們就來收拾邪見，總算在諸位的支持下，我們有這麼一些成績出現，希望這個成果，借助諸位的力量把它擴而大之，讓中國佛教復興起來。今天講到這裡。

《佛藏經》上週講到第五十九頁第二段第三行，上週最後說的是：「一切眾生無始劫以來沒有人不曾得過第四禪。」可是大家聽了可能想：「所有人都曾經得過第四禪。」我的意思是說，也許你沒想到的是，所有的狗、所有的貓都曾得過第四禪，不是只有一切人；包括所有的螞蟻、所有的細菌，都得過第四禪，因為一切有情的過去都是無量劫，都是無始的；既然無始，就都曾經生而為人，生而為轉輪聖王，都曾有過第四禪。得過第四禪就表示也都得過五神通，但是到了末法時代，大家都覺得：「那某某人有神通，多厲害！」羨慕到不得了，可是現在有誰羨慕說：「去正覺都可以斷我見、證初果。」沒聽過。

只有聽過一般學佛人在羨慕有禪定、有神通的人，特別是羨慕他們某些人也許有神通，卻還不是真的有神通。但是神通遠不如第四禪，第四禪又遠不如證得初果，證初果又遠不如明心。可是好像沒聽過誰說：「他們去正覺學法可以明心欸！多棒！」似乎沒有公開聽說過。但若是只要有一點有特異功能，也只是好像有，但世人都推啊、捧啊，包括名嘴在內。最近網路上好像也在流傳一個視頻，報導印度現在還有什麼人靜坐時身體會上浮，或者說他身體可以出火，但是他本身都好好的，問題是能不能經得起檢驗？不能！眞的假不了，假的眞不了。如果是眞的，讓日本人去檢驗看看，像以前那個來臺灣表演隔空抓藥的中國女人，可以從瓶子裡把藥拿出來，瓶子封得好好的，結果呢？只是魔術。人家日本人拍到了，聽說日本的那個錄影帶（現在沒錄影帶，可能有 DVD），在 DVD 商店的娛樂類櫃子就可以買得到。而現在印度報導的那個視頻很模糊，因爲都是由遠處拍攝的，不可檢驗；也不是由公正的檢驗單位去拍攝的，不可信。（編案：二〇一八年已經有報導說那印度人涉及性侵害的事件。有禪定與神通的人都是已經離欲的人，證明那只是利用攝影技巧刻意操弄無明眾生。）

那麼達賴最早期也曾示現他有神通，有一次他在說法時，身體飄浮起來。那麼他既有那個能力，應該現在一樣能飄吧？一定如此啊！因爲越修功夫越好，怎麼會越來越差？但現在結果呢？不能飄。這是什麼道理？就是要魔術！所以智顗大師講過一句話：「智慧度學人，神通度俗人。」俗人會貪愛世俗神通的，但學人不看那個，要看你有沒有解脫、有沒有智慧。解脫道修好了就有解脫正受，有解脫時就能講得出解脫的內容；如果你有智慧，就可以通達般若，把般若的道理爲大眾宣演；對這些道理瞭解及尋求，才是眞正的學人。所以 如來說「無始世來無有眾生不得四禪」，我們加個註腳——無始世來無有眾生不得五神通；因爲五神通比起第四禪來，那可是小兒科，更簡單就能修得了。

就好像我們弘法之前，有的人炫耀說：「我們禪定多麼好，你們正覺平實導師才得初禪、二禪，那太差了。」但後來證明原來他們不懂禪定，都是錯把很淺的未到地定或只是欲界定（幾個小時的離念靈知）當作是第四禪，其實只是欲界定的境界。例如南老師錯把很淺的未到地定當作是無想定，這種誤會鬧得太大了，所以等到咱們出來弘法以後說清楚了，他們後來就不吭聲；因爲我們講了禪定也講了初果的證境，還講了明心以及眼見佛性的境界，而他們完全不知。所以有智慧的人是眞正學法的人，就稱爲「學人」，學人不會去追求五神通，寧可要一個被人家瞧不起的斷三縛結，也不想去追求五神通。

五神通可以炫耀當代，沒有人不看重你。但是有五神通者如果也有證得第四禪，兩者都有的一定是大大有名的人，名聲顯耀於當世，但結果還是輪迴生死。可是一個初果人斷三縛結，沒有人瞧得起他，雖然如此，最懈怠的初果人終究不過七生人天就出三界了。那無始劫來得過好幾次第四禪、五神通的有情，到現在也還在輪迴，如今也許在人間，也許在天上，也許在三惡道中。假使沒有初禪而得五神通，那是非常危險的，因為他會藉五神通求名求利，然後就大妄語，眞的很危險啊！當代佛教界號稱有神通最有名的人，就是美國萬佛城那位老和尚，但是他捨報後還是墮落鬼神道，還得要一位才剛剛會無相念佛的師姊幫他迴向，他才能脫離鬼神道。那麼諸位想想看，是五神通勝妙還是禪定勝妙？那位師姊才只會無相念佛，還談不上深的未到地定或初禪、二禪，就這樣幫他迴向三天，他就離開鬼神道了；那如果是得第四禪，是不是比五神通更勝妙？當然勝妙啊！

如來說「**無始世來無有眾生不得四禪**」，但是得過四禪的兼具五神通，也仍然都還在輪迴生死；可是無始世前假使有一世曾經斷三縛結，早就是阿羅漢而出三界了。這個道理大家要懂，所以假使有人以證得第四禪的功德來供養 如來，如來不稀罕；如來一點兒都不看重，因爲「**無始世來無有眾生不得四禪**」；但是假使有誰敢說「**無始世來無有眾生不得初果**」，那他就準備下地獄去，因爲那是大妄語。得初果的人不會是繼續在三界中輪迴的凡夫，最多七次人天往返就出三界了，那麼這樣大家對於 如來的開示就有更深入的瞭解。

所以 如來說，如果只知道他得了第四禪就認爲是出家人的功德、殊勝的利益，用這個來供養 如來，如來說那不叫作眞正的供養。所以 如來看重的法供養不在禪定上，更不是在神通上，而是在斷我見、證初果，進而要明心，也就是證得這個「**無名相法**」、「**無分別法**」，然後住於無所得的畢竟空勝境之中，以此功德來對 如來作法供養，這才是 如來所看重的。

也許有人說：「**那總得有個道理，爲什麼如來看重這個法供養呢？**」當然有道理，因爲 如來看重的是法的傳承，正法如果能夠承續不斷，就能繼續不斷利益眾生，這叫作「**紹隆如來家業**」；如果斷三縛結之後又能夠明心，這個法可以繼續傳下去不會斷絕，代代相傳燈燈相續，就會有更多人能領受這個法的利益，因為　如來就是想要利益眾生。如果大家都只以禪定為上、以神通為上，這樣正法就不能傳承不斷，眾生將只會繼續在三界中輪轉，因為第四禪乃至於四空定都是三界中的流轉法，若沒有斷我見，什麼解脫、什麼實相智慧，全都別提。但是斷我見還不足以供養　如來，這樣的法供養　如來覺得還不夠，還得要明心住於「無所得法」中，以「無所得法」來轉依、來紹承　如來的家業、來利益諸有情，如來看重的是這個。

所以　如來說：「若但知得四禪謂為沙門利者，是人何名供養於我？」這話是講得很重，可是不講重一點不行，因為到末法時代大家都不重法，只重世間的表相。所以假使有一點點的禪定就炫耀到極點，沒有神通也要說他有神通，這一些人都不是　如來所看重的；縱使他們弄得一大片山頭幾百公頃，大雄寶殿蓋得好像皇帝的金鑾寶殿一樣，到處都貼金，如來也不看重！如來所看重的是法的傳承——能不能永續傳下去，永續利益眾生，這才是　如來所看重的，而我們的目的就在此；我們依於需要而去買土地、買房子，都是為了法的弘傳，不需要去搞大排場，那都不是我們要的。

所以我們將來假使正覺寺買得三、四公頃或五、六公頃，蓋好以後花錢的機會不多了，以後每年歲末年終，你們要有更多人來忙，因爲雪中送炭的規模就會擴大；我們不要積聚錢財，不要累積不動產，那不是我們要的，我們藉這個機會去跟更多眾生結善緣、好緣，願意進入佛法中的人越多越好，所以這個布施越多越好！將來龍華三會時才會有九十六億、九十四億、九十二億的阿羅漢；單憑現在的佛教界哪能？沒辦法的。所以我們要繼續去作，我們走的路就是跟人家不一樣，這才叫作正覺。假使我哪一天開個後門廣收紅包，那正覺就要滅亡了，大家要瞭解這一點。這就是我們正覺的門風，我們的門風很簡單，就是 如來的家風。

如來早就講過了，以前的 迦葉如來授記祂將來成佛時，正法將會早滅是什麼原因？因爲多受供養！那我們正覺就不要受供養，法就可以久住，這是我們的門風，這個門風其實就是 如來的家風。假使你哪一天夢見兩千五百多年前跟著 如來學法的早期時，你將會看見有很多時間都是樹下坐、山洞裡坐，都是這樣過夜的；等你看見時就會知道自己也曾經親承 如來，可是兩千五百多年的幾十世過去而忘記了，但是偶然你會夢見的，你就會知道了。

後來多受供養，那也是沒辦法，因爲到了像法時期，佛弟子的信心越來越好，所以供養越來越多，大家收供養已經收得習慣了，所以從「利養堅固」的時代開始，法就大大走下坡了。因此世間法的供養 如來都不看重，以定的殊勝境界來作法供養時 如來也不看重， 如來看重的是佛菩提道如何永續的傳承，用這樣傳承的功德來對 如來作法供養，這才是無上的供養。

那我還在等著諸位的法供養，我想要達成今生的目標是困難重重，但我希望能夠達成：我要掛一百零八顆的念珠，這念珠中的每一顆都代表一個人明心又見性；但是眼看著希望渺茫，只好開口求諸位多多努力！這樣的法供養，我一直期待著；這個期待當然有我的原因，也就是說，假使明心又見性的人多了，誰要滅掉這正法就越來越困難；那二十幾年後我可以安心的走人，下輩子也不必像這輩子這麼辛苦，這就是我期待原因的所在，而其實這也是如來的期待。

那麼 如來接著說：「舍利弗！若人但貴持戒、多聞、禪定，當知是人不能淨行沙門諸法，我則不說此人名爲沙門婆羅門。」此話講得很重！假使有些人只看重「持戒、多聞、禪定」，他們的心一定不會是很清淨的，因爲他們是住在意識境界中。持戒是意識在持，多聞是意識在聽聞，禪定是意識所住，既然都是意識的境界，表示持戒時心清淨，但是遇到外緣時就會因爲攀緣有時不淨；多聞時，心是可能清淨，但也可能不清淨了，因爲他多聞時心裡在想什麼：「讀得越多我懂得越多，人家就越崇拜我。」聽聞時也是一樣的道理。崇拜的後面代表什麼？利養。

如果炫耀禪定，譬如他禪定眞的好，入定十天、半個月才出定，特別是入定以後息脈俱斷，現在可以用心電圖證明出來。息脈俱斷是不得了的定境，大家都崇拜；但這是什麼境界？也是意識的境界。一般人入定時心是清淨的，可是他如果不是初禪、二禪以上的境界，不管他未到地定再怎麼深入，一出定就跟五塵相應；和五塵相應時，好吃的就貪，好用的也貪，好看的也會貪；看見了珠寶、骨董等，貪都會生起。所以在未到地定中他算是清淨的，可是一出定後由於沒有遠離欲界愛，所以欲界的五欲全都還在，只是因爲入定所以暫時降伏而已，這些都是意識境界。

所以意識有時清淨、有時染污，但這樣的意識境界不與出三界的境界相應，無從轉依，所以 如來說這樣的人沒有辦法清淨地行於出家、在家人的法。出家修行人、在家修行人，以什麼爲修行的目的？以出三界家宅爲第一目的，以證得實相的境界爲第二個目的；這是一切佛門中的出家修行人、在家修行人的目標，所以 如來說的「淨行沙門諸法」，或者說「名爲沙門婆羅門」，是有嚴格定義的。沙門是出家人，出家那麼辛苦修行，不受在家法，目的是爲何？總不是出家還爲了跟在家人一樣享受尋求五欲吧？如果是這樣，不用出家，在家就好了，還可以名正言順正大光明而不用躲躲閃閃。

如果是佛門中的婆羅門——在家修行人——在佛法中修行至少得受五戒；如果想得大乘菩提，還得要受菩薩戒；受菩薩戒以後這也不行、那也不行，心裡還是想著五欲的強力貪求，何苦來哉？所以受了菩薩戒，作爲佛門中的一個在家修行人，所爲何來？一樣是求解脫，一樣是求實相智慧。所以 如來說：「假使他落在意識境界中，但貴持戒、多聞、禪定，這個人不可能永遠都是淨行沙門法的人。」他是有時清淨行、有時不淨行，如來就不承認這個人叫作佛門中的「沙門、婆羅門」。

可是這樣一講，又糟了！這一竹篙又打翻佛教界幾百船、幾千艘船人了，當代佛教界不都被打翻了嗎？唉！眞是講也不是，不講也不是。可是既然講了，我就得解釋出來；換句話說，如來對於佛門中的沙門、婆羅門，嚴格的定義是：你要證「無名相法」第八識眞如，知道那個本來無分別的境界，轉依無分別、無所著的境界而常觀眞如，依於這樣的眞如境界來修行三乘菩提，來次第前進，這才是 如來所看重的。所以嚴格定義的「沙門、婆羅門」正是諸位，不是別人，因爲你是已證或者將證、當證這「無名相法、無分別法」，這樣才是 如來所定義的「沙門、婆羅門」。

世尊又開示說：「舍利弗！若人於一切法無我，如實知見無我；一切法本來無所有空，能如實知無所有空；是則不以持戒爲上、多聞爲上、禪定爲上。」諸位想想，這是不是正覺的門風？所以我從來不強調禪定，但是卻要求諸位一樣要修，這是因爲你要親證三乘菩提，每一個階段都各需有不同層次的定境相應，才能夠達成三乘菩提的實證。所以每一個證量必須的定境或者說定力，是一個工具，是一個基礎，來幫助你實證三乘菩提，來支持你實證三乘菩提而不會退失。所以證初果的人一定要先有未到地定來支持，假使有人說他證初果但沒有未到地定，那是空談，頂多只是得到順忍而已；假使有人說他是三果人、是阿羅漢，可是他沒有不退轉的初禪來支持，那麼就是大妄語。

可是這個道理，在我把《阿含正義》寫出來之前都沒有人講過，所以當我們《阿含正義》特別把它標示出來時，當代佛教界所謂的阿羅漢、阿那含全都消失了。但是我講的是說，初禪是三果人、四果人的基礎，是必須要有的條件，否則他們所謂的三果、四果就是假的。所以南部還有人後來在電視上宣稱說他有得初禪，可是有得初禪的人總得把所證的初禪和功德講一講，卻又沒有，後來乾脆不講了。但是我們不看重初禪，不看重未到地定，因爲那只是工具。就好像你去工具店買一些螺絲刀、鉗子或者氣動機械、電動機械，你買回來的目的不在那個工具本身，買了回來是要用那些工具來製造某一些東西，將要製造出來的物品才是你的目標；但是你若沒有這些工具，就不能完成它。

同樣的道理，沒有初禪作基礎就不得三果，沒有未到地定就不得初果，也不得明心的功德。所以我們要求諸位進得同修會來，必須把無相念佛修好；無相念佛修得很好，定力絕對足夠生起未到地定，而且是動中的未到地定。但是我們不看重這個，因爲這只是你證初果或明心前的必要條件；你想要斷我見、眞的證初果，就要先有這個條件；將來你想要進入三果，也得要有初禪的條件，要先能夠離開欲界愛，才能證得三果人的解脫境界，否則見地到了，實際上並沒到達三果人的境界，那樣自稱是三果人，那就有大妄語業的重報。所以我們不看重禪定，但是你進得正覺來，未到地定是必須要修的。

但我們修動中的定力，不進入定境，因爲定境沒什麼用處，一下座境界就散了，定力卻可以在動中自如，這樣來證初果就不會退轉。那我們看重的是什麼？是斷我見、證初果之後，你得要證悟明心，要把這個「**無分別法**、**無名相法**」—又名如來藏—找出來，然後你現觀祂的眞實如如體性，叫作證眞如，之後就依於眞如而住，悟後起修慢慢去看什麼叫作七眞如，也就是邪行眞如、正行眞如、流轉眞如……等；你慢慢去觀察，原來就是同一個眞如，這才是如來所看重的。這時你轉依眞如的境界，再來看一切法時，現觀一切法無有我性，所以「**一切法無我**」；從你自身來看五蘊、六入、十二處、十八界，乃至由這十八界再衍生出來的三界萬法，無一是眞實法；既然不是眞實法就不是眞實的我，所以「一切法無我」。

但這「一切法無我」不是思惟得來的，而是要親證眞如之後，從眞如的境界來反觀一切法，這時看見一切法都不眞實，沒有眞實我，這時你才能說你是「如實知見無我」。當你如實知、如實看見「一切法無我」時，覺得很踏實。為什麼很踏實呢？因為眞如是眞實存在的，既然眞實存在，為什麼不叫作我？因為祂沒有三界我的我性，所以眞如也是無我；那因為祂是常住的、是金剛不壞的，所以每一個有情背後的這個眞實常住、性如金剛永不壞滅的如來藏，才可以把祂叫作我，這才是眞實的我；可是這個眞實的我沒有三界我的我性，所以祂不流轉而沒有生死，本然解脫，這樣才叫作「如實知見無我」。

至於那些人講「一切法空」等，講緣起性空等而說無我，我就說他們的所知是「如虛知見無我」，他不是「如實」；所以那一些人最後就是「口說無我，行於我中」；因此一天到晚抱著細意識，說那就是眞實我。但他們所謂的細意識是個什麼？不過是欲界意識的一念不生境界罷了，叫作細意識，其實還很粗。因為他們說的細意識其實還很粗，不能叫作細意識，連人間的五塵都還離不了，細在何處？你們看釋印順他有沒有未到地定？沒有！沒有未到地定的一念不生，那能叫作細意識喔？眞的太粗了！就算是很深的未到地定，座中不見頭手床敷，瞇著三分眼坐到離五塵，鼻尖也看不見了，法界定印的手掌也沒看見，蓋著膝蓋的毯子也沒看見，這定境夠好了吧？夠！但還是叫作粗意識，因爲這只是未到地定中的意識。這如果可以叫作細意識，那初禪、二禪的意識要叫什麼？如果到四空定時的意識又要叫作什麼意識？所以我說他們所謂的細意識還是粗意識。

如來在《阿含經》早就講過，粗意識、細意識、遠意識、近意識，如來說一切意識都是生滅法：「**彼一切**（意識）**皆意法因緣生故**。」講的是「**彼一切皆因緣生故**」。你們看，連四空定中的細意識都是因緣生，何況他連未到地定都沒有的離念靈知，哪能叫作細意識？太誇口了！所以就算他口中說一切法緣起性空，可是他的所作所爲全都是依五陰我而作，才會有《妙雲集》、《華雨集》那樣否定正法的事，想要突顯自己多麼懂佛法。釋印順連餓鬼道、地獄道的存在都不相信，他只相信肉眼所看見的，所以我判斷他連欲界天、色界天、無色界天的存在也不信，因爲他只相信眼前所見。這表示什麼？表示他也沒證得初禪；他如果得初禪了，就一定知道有初禪天。所以這樣的人自稱成佛，那是特大號的大妄語；像這樣的人絕對沒有辦法於「一切法無我」之中「如實知見無我」，他就只是「如虛知見無我」，因爲他所知道的都是虛假的法義，都是不正確的。

那麼親證「無名相法、無分別法」的人，都要能現觀「一切法本來無所有空」。當你親證第八識「無名相法」時，住在眞如的境界中，依於眞如的境界來看一切法，這時一切法都是你的意識所見所住，你也現見眞如不住於一切法中。所以說，你的如來藏不住於一切法中，祂只是如鏡現像；了別鏡中影像的是你覺知心意識等六個識，而鏡子不去了別鏡中的影像，所以你的「無名相法、無分別法」如來藏眞如，從來不分別祂供應給你的一切法，但祂卻繼續供應給你；所以在祂的境界中來看一切法時，一切法本來就是「無所有空」。所以不是學佛以後觀行成功時才看到「一切法空」，因爲那是意識境界，而是這「一切法本來」就「無所有」、本來就是「空」。

但是從另一個層面翻過來說，一切法本來就是空性如來藏所有，而如來藏對一切法都不了別，都不會去據爲己有，你從這兩個層面都去觀察過、現觀過了，這時你能「如實知無所有空」。這就是我們的親教師們、我們幹部們為什麼大家願意每週都來為大家服務，自己還掏腰包付出車馬費……等；他們都是沒領薪水的，沒有一位親教師、一位幹部在會裡領過薪水，連車馬費都沒領，又不受你們供養，為的是什麼？為的是諸位的道業，為的是正法久住，不為自己圖什麼。這是因為「能如實知無所有空」，所以他們作得到。你要到外面去找這樣的老師，得要打著燈籠找，但其實打著燈籠去找恐怕也很難遇見。

那我們是以解脫的智慧作為依歸，我們的實證標的也是這個本來解脫、本來無相、一切法空的境界，所以我們不以「持戒為上、多聞為上、禪定為上」，因此假使有人星期天也得上班，我們不會要求你一定得要來誦戒、不誦戒那就記過；我們不會要求，只要他努力為正法作事就夠了，當他週日不用上班時可以參加誦戒，如果因緣不許可也沒關係，因為我們不以持戒為上；我們看重的是他悟後身口意行如何，假使他悟後身口意行都不犯，又為什麼要看重他表相上有沒有來誦戒？既然他那天得要上班，我們就不勉強他。可是如果每一次誦戒時都來，但私下偷雞摸狗幹一些損人利己的事，那他來誦戒有什麼用？這才是持戒的精神所在，所以我們看實質不看表相，「不以持戒爲上」。

我們也不以「多聞爲上」，我也常常告訴諸位說我讀過的經論不多，老實說我讀的經還稍稍多一點，因爲我畢竟講過許多部經了，可我讀過的論很少。經典，我們從《楞伽經》開始講，然後講了《楞嚴經》，講了《法華經》、《金剛經》、《實相經》、《優婆塞戒經》、《勝鬘經》、《維摩詰經》八部，現在講《佛藏經》；原來我讀過這麼多經，但比起別人少之又少。還有一部十全十美的《□□經》，因爲我講過。可是我讀的論很少，我講過《成唯識論》、《起信論》，《瑜伽師地論》還沒講完，還要兩、三年吧？我們是從二〇〇三年春天開始講，講到現在。

所以我已經讀完的論只有兩部，我讀的不多，但是只要我願意講，我就可以講，所以我們不看重多聞。我又想起來，我讀過的經典還有一部，《解深密經》，還有一部《大薩遮尼乾子所說經》，這樣有十一部了；阿含部的經典如果也算進來，那就是讀過很多經了，因爲四大部阿含每一部我都讀過，所以我讀過的經典還眞不少！原來我讀過的經典不是很少，因爲四大部阿含中的兩千多部經典，我一一把它斷句時，才發覺它的斷句錯了很多，《大正藏》斷句錯得一塌糊塗。可是我對論典讀得很少，但沒關係，過去世寫過論，也算不錯吧，當然往世也曾讀過。

所以不用以「**多聞爲上**」，如果沒有親證，不能以經論所說得現觀；現觀知道嗎？就是現前觀察經中說了什麼、論中說了什麼；當經論說的，你在讀時就現前觀察是不是這樣，這叫作現觀。你要能現觀，這才是重要的，多聞不足爲恃。多聞，我剛出來弘法時眞的沒讀過二、三部經論，那元覽居士讀的很多，結果來到我這裡都被我推翻，這證明多聞沒有什麼大用，所以我們不以多聞爲上，我們要求就是要親證。

所以諸位來到正覺就是發願要親證，可是你要親證前得要有基本的條件，如來規定的那一些條件你要設法自己去圓滿起來，否則我們也幫不上忙；因爲證悟是挑責任，證悟了不是就每天坐在佛案上等著人家來供養，證悟了是要爲眾生作事的，但是爲眾生作事是個重擔，你得要有能力挑起來。假使你說了：「**我要證悟**。」但「**我要證悟**」的同義語就是說：「**我要爲眾生作事**。」可是這個擔子一放到肩膀，你又腿軟跌跤了，能有什麼用呢？在正覺證悟之後只有更多的責任，不是像在外面證悟了以後是高高坐著，等著人家送紅包來供養；在我們正覺是不一樣的，證悟後就是更多責任的開始。

所以往往許多師兄師姊一證悟就被我拉出來作事，這就是說佛弟子想要求證悟時，也得要有那個腳力、那個肩膀、那個腰力，否則不足以承受證悟這個果實。但是進正覺的目的就是要求悟，但悟了之後竟然比悟前還要忙、還要辛苦。有人也許想：「何苦來哉！」但如來早就講過了，菩薩之所以能成佛，是因為幫助眾生在三乘菩提上實證才能夠成佛，不是自己一個人潛密用就能成佛，而是要一根很粗大的繩子拉著一大艘船的人往前進。沒有誰是一個人成佛的，每一尊佛的座下一定有一生補處，也有妙覺、等覺，一定有十地、九地、八地下至十信位的凡夫，全都要有，要這樣子成佛。哪像密宗假藏傳佛教一個人「成佛」後，結果一個等覺、妙覺菩薩全都沒有，連明心與斷我見的人也都沒有；因為上師們自己都沒明心、斷我見，那樣的成佛是一種笑話。

所以多聞而無實證者都沒有辦法現觀，必須要親證然後才能有現觀。親證之後再來讀經讀論，智慧增長就非常快速。如果只是多聞的人，有一句成語說「博聞強識（讀作智）」，有的人把它讀作識——博聞強識，其實不讀作識，要讀作智，就是誌的意思。誌就是記憶，是多聞而且把它記憶住了。但是那沒用，等到內行人前來一問，他就四腳朝天，再也答不得了。所以不以「多聞爲上」，這是正覺的門風，而正覺這個門風就是 如來的家風。

正覺不以「禪定爲上」，假使要以禪定爲上，乾脆星期天再來開個禪淨班，我自己來教，然後每天戳著你們鼻頭罵：「這麼笨！到現在都還沒有辦法發起初禪。好笨！好笨！只有我最厲害。」這樣保證又多一大票粉絲。有同修跟我說：「老師！您都不知道您現在有一大票粉絲欸！」我說：「那就是我教育失敗了！我不要粉絲，我要的是有智慧的人能爲正法擔當，粉絲有什麼用？頂多捐一點錢讓我在正法上花錢，可是眞要派上用場時沒辦法用。」那我希望的是大家都能實證，都能出來爲正法作事。所以禪定的實證不用急，將來正覺寺蓋好了，咱們再找時間來講；但也不會常常講，頂多一個月講一次就好了，講那麼多禪定幹什麼？講了結果每一個人都說：「老師啊！我回家要修禪定，啥事都不作了。」那正法久住的事該怎麼辦？

佛法不看重禪定，剛才這道理已經講過了：「無始世來無有眾生不得四禪。」所以如果將來有機會講禪定時，我絕對不是像一般大師講的那樣，而是要從禪定的原理開始教，不然的話，大家坐斷了腿，禪定還是永遠無法發起。以前有幾個同修私下裡在流傳一些話，他們說：「導師都不教禪定，所以我們要去法鼓山修禪定。」我就放話說：「以前我講《小止觀》，從初禪講到二禪，把原理和過程都講了，體驗的實際境界也都講了，我沒有教嗎？」然後我又問：「你們去法鼓山，法鼓山有誰證得禪定了？他們連無相念佛都不會，更別說初禪。連堂頭和尚都沒有初禪，他連看話頭的功夫都沒有，那裡有誰能教你禪定？你要學禪定還得回正覺來學，等我慢慢地教吧！」他們也莫可奈何，因爲咱家說的是實話，不打誑語。

所以我們有禪定的實證，但是不看重禪定，看重的是三乘菩提如何親證，然後如何把 如來家業承擔起來；證悟之後不是爲了自己的名聞利養，而是爲了荷擔如來家業，令正法久住、廣利人天，這才是最重要的事。那麼荷擔如來家業令正法久住，期待能夠廣利人天之前、之時，同時要作什麼事？要破斥邪見。主要是密宗假藏傳佛教的邪見，否則他們將來還會死灰復燃，又把正法的光芒掩蓋了，因此正覺不以「禪定爲上」。縱使有禪定也不值得炫耀，要怎麼樣親證三乘菩提，並且大家以無我空的現觀作為轉依，如實把如來的家業荷擔起來，一起來廣利人天，這才是最重要的事情。

但是「不以持戒爲上、多聞爲上、禪定爲上」不是空口說白話，得要有實證才辦得到。那麼 如來說能實證「一切法無我」，能「如實知見無我」的人，能「如實知無所有空」的人，都「不以持戒爲上、多聞爲上、禪定爲上」，這一定有原因，所以 如來解釋說：「何以故？舍利弗！諸法實相無生無起，於中無法可爲上者。」也就是說，諸法不斷生住異滅的背後那個實相，祂是「無生無起」的。「實相」一定跟諸法的「生滅相」同在一處，否則你就看不見實相。不能外於諸法而想要看見實相，這就好像聰明的哲學家後來終於弄清楚，生滅依不生滅，以及假必依實。他們後來終於想通：諸法爲什麼可以不斷生住異滅？生住異滅之後接著又是生住異滅，能這樣不斷出現；既然是能生、住、變異而最後會滅，會滅的就表示不可能自生，既不能自生，那是什麼把它們又重新出生了？一定是這些生滅諸法的背後有一個永不生滅的，那個不生滅的才是實相。

他們在二十世紀末才終於想通這一點，但是兩千五百多年前 如來早就說了，只是他們當年都不信，背後自己只能從哲學的角度去討論，討論出來之後能證實嗎？他們也無法證實。如來早就教導菩薩們證實了，而他們就是不信；並且到了二十世紀中期、末期時，還來影響佛門的法師居士們跟著他們在那邊搞哲學。到二十世紀末、二十一世紀初，我們以教徒觀點來收服他們學術觀點，而他們一句話也不敢吭聲。

在咱們正覺弘法之前，教徒觀點是被他們所輕視的，甚至於釋昭慧還說：「**我們不從教徒觀點跟你們正覺談，要從學術觀點來談。**」好！就從學術觀點來談，當她們辦佛學學術討論會時，我們有些同修好奇就去報名，被錄取參加了，但提問時她們竟然把我們消音。她以學術觀點為主，要求我們教徒離開教徒觀點，改從學術觀點跟她談，那我們去談時，為什麼把我們的參與者消音？可見那個學術觀點不能離教徒觀點！因為我們這個教徒不是她們想像的那種教徒——此教徒非彼教徒，我們是實證的教徒，不是思惟或仰信階段的教徒。最後證明教徒觀點才正確，所以學術界現在悶不吭聲，只好另立題目另闢戰場。沒想到我們的同修不放過她們，她要另闢題目、另闢戰場，我們還是繼續用教徒觀點把她破了，她也無可奈何。

這是因為我們是實證的教徒，不是凡夫位的教徒，佛學學術界的世智辯聰來到我們面前，就沒有賣弄的餘地。而我們實證的人不以「多聞為上」，我們是從諸法的實相下手的，而諸法背後那個「實相無生無起」；但「無生無起」的實相境界中無一法可得，卻又無妨含容一切諸法。沒有實證的那些所謂佛學學術界人士、所謂的哲學家，怎麼想像也想像不通：「為什麼其中無有一法可得，卻又能夠含容一切法？這邏輯不通啊！」從世間法來看：既然含容一切法，就表示有一切法的法相，那為什麼其中無一切法可得？他們就想不通啊！他們不知道的是這個實相的境界中沒有一法可得，何況一切法；但祂卻又出生了一切法，這一切法仍然在祂的境界中生住異滅。在這個實相境界中的一切法，是專門給你意根、意識去相應的，祂自己卻不相應於這一切法，所以祂的境界中無一法可得；在任何一法都不可得之中，祂卻函蓋了一切法，而這是唯證乃知的事，你得要親證才能如是現觀，若能現觀就能為人宣說。

假使南洋還有阿羅漢，他們來到這裡聽你講解以後還是聽不懂，都只能口掛壁上。所以「諸法實相無生無起」，祂所住的境界中沒有任何一法生起過，祂的境界中就是沒有任何一法存在，怎麼可能比較其中有哪一個法是最高、哪一個法是最低的，因爲連一法都不存在，所以如來說：「**於中無法可爲上者。**」如來說的這個聖教到今天依然可證，我們增上班的同修們都親證了！

那麼如來接著開示說：「**舍利弗！是諸法如實中，無持戒者、無破戒者，何況貪著而以爲上？**」這就是說，爲什麼證悟的人可以漸漸擺脫對諸法的貪著；換句話說，「**一切法無我**」、「**一切法本來無所有空**」，說的是諸法如實、不如虛，不是他們所講的諸法緣起性空。諸法緣起性空講的是現象界，是爲接引初機，初機學人怕流轉生死，所以接引他們證解脫果；實證解脫果以後接著講實相，實相是如實而非如虛；當一切生滅法、無常法、眾生我等法，依二乘菩提來看時全都生滅無住，但是把一切諸法都攝歸不生滅的「**無名相法**」時，一切諸法就跟著這個不生滅法永存不滅，所以諸法背後的實相才是眞實法，眞實不虛，因此說一切諸法如實、不如虛。

而這個實相境界中沒有持戒者、沒有破戒者。還記得嗎？傳菩薩戒時我告訴諸位：證悟者依道共戒而住，不取相戒、乃至不取佛戒，爲什麼如此呢？

因爲其中無一法可得，沒有持戒者，也沒有受戒的人，也沒有戒律這件事情。所以根本不可能有人犯戒，那還需要羯磨嗎？不需要了。也就是說諸法如實的境界之中連一法都無，所以不可能有持戒的人，也不可能有破戒的人；既然沒有持戒者、破戒者，還能有誰來貪著說：「我是持戒第一！」沒有了。連持戒、破戒者都沒有了，還如何有人去貪著種種世間法？所以說：「何況貪著而以爲上？」

世尊又開示說：「舍利弗！是名諸佛阿耨多羅三藐三菩提，謂一切法無相自相空，無我無人；若有是忍，是名行者，是名得者。」如來告訴舍利弗說：「這樣的境界叫作諸佛的無上正等正覺，無上正等正覺的意思是說一切法無相，一切法自相空，沒有我也沒有人；」一切法既然稱爲一切法，又爲什麼無相？發起了、現前了便叫作一切法，既現前了爲什麼叫作無相？那些六識論者就說：「這是後人創造的僞經啦！故弄玄虛、讓人家讀不懂，籠罩天下人。」可是我們所見不是如此，因爲是由意識了知一切法，才有一切法的行相可得；可是從「無名相法」如來藏來看一切法時，「一切法無相」。因爲一切法攝歸如來藏，而如來藏無相，所以「一切法無相」。那你再從如來藏來看一切法時，無一法可得，所以「一切法無相」。

但是既然稱爲一切法，一切法畢竟不斷地生住異滅，畢竟是不斷地現前；可是這一切法的自相無常故空，沒有一個眞實常住的金剛體性在，它不是常住法，因此它的自相終歸於空；而它這個自相不斷生滅的現象下，你卻又不得不把它攝歸如來藏，一定要攝歸如來藏空性才會有這一切法的生住異滅。所以一切法的自相也就是如來藏，而如來藏就是「空」，所以說「一切法無相自相空」。

當你這樣來看一切法時，一切法中何曾有人、何曾有我？所以一切法「無我」亦「無人」。所有親證如來藏的人都同一現觀，所以我這樣解說時不會有人來抗議，因爲他們的現觀都跟我一樣，那這個「他們」是指誰？就是你的左鄰右舍聽經者，就坐在你身邊。我這麼說明，他們也同時隨聞入觀，都是同一所見，當然不會抗議我；還沒有親證的你更不會抗議我，因爲你無法現觀，不知道我說明的究竟是正確或是錯誤，無法開口，所以永遠不會有人抗議我。這樣才叫作「諸法如實」相，所以諸法實相中「無我無人」。

如來又說：「若有是忍，是名行者，是名得者。」這是說：「如果有這樣的忍，這個人才叫作行者，叫作得者。」忍是不容易的事。爲什麼有的人會退轉？因爲不能忍。由於對如來藏的本來無生，他不能安忍，也就是說善知識幫他證得如來藏以後，他不能接受，所以他想要尋找另外一個不生的；是因爲他對如來藏的不生無法接受——無忍，因此他就會去另外尋找。可是十方三世一切法界的最終識，就是第八識如來藏，不可能再有另外一個，而且世尊在《阿含經》中也說「齊識而還」，表示這個識是一切法的根源，超過這個識就沒有任何一法可得了。但他對於如來藏的本來無生不能得忍，另外要去尋找而宣稱找到了，我保證他所謂另外找的無生的法—或名眞如—一定是意識，不然就是加上意根這兩個心，不會有第二個。因爲識總共就是八個，不會有第九、第十識，他怎麼可能還找得到另一個能生如來藏的心呢？所以當他宣稱找到一個能生如來藏—能生阿賴耶識—的心，那一定是意識心，那他一定是心行顚倒，生起了顚倒見，這不必用腦袋思惟，用膝蓋想就知道了。

所以二〇〇三年他們一批人退轉時，說他們找到另一個眞如，說那個眞如心可以出生阿賴耶識；當下我就爲他們授記：他們落入意識去了。果不其然，才幾週時間就證實了。因爲識最多就是八個，不可能有另外別的識來出生第八識。他們說找到另一個識可以生第八阿賴耶識的心，那表示他一定回墮於前面七個識裡面；前面七個識，你可以把前五識扣掉，他一定不會用五識來談能生的心；那他也不會用意根來認定爲能生第八識的心，所以就是意識心；這個很容易斷定的，因此我一聽到他們傳過來的說法時，不假思索當場就爲他們授記。

這就是說，這個「**無名相法**」實證了以後不容易安忍。什麼法最容易得忍？正是我見。假使你告訴他：「**你只要修到一念不生時，那就是證眞如。**」他一定生起忍法，一定不退轉，因爲眾生最愛護、最寶愛就是自我。那你現在告訴他說：「**打妄想的是假的。**」再給他一個區分說：「**一念不生時就是眞心。**」他一定會接受，並且接受以後一定不會退轉；除非他善根夠而且遇到蕭平實，才會叫他退轉於我見，否則他一定不退轉於我見。所以你看大陸好多「**心中心**」法的學人，我們用正見的刀子砍他們的邪見不斷，最後要用什麼？用正見的鋸子來鋸他們，要這樣一來一回、一來一回，得鋸好久，終於才鋸死他們的我見。

所以他們於五陰的「**我**」得忍，於「**無我**」不得忍。但如來藏是無我性的，所以我們要保護成果，不得不開設悟後起修的增上班；假使不這樣，放任的說：「印證了以後就各人回家去自修吧！」那時間久了以後一定會有一大半人退轉，因爲本來無生的法一定是難安忍的，因爲這很難信，不但難解而且很難信。那麼能於本來無生的「無名相法」如來藏而得安忍，世間也有這樣的人，這才是眞正菩薩道中的「行者」，他們能夠眞正行於菩薩行，於如來法可以得「淨行」，這樣的人也叫作得到法的人；如果於此法不能得忍，他就不是眞正得法者，如來這樣說，就是一個很嚴格的定義。所以誰是得者、誰是行者的定義很清楚。

接下來 如來說：「是人名爲以信出家，應受供養、清淨布薩，是人則爲人中之天。」信，有不同的層次，一般的佛教徒有什麼信？對啊！迷信。眞的是迷信，所以他們只看排場。這大師出來時身穿大紅祖衣，或是大紅袈裟、九條祖衣披著；也許他在頭上還戴著五方佛冠，那其實叫作「五方鬼冠」，但他們不懂而叫作五方佛冠；背後還有人擎著寶傘，那寶傘還不是普通的，是訂製特別大的寶傘，然後前面四大護法，寶傘後面還有八大金剛；這排場夠大了，任誰見了都不敢小看於他，可是一談到智慧？根本就沒有。他那裡沒有法可得，但是觀眾都不知道，只看表相就迷信他；於是他隨便講，觀眾就隨便信。一、二百年來的佛教界不都是這樣嗎？幾十年來的臺灣佛教界也是如此啊！那些觀眾就叫作迷信者。

那好一點的佛教徒終於有正信了，他確實眞正地瞭解佛法大概是怎麼回事，他有正確的知見了，所以他對某一些法師居士說的法可以理解，知道一定是要修清淨行、要離欲、要修無所得行；雖然還不能親證，但他知見是正確的。所以他有了正確的信，這樣依文解義也是很好的，總不能讓所有佛教徒都擠到正覺講堂來吧？否則我買十棟大樓也不夠，所以他們那樣安住就好，我們就度有緣實證的人。那麼正信之後漸漸終於可以瞭解某一些人是有實證的，而某一些人是還沒有實證的，知道要以什麼爲分野，這就是正信。

此時他終於可以瞭解有實證聲聞菩提的人，一定有好的未到地定，也確實斷了三縛結，而斷三縛結的內容是什麼，他也懂了。那什麼是有證悟的人？以什麼爲證悟的標的？某某人有證悟，因爲能明確講出來，而且不是死背的，是從自心流露而說的，顯然這人是有實證的，他就能夠觀察了。能觀察以後他就會羨慕說：「**哪一天我也能夠實證，那多好！**」那他對這個善知識就有了信仰，他的信仰不會推翻也不會退失，這也叫作正信。

正信的階段過去時，表示他信仰的階段走完了，然後便叫作證信，是要自己親自來證實確實是如此：「原來初果確實是這樣，斷三縛結是這樣斷的。」這樣叫作斷三縛結的初果人。然後又參禪而實證了，就說：「明心原來是如此，原來這就是眞如的現觀；我能現觀這果然是眞的，所以我對佛法絕對信受。」這叫作證信。

所以信是有很多的層次，這裡講的信就是證信，已經過了仰信、正信的階段，當他是這樣的出家人時，如來說這樣的人叫作「以信出家」，他是因爲這樣的信所以出家利樂有情；他出家後，應該受佛門在家二眾的供養，他也可以「清淨布薩」。一切證悟的出家眾都應該接受供養，理所當然，沒有人可以否定。如果是假名證悟呢？那是大妄語人；大妄語後「三位十地一切皆失」——三賢位或十地的修證，一切都全部失去了；因爲他已經是地獄種姓，來世要生在地獄中，已不是出家人了，因爲他「一切皆失」。

如來說這樣的人什麼都失去了，出家戒已沒有了，菩薩戒也沒有了，什麼戒都失去了，因爲大妄語的果報是必墮三塗，一切都不存在了，所以他出家受人供養就是盜取佛門的資源，就是斂財、就是竊盜。因此一切證悟的出家眾理當接受人天供養，受之無愧，也可以清淨地參加布薩，因爲依道共戒而住，不看表相，只探究他的實質。如果遇到事情時，那個實質是對眾生有利的，於法有利的就去作，不管表相看起來如何，那麼他事後參加布薩時也是依於清淨戒而布薩。不看表相，只探究那件事情的根本是什麼，方便與成已則是小事，根本才是最重要，那他當然可以清淨布薩。

如來說：「**是人則爲人中之天。**」這樣的人就是人類中的天。天不是講天空那個天，而是講天界的有情，他們叫作天。如來也說過世間有四種天，首先叫作「世間天」，例如世界各國的國王、總統、主席；如果是王位，就繼承一輩子。王子不算是天，所以查爾斯王子到現在還當不了天，因爲他媽媽佔著不放；聽說他聰明，後來電視新聞有報導，說他放棄王位繼承權了，搞自己的事業去。這叫作世間天。

有的人是生而住在天上，比如行五戒十善而生到欲界天，或者得禪定生到色界天等，都叫作「生天」——一出生就是天。如果是阿羅漢，叫作「解脫天」；他只是一個人類，可是他的尊貴遠勝過諸天天主，名爲應供、阿羅訶，當然有資格叫作天；諸天天主還在輪迴中，阿羅漢卻是可以出三界，比天主天人更有資格當天，所以叫作「解脫天」。如果菩薩證悟了，要叫作什麼天？正是「第一義天」，特別是入地以後。所以當年玄奘在西天，經過無遮大會十八天之後，折服一切佛門聲聞僧與外道，二乘人尊稱他爲「解脫天」，表示那些二乘人認定他是一個阿羅漢；那麼其他的菩薩們稱他爲「第一義天」或「大乘天」，表示大家認定他是已經入地的佛子了。

如果稍微廣義一點來講，末法時代已經是邪見橫流時，證悟不退的菩薩也叫作「第一義天」，《楞伽經》中說爲菩薩摩訶薩。聽到我說是「第一義天」，你們證悟的人有沒有很歡喜？結果是沒有。爲什麼呢？因爲看到悟後的結果，有的只是責任，而沒有供養可得。也不能刺青表明是「第一義天」，所以也不值得高興。「第一義天」最辛苦，阿羅漢才輕鬆，有因緣時說說法，沒有因緣就算了；但菩薩卻是要去製造因緣，想方設法去利樂眾生，這就是「第一義天」和「解脫天」的不同。但是，當「第一義天」很辛苦，諸位到底要不要當？（大眾大聲答：要！）眞的要？好！不怕辛苦的就來，我正需要越來越多的「第一義天」，才能讓正法久住，才能廣利人天。天界也都在看正覺能度多少人，能影響多少人回歸正法，爲什麼呢？因爲越多人回歸正法，他們天眾就會越來越強壯，魔眾就越來越少，這正是他們所希望的。那我希望天界看著臺灣、大陸越來越歡喜，這意味著什麼？意味著要有更多的人投入正法的行列，令正法久住，廣利人天。今天講到這裡。

我們《佛藏經》快講完了，所謂快，應該說半年內就算是快。《佛藏經》講完時，我們預備講《大法鼓經》，《大法鼓經》講完時希望接著講《不退轉法輪經》，這是我的想定，因爲那是好多年以後的事，那時破參的人會更多，來聽《不退轉法輪經》時就會很過癮；假使沒有破參，那麼《不退轉法輪經》聽起來時，就會有搔不到癢處的感覺。假使你有的地方癢，一天到晚搔就是搔不到，你會覺得怎麼樣？我說是始終都搔不到，假使一時搔不到沒關係，但他是從早上到晚上一直搔不到，就是一直癢著，該怎麼辦？那眞是沒辦法的事，所以希望這一部經講完而《大法鼓經》也講完時，那已經是三、五年後的事，那時再來講《不退轉法輪經》，那時破參的人更多了，大家來聽講時一定會拍案叫絕。

那麼上週我們最後講「人中之天」，好像都講完了吧？世間天、生天、解脫天、第一義天這四種天都講過了？好，這四種天，有一點倒是要說明一下，這一個觀念要改一下：譬如說三界有六道，那六道不是以器世間來說六道，而是以有情的心境來說六道；同樣的道理，天也不是以器世間來說天，而是以三界中的有情心境來說的，屬於天的有情說他叫作天。所以生在天界，譬如生在四王天的人就叫作天，但不是以四王天的那個器世間而把他們叫作天，這個觀念要建立起來。同樣的道理，生天是生在天上的人，所以叫作「生天」，這是第二種天，是自然存在的；凡是造了善業的人就生在天上，這種因出生而住在天上的有情，就叫作「生天」。

那麼解脫天明明是人，爲什麼把他們叫作天？因爲他們的境界超越諸天，不但超越欲界天，也超越色界、無色界天，所以從一切慧解脫者開始，包括俱解脫、三明六通大解脫，全都叫作天，因爲他們的境界超過非想非非想定；當他們捨壽時想要入無餘涅槃是可以入的，所以才叫作「解脫天」。但其實他們也是人類，只是因爲他們的境界超越於天，所以比天更高級，但是有情之中沒有比解脫天更高級的了，所以把他們叫作「解脫天」。相對於「解脫天」而言，一般的天，不管是六欲天、色界或是無色界天，全都屬於還沒有得解脫的有情，所以把阿羅漢或辟支佛叫作「解脫天」。

那麼「第一義天」，譬如玄奘當年在天竺，大、小乘人都稱他「第一義天」或「大乘天」：小乘人通常大部分人會稱他是「解脫天」，小部分人會稱他「第一義天」，因爲學過大乘法；但大乘人都稱他爲「第一義天」或「大乘天」。可是他明明是一個人而不是天，但是因爲他的境界超過「解脫天」，比一般天人當然超過更多了；因爲玄奘本身就是一個慧解脫證量的人，而他又是第一義已經通達、已經入地的人，所以他叫作「第一義天」。這「天」不是指說那一個境界——不是以四王天或者忉利天乃至他化自在天的器世間的境界叫作天，不是指那個生在那裡的人就叫「生天」，而是生在那裡的天人有著天的本質，需要那個境界來受報，才有那個器世間的天界，因此「生天」指的是能往生在天界的有情心性的本質是天。若是超過天的人，或者叫「解脫天」或者叫作「第一義天」，也是因爲心性的本質而這麼說的。這個道理要先弄清楚，是因爲那些有情的心性是天，所以他們叫作天。

如果生而在畜生道中，就把牠叫作畜生，不是因爲畜生道所生活的那個空間叫作畜生；諸位看見畜生跟我們人類生活在一起，如果畜生那個空間叫作畜生，那我們人類也該叫作畜生了，或者說牠們畜生也該叫作人，所以是指那個有情而說的，不是那個器世間而說的。當眾生很痛苦時，在那邊很哀怨地向上蒼呼求：「**天啊！天啊！幫幫我。**」那個「天」是指生在天上的天人而有能力幫助他的，才是他所說的天；而不是指天上那個空間，那空間是無情，怎麼會來幫他。所以天這個意思乃至地獄、餓鬼的定義都要弄清楚，是因為那樣的有情所以才有那樣的境界；如果四王天、忉利天等都沒有有情，就沒有天道可說；如果人間都沒有人，只有畜生，那就沒有人道可說。

所以是依有情來定義六道，而不是依那個空間然後有情生到那裡去就說他叫作什麼；是因為那個有情有那個業，所以那個空間就會產生出來，因此就有那一道的有情；這道理諸位要先建立好。我記得《楞嚴經》也有講過這個道理，所以三界是怎麼形成的？二十五有又是怎麼形成的？都是因為那些有情造了那樣的業，需要那樣的空間受苦樂報，就有那些空間形成，然後那些有情就生在那裡，成為那一類的有情。那麼解脫天、第一義天明明是人，但因為他們證得「**一切法無相自相空，無我無人**」，並且得忍能忍，能接受這種境界，依這個境界而安住；雖然他們還是人類的形態，他們修學這個法當然也是人類，而他們證得之後還是人類的形態，但他們的心境已經超越於人；不但超越於人而且超越於諸天，所以更有資格叫作天。但他們生活在人間，所以又把他們叫作「人中之天」；這個「人中之天」的定義先要弄清楚。

接著　如來又開示：

經文：【「舍利弗！諸佛阿耨多羅三藐三菩提唯是一義，所謂離也。何等為離？離諸欲、諸見。欲者即是無明，見者即是憶念。何以故？一切諸法憶念為本，所有念相即為是見，見即是邪。舍利弗！善法中見，我亦說之名為邪見。何以故？舍利弗！離欲寂滅中，無法無非法，無善無惡，是事皆空，遠離諸結一切憶念，是故名離。舍利弗！無上道中諸欲永息。何等諸欲？謂邪不善念，若我、若我所，作相、事相，是名阿耨多羅三藐三菩提中諸欲永息。」】

語譯：【世尊又開示說：「舍利弗！諸佛的無上正等正覺就只有一個道理，這個道理就是遠離。究竟是遠離什麼呢？就是遠離種種的欲、種種的見。欲指的是無明，見指的是憶念。為何這麼說呢？一切諸法都以憶念作為根本，所有憶念的相貌其實就是見，見就是一個不正確而偏邪的法。舍利弗！在善法之中的見，我也說這樣的見名爲邪見。爲何這麼說呢？舍利弗！在離欲而寂滅境界中，沒有法也沒有非法，沒有善也沒有惡，這些事情的境界一切都空，遠離了種種的結也遠離一切的憶念，由於這個緣故叫作離。舍利弗！在無上道之中一切諸欲永遠息滅。這個永遠息滅的諸欲是指什麼呢？是說偏邪的不善念，譬如我、或者我所，又譬如有作之相、以及行事之相，這樣就叫作無上正等正覺之中一切諸欲永遠息滅。」】

講義：佛法般若確實甚深極甚深，所以到了末法時代的大師、小師全部都誤會了。諸佛同樣都是無上正等正覺，既然都是無上正等正覺，名爲無上，還會分等級嗎？如果諸佛可以分等級，那就只有其中的一種佛是無上，其他諸佛就不能叫作無上了；可是諸佛明明都是無上正等正覺。所以李洪志外道說他比釋迦如來的證量高二級，問題是他這個佛是連初果人的證量都沒有，連未到地定都沒有，所以他這個佛要去掉人字旁——弗。諸佛既然都是無上正等正覺，那就不會有兩樣，所以諸佛所證內容境界全部都一樣，否則就要區分了。

那我想，他們會誤會諸佛有等級，可能因為是他們聽說釋迦世尊曾經講過一部經，演說如來的十地境界，他們大概想說：「菩薩有十地，那如來也有十地，所以如來也有十個等級。」大概是這樣想的。唉！等到聽我講清楚了，才知道原來誤會一場。「地」是境界的意思，所以諸佛同樣都有十種境界，妙覺菩薩之所不知，說明了也聽不懂，因此才叫作「無上」。而「正等」表示凡一切法無所不知，所以叫作正等。「等」與「正」聯合在一起，其實就叫作「遍知」，所以又名正遍知。「等」是什麼呢？就是四方。四方每一邊距離都一樣，換句話說，每一個角落最遠的地方也都知道了，表示一切法的所有內涵都知道了，不外於此；若是外於此，就沒有法了。既然是正而又等，就好像土地測量講四至，譬如一塊土地四方形的話，就必須測量那四個點，全都要測量到以後才能確定這塊地的面積是多少。如果六方形的地，就得叫作六至；八方形的就叫八至，以此類推。所以說，既然是正等，表示一切法的範圍全部都到過，都具足了知，才叫作「正等」。「正覺」則是說沒有錯誤的了知，都是沒有錯誤的現觀，是正確的覺悟。既然是無上的，又是正等又是正覺，當然不可能分等級。

所以假使有一天（我是說假使，當然那個情況是不可能存在；我說的是假使，不要把我這個假使的內容當眞），譬如你如果在人間成佛時，或者你在人間某一尊佛座下是個四地、五地菩薩，你已經有了意生身、有大神通；這時假使有一群螞蟻，在某一個蟻窩中示現出有一尊佛——有一隻螞蟻在那個螞蟻世界中成佛了，那你有因緣化現爲小小身去禮拜祂，能不能起輕想說：「這尊佛爲何這麼小？」不能的。這道理是說，諸佛如來的證量都是一樣的。

我記得講《法華經》時也講過，大目犍連不是爲了聽 如來的音聲能傳多遠嗎？就往一個方向一直飛，結果到任何一個佛世界他都聽得見，釋迦如來正在說法都聽得很清楚；他爲了測試，不斷地往前飛，終於去到過九十九江河沙等諸佛世界那麼遙遠之國土，那時他看見一個水池，就在水池邊停下來。那個水池蠻嚴整的，水很清澈；他停在那裡，一時間還沒想到那是什麼，原來那是當地世界一尊佛的佛鉢，佛的身量和菩薩們的身量都很廣大，那些菩薩就稟 佛說：「**奇怪！怎麼會有什麼地方飛來的一隻小蟲，還穿著出家人的聖服，竟然站在佛鉢的邊緣上面？**」

那一尊 如來知道那一些菩薩們輕視這位目犍連尊者，同樣也會輕視 釋迦如來，祂要糾正這個觀念，就給目犍連一個念：「你要化現跟我們這裡的菩薩一樣莊嚴，在虛空中作十八變降伏他們的慢心。」於是目犍連突然一變，跟當地的菩薩們一樣大，然後就作出十八變；變化完了，下到地上正式禮拜那尊 如來。那些菩薩們看了就覺得很奇怪：「這菩薩是從哪裡來的？這是哪一尊佛的弟子？」那一尊 如來就藉機為他們開示，說這是娑婆世界神通第一的目犍連菩薩，為了想要證實 釋迦如來的法音流傳有多遠，所以飛來到這裡。

為菩薩們作最後一次教育，就吩咐說：「目犍連！你可以回去了。」明明知道目犍連回不去，因為來到距離娑婆世界九十九江河沙數的世界，太遙遠了，他已經不知道娑婆世界在哪裡，他自己知道回不去了，只好稟告，那一尊 如來就藉機作一個很好的教育：「你只要往那個方向稽首作禮『歸命釋迦牟尼佛』，就可以回去了。」那目犍連就依著方向跪下來三稱：「歸命釋迦牟尼佛！」三句話剛剛完，他就不見了，已經回到娑婆世界。

那你想，那裡的菩薩們會怎麼樣想的？他們因此都建立了正知見：釋迦牟尼佛雖然身量是跟目犍連剛來時一樣的大小，他們那樣大小的身量，神通威力卻是那麼大；目犍連的身量是這麼小，那 釋迦牟尼佛應身佛當然也一樣這麼小，所以娑婆世界 釋迦牟尼佛的威德一定無法想像，他們就想：「**原來諸佛如來的威德力眞是不得了，不能以身量來衡量。**」他們就瞭解了，這樣就藉機會爲當地的菩薩們作了一個教育。所以說，諸佛都是無上正等正覺，就表示無有高下。

所以假使有機會，我說的是假使你能化現成一隻小螞蟻，去跟那一隻螞蟻應身佛頂禮、讚歎、供養時，不可以有任何的輕視之心，對於祂座下的菩薩們也不可以輕視；因爲祂既然是佛了，祂座下一定也有妙覺、等覺、十地、八地等菩薩，你假使還只是第五地菩薩，都還不如他們，怎麼能因爲他們身量小就輕視他們。這是一個道理，當然不可能以螞蟻身成佛，所以我說的是假使，只是在說明一個正知見。

現在對於無上正等正覺多一個層面的瞭解了，接著回到經文來：「**諸佛阿耨多羅三藐三菩提唯是一義，所謂離也。**」就是遠離，世間的學佛人都病在有，不病在空。病在空是開始修學以後產生了邪見，才會病在空。就好像以前一直有人說「禪病、禪病」，說這也是禪病，那也是禪病。但問題是，禪會有病嗎？病的都是人，禪沒有病；無始劫來禪就沒有病，是因爲人類的邪見，導致參禪不得力，所以說那叫作禪病；其實病的是人的思想、知見，而不是禪有病。

那麼世間人修學解脫之道，都是病在有，包括那些一天到晚講空的大法師們，全都一樣病在有。病在有的意思，就是執著三界有的境界，把三界有的境界當作眞實有；所以後山那個宇宙大覺者，她認定什麼是常住的？意識。那也表示她病在人間的有，還及不上欲界天的有。那她的師父釋印順呢？一樣病在有；他把直覺當作是常住的，他也把細意識當作常住法，那也是意識的境界，一樣是人間的有。因爲釋印順連未到地定都沒有，所以他也是病在人間的有。

至於病在空，一天到晚在講空，說一切都是空；人家說到第一義，說到解脫，他就堵住你的嘴說：「一切都空，你講那麼多幹什麼？」以前有聽過人家這樣講的。所以他座下的弟子們如果有時在互相討論什麼叫作空時，他就會罵：「一切都空，你們還在講什麼？」認爲：「一切都沒有，一切都是空；既然都空，什麼都沒有了，你們還講那麼多空幹什麼？」他就罵起來。可是這些人其實一樣都病在有。那釋印順也是一個例子，他一天到晚講緣起性空、一切法空，可是他主張一切法空時為什麼又要建立細意識常住的說法？細意識常住說，是一個邪見；這個邪見是從哪裡來的？是從他的意識建立的啊！所以他是屬於意識相應法，證明他一樣病在有；那這樣的人，你跟他說離就難了，叫他要把自己滅掉、要遠離，使自己未來世完全不存在才算是解脫，他聽了不會接受的；所以釋印順必須建立一個細意識常住說，既然落在意識，他就不可能解脫，因為他與空不相應，所以顯然他不能離。

而且他不能離的還是很粗淺的法，人間的意識很粗淺；意識要有好多的緣才能從如來藏中生起，最簡單的兩個緣就是意根與法塵；若沒有這兩個緣，意識根本無法生起；意識其實還得有其他的助緣才能生起，至於那些其他的緣先就不談，單說有這些緣就能生起意識嗎？也不行，還得要有因。所以「**有因有緣世間集**」，世間就是五陰；又說「**有因有緣世間滅**」，世間就是五陰；單單緣而沒有因，五陰世間不能生起，也不能壞滅。所以世間的生與滅，都要因和緣具足才辦得到，但印順不懂，所以說他們對於「離」都是不懂的。

聽到一切都要離，就覺得有一點空洞，因爲好像太廣泛了吧？如來就解釋：「何等爲離？離諸欲、諸見。」譬如說，在阿含部也有一部經典《央掘魔羅經》，這部經其實本來也是大乘經，未來若有機會時也可以來講解，因爲這部經很分明對治了末法時代的那些墮入空見的人；例如經中說：「說村莊已經空了，是因爲人都離開了所以說空了，而村莊還是繼續存在著。」意思是村莊的空不是村莊消失了叫作空，是因爲村莊裡的人們都走光了，所以說「村莊空」了。又講了一個譬喻——河空，河流空了是因爲河流裡的水乾了，全都沒有水了；是因爲水全部都不見了，所以叫作河流空了，但是河空不是河流不存在了，而是說河中的水都不存在了所以叫作「河流空」；因此河空不是沒有河，而是河中的水空了。

講過這兩個譬喻，回來講什麼是空？爲什麼叫作空？佛法中最重要的義理就是空，當我們說五蘊空，當我們說十八界空、六入空、十二入空、十二處空、一切法空，是因爲這五蘊、內六入與外六入、十二處、十八界空了，所以叫作空；但不是因爲如來藏消失了，而是因爲如來藏所生的這一切都空了，所以才叫作如來藏空。如果說五蘊、六入、十二入、十二處、十八界都空掉了，就是佛法中說的空，就等於人家看到一個村莊空，向大眾說村莊空了，他卻誤會爲連村莊都不存在了；其實不是，村莊還在的，但村莊裡的人走掉而空了，所以來到村莊裡的人說村莊都空了。當一條河被截斷了以後，河水被引導到別的地方去，現在這一條河沒有水了，人家來到時就會問：「爲什麼河空了？」河空，是因爲河中沒水了，但是那條河的體還是存在著，只是水空了所以說河空；那個空不是代表河已經不存在，道理是一樣的。所以當諸佛菩薩說五蘊空、十八界空，最後歸結到如來藏空時，空的是五蘊、十八界，但是如來藏依舊存在著。所以阿羅漢把五陰、十八界滅了，入無餘涅槃後，說他進入空之中、進入空的境界了；也就是說他的如來藏還在，只是把五蘊、十八界滅了而不再現前。這表示什麼意思？表示一切有生之法已經遠離了，所以「離」就是遠離有生有滅諸法。

但是追究下來，有生有滅之法爲什麼可以不斷地生滅，一世又一世打從無始劫來就是這樣子，沒有中斷過；但爲什麼可以連續不斷的世世生滅？正因爲有「諸欲」有「諸見」。「諸欲」是指什麼？諸欲就是對外我所、內我所的貪愛，這就是諸欲。那麼「諸見」是什麼？諸見就是執取某一種或者許多種的見解當作是眞實理，永遠不願意放棄，這就是「諸見」。

但又有問題來了，爲什麼有「諸欲」就一定會輪迴生死、不到實相？爲什麼有「諸見」就會輪迴生死、不到涅槃？一定有原因的。先來講「諸欲」，一般人是對外我所很執著，所以堅持說：「**這是我的財產、這是我的眷屬、這是我的名聲，都是我的。**」這些都是在五陰之外的所有，就是外我所。因此假使有人侵損了他的財物，他就要跟對方廝殺一場，後來有法律時就到法院去告。有的人心懷不軌侵占人家的財產，也就是侵占人家的外我所，表示他有很強烈的欲。有很強烈的欲，接著看這個欲是依附什麼而存在著的？是依附於五陰。假使不是五陰，這個欲就無所顧、無所慮，就不能存在。

又譬如某一個人當了皇帝，一后二妃三宮六院七十二嬪妃，包括整個國土所有的人民財物都歸他所有；可是他這個身體一旦壞了，什麼都不歸他所有了，所以外我所都要依於五陰才能夠存在。因此貪著外我所的人都很清楚知道這一點，所以當他們不得不撒手人寰時，都知道還是得要再去投胎，因爲他想：「**我如果不再去投胎，未來世沒有辦法取得任何財物。**」那麼名位、權勢以及眷屬也都是如此。不說世間人，單說咱們在正覺修學當菩薩，假使我不是因爲這個五陰，我能有諸位相伴嗎？不能。假使你不是因爲這個五陰，你能擁有眾同修嗎？你能擁有我這個老師嗎？也不能。既然示現在人間，這就是一個必然。那麼外我所有很多種，諸位觸類旁通舉一反五，就可以知道了。

那麼內我所，講粗糙的，譬如我能知、能覺，我能見、能聞，這些都是內我所；若是更粗一點就說：「**這是我的眼睛，你不可以傷害我的眼睛。**」「**這是我的身體，你不可以傷害我。**」這也是自內我，而這個自內我跟眷屬們共有，因爲你這個身體不單單是你所有，也是你的老爸、老媽所有，他們說：「**這是我兒子。**」也是你的妻子所有，她會說：「**這是我的老公。**」也是你的子女所有，他們說：「**你是我們的老爸。**」因爲這個身體存在時，他們才會有你這個所謂的親友、老公、父親，所以你這個身體與他們共有。

也許你說：「**那這樣看來，這覺知心應該歸我所有，不跟他們相共。**」我說：「**不然。**」因爲單單有你這個色身的存在就能有用嗎？你得要有見聞覺知才行，因此才能跟他們相應。每天早上醒來這個關係意識就重新確認了，父母子女關係每天醒來時都會直接確認；假使你是無知無覺，他們會說

「妳是我媽媽」？會嗎？不會啊！所以覺知心附帶著種種心所法而能和你的眷屬相應，也是你的內我所，可也是與眷屬相共；當然眷屬的範圍很廣，包括現在前後左右都是你的同修，這也是學法上的眷屬，依此類推。可是眞要講微細一點，內我所還有別的：因爲你有這六識，所以有六入；六入就是你的內我所。所以如果六入中的某一入出現問題時，就趕快跑醫院，每一個人對內我所都是非常重視的。那再講細一點，爲什麼你能見聞覺知？因爲你有心所法，這心所法五遍行、五別境、善十一、六根本煩惱、二十個隨煩惱、四個不定法，也都是你的內我所；如果你這些內我所不能運作，那你無法對六塵生起見聞覺知，人家就說「這是廢人一個」。廢人就表示他已經不成其爲人，人的功能作用不見了；說一句比較客氣的話，說他叫作植物人。如果說得比較不客氣，那就叫作罵人了。所以內我所是很重要的，如果沒有這些心所法，你根本就不成其爲人，這也是內我所。

每一個有情對內我所都很執著，我們先談人類就好了，諸位也可以依此類推天人或者畜生或譬如螞蟻，螞蟻的內我所就少掉很多了，依此類推乃至病毒都一樣有內我所。如果對這一些都看重，包括外我所與內我所的執著，那都叫作欲。如果講得很粗糙，什麼叫欲呢？財、色、名、食、睡，或者對於財、色、名、食、睡的執著，都是很粗糙的。如果學佛以後一天到晚都還在計較財、色、名、食、睡，我們就說這樣的人落在外我所中，這種人是剛剛接觸到佛法，學佛以來不超過半劫，最多不會超過一劫；因爲有的人利根，一劫就滿足十信位了；如果很遲鈍的人要修十劫乃至一萬劫，才能滿足十信位。那麼這些都是執著於欲，都是剛剛學佛不久的人，不離信位。

所以學佛之後而執著於諸欲，對於財、色、名、食、睡都很看重，佛教有沒有一個宗派是這樣的？說有也行、說沒有也可以；說有，那就講密宗假藏傳佛教，他們對五欲全部都要；若是要說佛教中沒有這樣一個宗派是具足貪著五欲的，也行，因爲確實沒有，密宗假藏傳佛教不是佛教。所以你們怎麼答都對，我這個題目沒有陷阱。這就是「諸欲」，學佛或者學解脫道者首先要離的就是諸欲，不管是外我所或者內我所的欲。

譬如阿羅漢，他們實證解脫道，他們入無餘涅槃後就沒有內我所了，七轉識連同心所法全部都滅除，連意根都滅掉了，所以無餘涅槃之中沒有六根、沒有六塵也沒有六識。如果有人宣稱他證得阿羅漢果，結果他的境界只是離念靈知，認為死後就住在離念靈知的境界中了了分明，說這樣就叫作無餘涅槃；但三法印之中有一個「涅槃寂靜」法印，他就不符合了。那離念靈知只是一念不生，如果一念不生的境界就叫作無餘涅槃，那麼有一念不生的境界繼續存在時，又違背了另一個「諸行無常」的聖教，因為那也是行——心行，表示意識還在；意識在時就會有意根也在，就有兩個心的心行存在，這樣的涅槃不就落在諸行無常中了嗎？你們看這樣還會是涅槃嗎？

如果這樣檢驗還不服氣，不然從另一個法印來說，離念靈知是不是一個境界？是境界。離念靈知分很多的層次，人間的離念靈知不離五塵，只是五塵上面不起妄想，所以有一個取定境法塵的意識心所法叫作離念靈知；但是離念靈知不離六塵境界，六塵具足時是不是諸法？當離念靈知一念不生時是不是要有意識？是不是要有意根？那又加上兩個法，那麼有這兩個法存在時，難道可以不需要五色根嗎？也要。這時又加上五個法，這樣就有很多法而不是完全沒有法存在；這時是有這麼多的法存在，可是這麼多的法中沒有一個是眞實有的，所以三法印告訴你說「諸法無我」，那麼這樣看來，顯然離念靈知不是無餘涅槃，通不過三法印的檢驗。

至於密宗假藏傳佛教，那就不入流了，因爲那是外道，於欲界下墮的諸法齊全，而且是求最具足的欲界諸法，是落在自我而且是諸法的外我所之中，把外我所合集起來在具足的內我所中，然後說那是成佛的境界，根本經不起最粗淺的三法印檢驗，那都叫作貪欲；不離諸欲——外我所、內我所俱貪，表示他們不懂得什麼叫作離。

首先要離諸欲，諸欲不管是內我所還是外我所，一旦有一點點不能離，有一點點的執著，就不可能證得正等正覺——是因位的正等正覺，不是果位的無上正等正覺。因位的正等正覺就是第七住位的開悟明心，第七住位明心時證得如來藏整體，你都看見了如來藏心整體時，那就叫正等；也是正覺，因爲是正確的覺悟。請問諸位增上班的同修，你們找到如來藏時有沒有人是找到一半、找到三分之一、找到五分之一的？沒有啊！找到時就全體現前了。既然是全體，那就是正等——沒有缺漏。而你這一找到如來藏時，無始無明打破了，開始知道實相，這是不是眞正的覺悟？是，所以叫作正覺。把正等與正覺合起來，便叫作正等正覺，所以咱們就叫作正覺同修會。

那外道們，特別大陸有在修學密宗假藏傳佛教的那些大法師，全都受不了正覺，因爲咱們叫作正覺時就顯示他們不是正覺，所以他們就要否定正覺。我們有一位老師寫了一篇文章：〈既是正覺即非邪教〉。如果邪教就不能叫作正覺，而我們叫作正覺，我們證悟的內容就是眞正的覺悟，所以叫作正覺。這就是說，不能離開外我所或不能離開內我所都不是眞正的覺悟——落在諸法之中都不是眞正的覺悟。他們對於法有所執著，就落在諸欲中；既然執著於諸欲，他們爲了要在未來世繼續保持和擁有諸欲，就得要繼續保有人身，所以他們死後一定要再去投胎；這一投胎的結果又是另一期生死，就永遠無法得解脫。這表示，由於他們對「諸欲」不離，就不可能得到正等正覺。

那爲什麼要離「諸見」？又爲什麼不離諸見就會輪迴生死？見就是法，就是對種種的見解執著不捨，只要有人所說的法與他相牴觸、相違背，他就要把對方鬥倒，這叫作「見取見」，因爲見取見是以鬥爭爲業。所以有見取見的人一定會跟人家諍論不休，他一定要諍論到贏；既要諍論到贏，就必須要保有一世又一世的人身，不可能單獨以那個見解去跟人家爭到贏。

譬如我這個人喜歡據理力爭，但我不會生氣；我從小就喜歡辯論，我的口才不好可是喜歡辯論，而我有兩個姓陳的哥哥很喜歡跟我辯論。我總共有四個哥哥，大哥、三哥不會跟我辯論，但二哥、四哥很喜歡跟我辯論；我小時候說話都跟人家不一樣，他們二人就要糾正我，我就跟他們講，「這個道理不是那樣，應該是這樣」，可是我這個小老弟講話都不可以對哥哥大聲吼叫，總是得心平氣和地講才行。可是有一位哥哥有一次辯不過我，掐著我的脖子，後來我那外祖母看見了，趕出來救我；因爲我爸是招贅，我們出生在外婆家；當時外婆看見了就拿著棍子追出來：「你要把他掐死喔！」追著他要打，他才放手。我心裡想說：「有那麼嚴重嗎？要把我掐死。」但他當時就眞的很生氣。這叫作什麼？見取見。無論如何要講到你輸，你得要認輸才行；你若不認輸，他又講不過你，乾脆就掐死你吧，這就是見取見。見取見很嚴重、很強烈時就會這樣。

密宗假藏傳佛教那一些人的見取見就是非常強，見取見很強時就一直要跟你爭執，明明知道你講的在理，他也不管；既然講不過你，怎麼辦？乾脆汙衊你，乾脆就說你是邪教，不想再跟你爭論；「因爲每一次你都講贏，我們密宗講不贏你，就說你是邪教。」反正跟你亂打迷糊仗，你也沒辦法。因爲你被他抹了這一臉，都還沒洗清潔他們又再跟你抹，你也得接著，沒辦法。

這就是因爲見的緣故，所以他們學密的人會繼續輪轉生死、沒有了期。

「見」依附於意識，離了意識時見就不能存在，那他們爲了種種見，要繼續執著，並且希望那個見可以繼續延續下去；而這個見從意識來，所以他們不得不一世又一世取得意識。可是見還有另一個層次，也就是能知能覺叫作見，知覺就是見。河洛話講得很好：「你有聽見嗎？」聽就聽，爲什麼還要加個「見」字？有沒有想到這一點？「你聽見了沒？」這就是說「見」是函蓋「了知」的部分，所以「見」就是你對於六塵的了知，全都叫作見；細分下來才叫見、聞、嗅、嚐、覺、知，但總和而言叫作「見」。

所以唯識學中說見分，見分就表示能夠覺知的功能，全都叫作「見分」；相對於見分，就說有「相分」。相分就是被見分所覺知的對象，就是色陰十一個色法，一定有形相或者法相存在，所以叫作「相分」。那見分就表示是能了知的，所以眼能見色，這眼識見的功能叫作見；耳能聞聲，耳識的功能也屬於見分；包括嗅、嚐、觸等以及了知諸法的都屬於見分。那麼種種的邪見從哪裡來？從見分而來——從你能知能覺這個見而來，假使沒有這個見，也就沒有種種的邪見，因爲變成無所了知了，那就跟無情一樣。

如來說：「何等爲離？離諸欲、諸見。」換句話說，如果所悟的境界是把諸欲、諸見全部都離了，就會懂得什麼叫作無上正等正覺。請增上班的同修們現觀你證得的空性如來藏，在空性如來藏的境界中是不是一切皆離？你們都可以現觀。假使空性如來藏的境界中是還有一點點的欲、還有一點點的見，那就不對了，一定落入七轉識中了。所以禪師勘驗時只要徒弟有那麼一點點見聞覺知，就把他打出門去；因爲第一義的境界中一切皆離，「離諸見、諸欲」。

如來接著解釋說：「欲者即是無明，見者即是憶念。」欲就是無明，無明是相對於明，說沒有明時就是黑暗、就是無明。有明不就都看清楚了嗎？所以對於解脫的無明就是不知道一切法緣生緣滅；對於第一義的無明，就是不懂得一切法緣於如來藏空性，而空性之中無有一切法可得，所以因爲無明而落入三界的種種境界法中，或者落入如來藏所生的種種法中，因此智慧光明起不來，盲無慧目時就叫作無明；或者解脫道的光明起不來，那他就落入諸欲之中，就說這些欲即是無明。

所以當你證得解脫果之後，會發覺不論是外我所或內我所，對自己是沒有什麼用處的，因爲將來要入無餘涅槃的；那時會把自我都捨棄了，何況是內我所與外我所。假使你這一世捨壽後就要入無餘涅槃，那你還要賺那麼多錢幹嘛？也許有人這時會想說：「我賺的留給兒子，我留給女兒。」你都要入無餘涅槃了，兒子、女兒干你何事？你這是要離他們永遠而去，永遠不會再於未來世遇見他們了，那你還要爲他們留財產幹什麼？現有的留給他們就夠了，何必辛苦再去賺？否則就是外我所還沒有斷除，根本就是假阿羅漢。因爲當你成爲阿羅漢時，不會再說：「我的兒子女兒，在我入涅槃前應該怎麼照顧他們。」你不會想這一些；你如果還會想這一些，又說你證悟了，那你是菩薩，絕對不是阿羅漢。阿羅漢不會想這一些，很絕情吧？不！阿羅漢本來就是這樣，否則他就不是阿羅漢，連三果人都不是。

正因爲欲，所以輪轉生死，而欲之所從生卻是因爲無明。假使他在解脫道已經有明，滅除了無明，就不再牽掛任何事情；別說財產，連他的俗家眷屬都不牽掛。說一句比較重的話，如果他是阿羅漢，當他眼見著 世尊入涅槃時，一定不會哭泣的，所以你們去查一查，當 如來入滅時，那些痛哭流涕的阿羅漢，你去詳細觀察他們，凡是會痛哭流涕的都不是阿羅漢，全都是菩薩。阿羅漢不記掛一切，灰心泯智，隨時隨地準備著入涅槃；因爲他的無明不在了，對一世入涅槃的阿羅漢而言，不忍 如來入涅槃也是無明、也是欲；但對菩薩不然，因爲菩薩牽掛著一切有情，對 如來也就會戀戀不捨，而且是盡未來際。

假使你將來示現成佛時，如果只是一種示現；而你是很多劫以前就成佛的，但你度的弟子已經有很多人成佛了，那你繼續示現成佛時，會有很多已成佛的弟子寧願找時間再來你的座下示現爲菩薩，你想這是何等的情分？這就是菩薩的心行。所以菩薩叫作覺有情——是覺悟的有情，不是覺悟的無情。釋迦如來是古佛再來示現，所以往昔度的許多弟子已經成佛，示現涅槃後寧可再來祂座下、再來示現爲菩薩。我一樣是這樣想的：「將來我成佛了，如果有個空檔沒地方示現成佛，釋迦如來在什麼地方又示現成佛時，那我也去那裡受生，配合著演戲；演戲而度了很多眾生，不是也很快樂嗎？」到達佛地就不計較面皮的事情，因爲三界愛的習氣種子都不存在了！如果還有計較，那就是愚，表示他的無明還沒有斷盡。

所以假使有某一尊佛來到 釋迦如來古佛座下重新示現爲菩薩，卻私下跟人家說：「其實我也是佛，我已經成佛了，我是因爲某個緣故所以又來這裡當菩薩。」這就表示他仍不是佛。所以你們看，釋迦如來座下有 文殊菩薩、維摩詰菩薩、觀世音菩薩、央掘魔羅菩薩；他們沒有一個人說過：「我本來就是佛，我是從什麼國土來的。」從來都沒有。眞要講的話，那一定是由 釋迦如來講出來的，不會是由他們來講。

假使自己講了，就表示他忍不住。是什麼人會忍不住？非佛。非佛才會忍不住，但菩薩八地以後都不可能有這種事，何況已成之佛？所以這表示他還有欲，有欲就表示他還有一部分無明存在。那麼菩薩道中跟解脫道是一樣的，在菩薩道中證悟之後轉依如來藏，如來藏的境界中沒有欲，既然沒有欲就表示空性如來藏沒有無明。那麼沒有無明時是否等於就有明？世間法說沒有無明時那就是明，但實相法界中不是這回事，如來藏的境界中沒有無明，可卻一樣沒有明。明是你的五蘊所有，當你證悟了如來藏以後有明，說你打破了無明；但無明滅掉了就有明，這是你五蘊的事，不干如來藏的事；因爲如來藏不參禪，如來藏不學佛；學佛修行是你家的事，跟祂無關。

那麼之所以還會有無明，是因爲對外我所的貪著。若是仍然對外我所有貪著，乃至對內我所有貪著，不能弄清楚它的眞相，那就叫作無明，而貪著就是欲。如果懂得實際理地——也就是空性如來藏的境界中是沒有任何欲的，這表示他已經現觀如來藏了，否則辨不到。如果你依於如來藏這個空性境界，逐漸的修行轉變自己來符合祂的本來解脫境界，那就稱之爲明。有明就逐漸地離開了欲，所以欲只要夠用就好了，在人間需要五種的欲：財、色、名、食、睡，或是色、聲、香、味、觸，夠用就好；因爲在人間本來就必須維持這樣的狀態存在，但不會說我現在有十億元，我可以把自己的五塵再加十倍來領受，不可能這樣。

菩薩如果有個十億元，他說我一定不再賺錢了，但是還要再賺一種錢，叫作法財，這是要賺未來世的道糧，所以努力去利樂有情、布施眾生……等，不是爲了擁有，是爲了將來成佛的所需，因爲成佛時需要很多的弟子，需要很多的福德。那麼人們所見的欲就是從無明生的，當他有明時就開始離欲，但是每一世他都需要去賺錢，賺錢一定要用來布施，一定會繼續賺法財。但他爲什麼要世世賺法財？不是因爲欲，而是因爲有情需要，也是因爲成佛的需要，所以不是因爲欲而去賺那個法財。

所以 如來說：「欲者即是無明。」最具足無明的人，譬如世間惡人燒殺擄掠無惡不造，或者商場上想方設法去併吞別人，這些都是很嚴重的無明。那麼在宗教界最大的無明，比一神教徒還要無明的，就是密宗假藏傳佛教；那是外我所、內我所全部都貪，爲了雙身法的實行，必要時甚至幹惡事也行，只求目的而不擇手段，宗喀巴依於〈十四根本墮〉就是這樣教導的，這就是最具足的無明！這個最具足的無明同樣是起源於欲，他們爲了貪求世間的種種欲，特別是欲界中具足的欲，所以他們的無明最具足。

那麼說要「離見」，見是什麼？見就是憶念——「見者即是憶念」。今天早上眼睛才睜開馬上知道：「我醒來了！」第一個認知就是我醒來了，第二個認知就是在家裡、天亮了，第三個認知就是爲這個身體，所以要去作事；一定要先去洗手間洗洗刷刷，然後要解決肚子餓的問題，這些解決完了就是出門上班。爲什麼一醒來就知道要這樣順理成章去運作？不會有人醒來說：「我先想一下，我現在要不要起床？」也不會醒來時說：「現在到底天亮了沒有？」都不必，眼皮還沒張開就知道天亮了，就是在見的當下已經了知完成，一見就了知完畢了。所以有時問人家說：「你看見了沒有？」爲什麼不問說：「你看清楚分別了沒有？」都是問說：「你看見了沒有？」回說看見之時就表示已經清楚分別了，一見的當下就知道了。

你們來到正覺講堂時，有沒有在四處看一看、想一想說：「這是不是正覺講堂？」都沒有。而且一坐下來看見了左鄰右舍就知道那是誰，不需要再思惟一下說：「欸！我這右邊是不是張師兄？」「我這左邊是不是張師姊？」都不需要，一見當下就知道了，除非你不知道對方的名字，還不認識對方。所以我走進來即將上座時，你們不必再互相討論：「這是不是蕭老師？」一見就知道。那為什麼一見就知？因為你有憶念。假使上週曾經來過，聽過我一席法，下週再來時一見到就知道這是蕭老師，因為你有憶念。所以見的當下已經分明時，就代表憶念存在。

因此，譬如你要過堂了，過堂時總要拿個碗、拿一雙筷子來；拿了碗也拿筷子時，你不需要思惟：「這是不是碗？這是不是筷子？」都不需要，你一見當下就知道了，但為什麼見就知道？因為你有憶念：知道這是碗、這是筷子。那麼你也知道說：「這是飯，這是菜。」你不會拿了碗、拿了筷子，然後把筷子遞進嘴裡就咬起來，你知道這只是吃飯的工具，不是所要吃的對象；是因爲你有憶念，所以你見的當下就知道了。

這是最基本的知見，那麼接著我們來說，你學佛之後聽人家說：「這牛排要怎麼煎，用什麼油煎，得煎幾分熟才好吃。」那你馬上知道這是世間法。當人家說學佛就是努力去作善事，去救濟眾生，只要每天都很快樂地去作，那就是佛法，這樣就是行菩薩道。你一聽就知道：這是相似佛法，因爲這只是世間善法。你一聽就知道了，爲什麼才一聽就知道？因你一聽見就知道那是世間法，而這個了知是從你的憶念而產生；因爲你已經學過了，知道什麼是出世間法，什麼是世間法，而什麼是函蓋世間與出世間的世出世間法，你曾經學過了，學過以後就有憶念。可是你這憶念從哪裡來的？是從你的了知而來。了知就稱爲見，「見者即是憶念」。

所以有時堂頭和尚會教某一些法，教完時怕有的人弄不懂，會重複再問一遍：「聽見了沒有？」他要問你聽見了沒有？也就是說你聽清楚了沒有？見就是了別的功能。那麼見爲什麼能了別？因爲有憶念，與憶念相應。即使是看見一個不曾見過的東西以後，你也會知道這是不曾見過的，表示你有憶念；如果你沒有憶念，就不會知道那是你從沒見過的物品。若眞的沒有憶念，當你想吃東西時，到了餐桌旁坐下來，就不知道這是飯，因爲那可能是米，也許你抓了就吃，不知道那是還不能吃的，因爲以前沒見過，卻被放在餐桌上。可是你爲什麼一上桌就知道能不能吃呢？因爲你有憶念。

這個憶念可以再往前追溯，嬰兒剛剛出生爲什麼他的嘴巴一直動？把奶瓶塞到他嘴裡他就會吸，你有教過他嗎？或者在肚子裡時媽媽有教他？都沒有啊！既然你都沒有教他，爲什麼他就會吃？這是與生俱來的見，也就是與生俱來的憶念。人類如此，畜生也一樣；譬如毒蛇才剛剛從蛇卵裡鑽出來，牠遇到危險時爲什麼懂得咬一下就逃跑？也是與生俱來的見。

所以見的範圍非常廣，所運作的範圍非常廣；而見這一個法會跟憶念相應，所以見的當下馬上就引生過去的憶念，因此就能自然去運作。假使沒有憶念，見是不能成立的。想想看，如果這個見分是不能憶念的，那你每天早上醒來第一件事，就是要先確認「我是誰」；媽媽也一樣，早上起來確認「我是誰」以後，要再去確認這個女生到底是我的女兒，還是別人的女兒，她叫什麼名字……等，要對每一個家屬都確認，因爲這時的見沒有憶念；這時就麻煩了，要兩個人去討論：「妳年紀比較大，我年紀比較小，我應該是妳的女兒。」「因為你性別跟我不一樣，那你應該是我的先生，她是咱們兩人的女兒。」「可是你為什麼是我的先生？」對啊？問題很多啊！她必須要不斷地確認，確認到要吃午餐了也許還確認不好，就像是失憶的人要確認很久。

見的當下一定是跟憶念相應，所以見的本身即有憶念，因為六識的見分一定跟念心所相應。所以主要是由意識藉著前五識共同運作，意根在背後執著，所以眾生就會有見，有見時就有憶念伴隨著；那你的見功能越具足，憶念的範圍就越廣；見的功能很差時，憶念的範圍就很小，這就是因緣果報了。所以一隻螞蟻的見，範圍非常小；當牠的見範圍很小時，牠憶念的功能就很小；但不代表牠的如來藏中不具備人類憶念的功能，牠只是因為業果導致功能只有這麼一部分可以運作。所以有時罵人家眼光如豆，對螞蟻來講那可能還是恭維呢；牠大多數時間都只能純靠嗅覺來運作，所以螞蟻在同一條線上相對而行時一定要碰一碰再走，但是為什麼牠們也能夠確認這是自己人、那是外敵？也是因為見有憶念，牠憶念著那個部分，訊息相通，就知道這是自己人或者那是強敵。所以見就是憶念，因此見的範圍是非常廣的，三界、六道、四生、二十五有莫不有見，只是業因果報的緣故，所以見的功能是否被侷限了，或者是否能夠具足發揮，只有這個差別，但是所有的見都與憶念相應，有見就是有憶念，所以「見者即是憶念」。

如來也解釋這個道理，所以說：「**何以故？一切諸法憶念爲本，所有念相即爲是見，見即是邪。**」一切諸法都以憶念爲本，諸位想想看，你在人間所見的一切諸法，從你自身到你的家人、到社會上、到國家、到畜生道……等，你想想看「**一切諸法**」是不是以「**憶念爲本**」？人間是如此，畜生道也如此；所以禪師午齋時間到了，把碗跟瓢羹拿起來敲，口中就說：「**花奴！花奴！吃飯來！**」那貓聽到了趕快就過來，牠也是一聽就懂。那牠爲什麼一聽見這個聲音就懂？因爲有憶念。下至螻蟻莫非如是，假使不是憶念，就會天下大亂。譬如蚯蚓假使不是憶念，牠有一天突然想：「**我不吃土，我要吃草。**」因爲沒有憶念而亂吃，卻無法吃，天下就亂了。所以一切有情都有憶念，再說更低等一點的細菌，細菌有沒有憶念？有啊！所以醫學家、科學家作實驗，當某一種藥放進去，牠們就馬上遠離了；另外一種藥，是牠們喜歡的，放得遠遠地，牠們也會靠近，表示牠們有憶念。所以「**一切諸法憶念爲本**」。

如來接著說：「所有念相即爲是見，」一切念都與見相關，不論你記憶什麼、想起什麼，甚至也許哪一天你七、八十歲了，想起以前三歲時的某一件事情，這都有念相。但你這個念相從哪裡來的呢？從現在有見以及七十幾年前有見，由於兩個時候都有見，所以你現在才有這個念相，否則你不會有念相，所以一切的念相都叫作見。念其實是一個心所法，念是「以所曾經歷過的境界而記住了」，能使自己後來又想起來，就叫作念；譬如父念子，母念女，或者諸佛如來憶念眾生，這都叫作念。可是念的前提是有見，如果沒有見就不會有念。

所以一個人如果悶絕以後沒有見了，他對悶絕位的事情就不會有念。但見一存在的當下念就存在了，所以你在路上走著，跟好朋友講話時講得很歡喜，走到一處有一條水溝，你們兩個人都自然而然就跨過去；但你們明明在注意著講話的內容，談得很高興、很專心，眼光才不過就這麼一瞥就跨過水溝去了。爲什麼直接就跨過去了？因爲有見；然而有見時爲什麼就知道那是水溝、應該跨過去？因爲有念，記得那是水溝。所以說「所有念相即爲是見」，如來就爲我們點出這個關鍵。

接著四個字：「**見即是邪**。」爲什麼說「**見即是邪**」？那是否每一個人都邪？對了！從世間法來講，見不是邪，可是從第一義來講，「**見即是邪**」。因爲不管是什麼樣的見，正見、邪見全都是邪。在第一義中沒有任何一法可得，離見聞覺知，既無六根、無六塵也無六識，哪來的見呢？《維摩詰經》開宗明義說「**法不可見聞覺知**」，爲什麼說眞正的法不可以是見聞覺知？既然離見聞覺知，那還有正見可說嗎？喔？這時把《心經》聯想一下，我們正覺講堂不管哪一間講堂都有《心經》，每一次來共修時就是跟你提示：沒有六根、沒有六識、沒有六塵，無無明，亦無無明盡，什麼都沒有，就是一法也不可得。

因爲有法存在時就表示見也同時存在，見存在時就是有憶念，有憶念、有見時就表示你住在三界中，這不是第一義的境界。修學佛法時一定要分清楚：這是邪見、這是正見。但是你分清楚邪見、正見的目的是爲什麼？是爲了要去證得第一義諦，想要去現觀實相法界。然而當你了知什麼是邪見、什麼是正見，住於正見而去用功時，後來終於證得空性如來藏了，那時你看見了法界的面目：原來如此。這時你所看見的實相法界中竟無一法可得。乃至無一法，何況能有邪見、能有正見？這時不管誰說「第一義的境界就是正見」，那你就說：「第一義諦也是邪見。」所以你講的沒錯，他講的也沒錯啊！只是從事上來講，或是從理上來講的不同罷了。可是依於第一義的境界來講時，沒有正見可得；懂這個道理，也能現觀如來藏的實相法界了，才能讀懂《般若經》，否則是讀不懂的，只會是依文解義。那麼在實相的境界中沒有一法可得，沒有見、也沒有諸法、沒有念相，所以有見時即邪。

如來還特地強調說：「舍利弗！善法中見，我亦說之名為邪見。」善法中的見叫作見地，已經超越知見的層次了；但現在提到見地時，竟也說是邪見，為什麼呢？因為實際理地無見可得。所以當你悟了之後，如來就為你演說《般若經》，說一切法空。《般若經》的內涵有三個大階段，第一個階段「內遣有情假緣智」，你向內證得實相以後，就知道自內我這個有情是假緣而有的，這時你有這個智慧了；可是最後卻告訴你說，這個智慧也不存在，這個智慧也要捨掉、要遣除，這就是要你如實轉依眞如的境界，所以「有情假緣智」也要向內遣除，使這個智慧與你的眞如心平等。

第二個階段，跟你說種種法、很多很多法，包括三十七道品都一一不厭其煩爲你講解，說這一些都是虛假的，要你依如來藏來現觀這些法，所以你有了「**諸法假緣智**」，知道諸法都是假緣而有，你都觀察清楚了，就是諸法假緣智；但是當你這個智慧具足時，還要向內遣除，就是「**內遣諸法假緣智**」，意謂這個智慧也要遣除。爲什麼要遣除？因爲實相法界的境界沒有這個智慧，才會是眞如的境界，而這個智慧是你五蘊的事，你悟後觀行所得的這個智慧要向內遣除，使這智慧與眞如心平等。

然後接著如來又繼續宣講般若，講得更多、講得更細，當你對於有情假緣智、諸法假緣智都具足圓滿了，如來最後告訴你說要遍遣，全部都要把它遣除掉，第三個階段「**遍遣一切有情諸法假緣智**」；就是要你轉依眞如，而眞如的境界中「**無智亦無得**」，你全部都要捨棄而不執著這些智慧，使這智慧與眞如心平等平等。假使這時你說：「**我住在眞如的境界，有這種證境，也有那種證境。**」那你還是邪見，因爲眞如的境界中無見可得。即使你所證的是了義的、究竟的第一義勝妙法，這種善法裡的見，如來說那也是邪見，因爲第一義中無一法可得，何況能夠有見？這個道理瞭解了，你證悟之後就可以自己去讀《般若經》了，也許很快就能把第一阿僧祇劫過完；如果這個道理不懂，你一直讀，讀爛了也沒用。所以如來說：「善法中見，我亦說之名爲邪見。」眞是至理啊！今天講到這裡。

上週講到六十頁第二行，上週最後的一句開示：「善法中見，我亦說之名爲邪見。」如來對這兩句的定義是說：「即使是在善法中，不論是人天善法或是解脫道的善法或是佛菩提道中的善法，這些統稱之爲善法，但是在善法中假使有見也叫作邪見。」如來當然會解釋爲什麼這樣說，所以接著馬上就說明原因：「何以故？舍利弗！離欲寂滅中，無法無非法，無善無惡，是事皆空，遠離諸結一切憶念，是故名離。」

對於初學佛的人而言，說善法中的見也是邪見，這眞的很難理解。善法中有很多的見解，那明明都是正確的，也都是成佛的過程中，在修證之前必須要學習的，這是正知正見，爲什麼又說都叫作邪見？那淺學無智之人讀不懂、無法體會，不論怎麼思惟，邏輯都不通，所以他們乾脆就指控說：「這經典是後人的集體創作，所以有一些矛盾講不通，因此應當是僞經。」這就是日本那些「大乘非佛說」的主張者之所見，釋印順就跟那一些日本的學者遙相呼應，因爲他們都同樣想：「善法中的見都是正知正見，既然是正知正見就不應該說是邪見，否則《阿含經》、般若諸經講了很多的正知正見，不都成為邪見了嗎？」

一般學人聽了，想想也對！因為一般學人的知見顯然比大法師、或比那些佛學研究者更差一點，因為讀的經典更少，研究的更少，所以認為他們講的應該也對；然後再有宣稱比 釋迦牟尼佛更高級的密宗假藏傳佛教外道，都說他們早已證得報身佛境界，他們比 釋迦牟尼佛更高，他們也來說這 釋迦牟尼佛的初轉法輪跟二轉、三轉法輪的法義互相矛盾；於是一般的六識論的信眾就接受。

卻沒想到正覺出來弘法，咱們說沒有矛盾、沒有牴觸，而且全都是如來講的，後人無法創造。我們也說明：只是因為阿含期是從現象界來說的，所說的範圍只及於蘊處界等現象界的法，當然是生滅不住、苦空無常無我。但是第二、三轉法輪講的是從實相法界來說，那是眞如的境界；眞如是第八識的境界，在那個境界中連一法都無，何曾有善見、惡見可言呢？所以我說，以前佛教界是六識論猖狂的時代，當正覺開始弘法以後變成八識論的時代，他們就插不上話了；因為我們是知己知彼，他們既不知彼也不知己，連自己的落處都不知道，還得要我們來點撥他們，才知道自己的落處。所以當我們從現象法界來講這四諦、八正的緣起性空、十二因緣等法，他們沒插嘴的餘地；我們又從實相法界來講第八識眞如的境界，他們根本無法想像，連理解都有困難，當然更不可能插嘴。

因此關於第八識如來藏的境界，現在的佛教界就成爲一言堂，只許正覺說話，不許他們說話；也就是咱們說了算，因爲咱們是親證，是依現觀而說，他們只能想像。可這個一言堂沒有他們可以否定的餘地，因爲都是正確的，是法界的實相，唯證乃知，依現觀而講出來的法義不會講錯。假使是胡說亂扯的那種一言堂，大家都可起而攻之，口誅筆伐，務必要推翻他。可是如來藏這個一言堂是無可推翻的，因爲無始以來諸佛如來都這樣說，未來的諸佛如來也會這樣說，包括他們將來成佛以後也一樣會如此說，更何況現在十方如來都同此一說；所以這個一言堂是一言九鼎的，無可推翻的。

那爲什麼在「離諸欲、諸見」的境界中是無一法可得？那就是如來藏的境界本然如此。但因爲末法時代眾生對於實相心不瞭解，都落在意識心或者像密宗假藏傳佛教具足六識心，並且落入識陰的我所中，因此不離六塵、不離一切境界、不離一切法；既然落在識陰中，當然就有種種法可得。但是有種種法可得就錯了，因爲實相法界是連一法都無，才是眞如的境界，才是實相的境界。

提到這個，我聯想起來有些學佛人的行爲眞的不好；一般人都不該如此作，何況他們自稱在學佛弘法。可是爲什麼他們會這樣作？他們號稱在學佛，他的網頁也在跟人家講佛法，可爲什麼會這樣作，背後一定有原因；他的根本原因就是落在識陰六識的境界中，識陰六識是與人間的「境界相」相應的，所以和財、色、名、食、睡全部相應時，他就會對員工極盡剝削之能事，這就是不與實相相應的必然結果。

可是大家不知道的是，里仁比某些商家還要惡劣，因爲他們是以出家身破壞了聲聞戒的戒律來經營商業，而經營時手段不正當，用途也不正當。手段不正當是說他們所謂的生機產品來源是剝削勞工來的，他們是用廣論班的義工去種植，由免費的義工生產再由他們來賣；而且店員大部分也是廣論班的義工，像這樣來跟正常的一般商家競爭，無怪乎周遭一家一家關門，這是經營的手段不正當。還有是所得的用處不正當，他們把所得拿去資助達賴喇嘛，以及弘揚戕害眾生法身慧命的《廣論》道場；那《廣論》徹頭徹尾都是外道法，這樣戕害了眾生的法身慧命；那麼這兩個不正當是非常嚴重的，可是社會上都不知道。我覺得應該有人跟水果報或水果網站再來爆料，讓大家知道說：「**原來里仁是比某家廠商還要惡劣的單位，因爲某家廠商只是對少數人有所加害，可是里仁推廣了《廣論》，他們的被害者更多，行爲更惡劣。**」可是好像沒有什麼機會能夠報導出來，如果能夠報導出來就太棒了，民眾就不必繼續被欺騙。

話說回來，爲什麼他們會這樣惡劣？滿口的所謂佛法，結果幹的盡是剝削外勞或者員工的事，這一定有它的原因；就是因爲他們落在識陰六個識中，及不到解脫道以及實相法界的境界，所以他們就依六識所住的境界來運作；那六識所住的境界就是會追逐人間的利益，所以他們就幹了這件事，這都很正常。所以釋印順爲什麼敢自稱成佛？爲什麼敢向臺灣佛教界或者全球的佛教界宣稱他已經成佛？正因爲他落在六識的境界中；在他的想法中，既然同樣是六識的境界，六識他已具足瞭解了（其實他是自以爲具足瞭解），那他就覺得：「**這十二因緣等法我也懂，那我只要繼續這樣行道就是成佛了。**」

所以他教出來的徒弟—後山那個比丘尼—也跟著宣稱是「宇宙大覺者」，二人都是走同樣的老路；全都是因爲他們不能跳脫識陰六識的境界，所以產生這個後遺症。但是他們並不懂實相法界是第八識的眞如境界，在眞如境界中無一法可得；所以別說惡法，別說無記法，連善法都不可得。

因此 如來解釋說：「**離欲寂滅中，無法無非法，無善無惡，**」我們講經也常常提醒大家回憶一下《心經》所說：沒有十八界、沒有涅槃、沒有解脫、無智亦無得；根本都無所得，連智慧都不存在。因爲眞如的境界中無一法可得，何有善惡法之可言呢？那你證得這個境界以後，轉依祂的眞實性、如如性，住於本來自性清淨涅槃之中；取這個涅槃作爲你的所依，你就不依於識陰六識的境界而住；依此而修行時，漸漸離開識陰六識的貪著與無明，所以離了欲、離了無明，越來越有智慧；無妨意識越來越有智慧，但是眞如法界中依舊無一法可得——無智亦無得，這是並存的事。

眞如的境界中「**無智亦無得**」，無一法可得；意識證得眞如之後與眞如同住，所以意識非常的有智慧，而眞如依舊是「**無智亦無得**」，依舊是本自解脫；意識便依止這樣的解脫，繼續邁向究竟佛地的解脫，但是第八識眞如的境界依舊「無智亦無得」。這是現象法界與實相法界同時並存，而且也是並行運作的，因爲眞如法界這個第八識的境界，祂本身雖無一法可得，卻有許多的功德力用繼續不斷地運作；祂不是空無，祂是空而有性，稱之爲空性。所以祂的功德繼續在運作，而這意識由於第八識眞如的支援，才能繼續運作而次第進修，越來越有智慧，到最後成佛。

但是來觀察第八識眞如境界中卻是無一法可得，就在這麼無一法可得之中，意識因爲證得這個「無所得」的「無分別法」，因此智慧勃發。所以眞如的境界是無一法可得的，所以眞如是「無所得法」。你證得眞如時發覺眞如於一切法都無所得，而你證得第八識眞如時你也沒有得到什麼，因爲第八識是你本有的，而你本有的第八識的眞實如如法性也是本有的，不是修行得來的，所以你證得第八識以後並沒有所得。而證悟以後並不是你的師父給你第八識，那第八識是你本有的，但你證悟之後漸漸變得越來越清淨，也越來越有智慧，而你的眞如卻是本來就清淨的，並不是你修行以後祂才變清淨的。般若所說的清淨性是你本有的，師父只是教導你去實證而已，而那個清淨性是你本來就清淨的；那麼在祂的境界中既然無一法可得，怎麼可能會有善惡？所以善法、惡法都不存在，因此第八識眞如的境界是離欲的，也是寂滅的。

悟後也可以來反觀一下眾生之所以有欲（不管是善法欲還是惡法欲），之所以有欲，都是因爲在六塵境界中有智慧、有所得，所以才有欲。如果很努力去經營事業，結果到最後知道什麼都沒有，那麼誰會去成立公司經營事業？一定不會的。正因爲努力去經營之後會有所得，所以才認爲需要去努力。但是眞如的境界中沒有任何境界，因爲祂離六塵，既離六塵的境界就沒有一法可得，何需起欲？所以來到正覺同修會的目的，是要修學佛法、發起實相的智慧，以後就可以利樂眾生，這就是來正覺學法的動機。

但是來正覺學法發起了智慧以後，卻依舊是你意識中的事，與第八識眞如無關；因爲你的意識住在六塵的境界中，而你意識證得如來藏之後越來越有智慧了，可是你的如來藏眞如心依舊「無智亦無得」；而你發覺意識所得的智慧固然是勝妙的，是出世間法、是善淨之法，但意識只能存在一世，意識本身是無常的，而如來藏是常；在如來藏常的境界中卻無一法可得，你依於這樣的如來藏境界，所以你將來成佛時可以究竟解脫。那麼既然無所得、離六塵、無一法可得，當然是究竟的寂滅；究竟寂滅的境界中既然都無一法可得，還需要起欲作什麼？

假使某位老闆能眞正學法而轉依如來藏時，就不會把外勞囚禁作工，一定不會的！因爲證悟時就會發覺實際理地是無所得的，而經營事業只是一個過程，那就應該幫助員工而多累積福德、多建立正知見、多走向成佛之道，同樣去證「無所得法」，那就應該把那個外勞當作女兒一樣看待才對。因爲諸佛菩薩看待眾生有如獨子，這是必然的道理。誰哪一世沒有過兒子、女兒，而每一個人都有過去的無量世，都可以當作兒子、女兒，那就應該幫助她而不是囚禁她，所以這表示有些廠商的老闆是不懂佛法的；因爲即使還沒有實證，聽到善知識說明實際理地是無所得的境界，也就看開了，怎可能還幹那種事情呢。

欲之所以生起是因爲不寂靜，不寂靜是因爲意識不離六塵的境界；即使一念不生的功夫非常好，每天住在非想非非想定中，也還是有非想非非想定的定境法塵，仍然不是絕對的寂靜。既不是絕對的寂靜，他終究會有欲心所現行，他的欲就是要常住於非想非非想定中；然而當他常住於非非想定中，他的意識和定境法塵恆時存在而不離行，他既不離行，表示行陰還存在，那就是生滅法。豈不聞 如來說「**生滅滅已，寂滅爲樂**」，生滅法尚且都要全部滅除，那個寂滅才是眞實的安樂。那二乘人的「**生滅滅已**」是要把蘊處界全都滅盡，不受後有；而大乘菩薩只要可以現觀生滅法是可以毀壞的，不依止於生滅法，改依止於不生滅的法；既然依止於不生滅的法，就表示生滅法已經都滅了——已經全盤都推翻了。依止於本不生滅的如來藏的清淨涅槃，理上也是「**生滅滅已**」，以這樣的「**寂滅爲樂**」，就不會像他們幹那種惡事。在寂滅的境界中自然是離欲的，所以 如來就說：「**離欲寂滅中，無法無非法。**」因爲沒有六塵時是究竟的寂滅，一法也無，哪來的法與非法？這時若要說個佛法都是多餘的。

所以我們講《金剛經》時有舉個例子，說那個國王證悟後，脫下他的上妙金縷衣要供養妙吉祥菩薩，結果菩薩不見了，因爲他轉依眞如而見菩薩的眞如時，那就沒有看見菩薩了，因爲離六塵境界；然後他想，供養智幢菩薩吧、供養善寂解脫菩薩吧、供養其他的菩薩吧……，乃至到都沒得供養，因爲都不見了，只看見眞如，而眞如不受供養；回到皇宮供養他的皇后，同樣也不見了；想供養他的婢女們，也都不見了，因為他以眞如來見時，都無一法可得。然而諸菩薩、他的皇后、婢女眞的都不見了嗎？其實沒有不見，都還存在；因為他是以眞如的境界來看一切賢聖與凡夫，所以一切都不見了；可是他一旦回到現象法界來看時，菩薩和他的皇后、婢女等又都儼然分明。

可是這個道理沒有人懂，很多人讀了經典，老覺得這個理講不通：「明明就在眼前，怎麼會忽然不見了？菩薩以及他的婢女們又沒有什麼神通變化可以飛天鑽地，怎麼會突然不見了？道理講不通啊！」其實不是，是讀的人沒有慧眼所以讀不通。他們無妨都不見而又存在著，也就是雙照實相界和現象界；說大家都不見了，是從眞如的境界來說；可是從現象法界來看時，又都儼然分明。也就是說，眞如的境界中——這個「無分別法、無名相法」的境界中，祂是離六塵的，就無一法可得了！所以這時假使有人說：「這就是眞如的境界，所以眞如的境界有許多法，好勝妙。」顯然他是亂講的，因為眞如的境界離六塵，絕無一法可得，這時還有什麼勝法妙法呢？這時還有什麼叫作法、什麼叫作非法呢？所以 如來說：「無法無非法。」既然沒有法就沒有善可得，沒有非法也就沒有惡可得，所以這個境界之中「無善無惡」。

如來接著說：「是事皆空，遠離諸結一切憶念，是故名離。」說這一些所謂的法與非法、善與惡全部都空；因爲眞如的境界中無一法可得，全部都空時自然就遠離諸結、遠離一切憶念。能憶念，這是八識心王中的哪個心呢？正是意識心，如來藏都不憶念。既然遠離了種種的結、遠離了種種的憶念，當然這就叫作「離」。所以離這個法很深，層次太多了。一般人是什麼都不離，特別是《廣論》的學習者，因爲他們被教導五蘊眞實；《廣論》認爲我見只是個名詞，不是指對五蘊認作眞實的見解；只把對我見這個名詞的眞實見滅掉就是斷我見，但五蘊全都是眞實的，所以雙身法才能成立。如果五蘊是不眞實，他雙身法怎麼建立？所以《廣論》說的斷我見的意涵，並不是佛法中講的斷我見，是斷除對「我見的名詞是眞實法」的見解。

講到這個，我又聯想起一件事，我們拍攝的「佛法東來」在電視上已公開播出兩輯，還有一輯尚未播出。我上個週末比較有空，提前五分鐘下來一樓客廳看電視播出，結果看見的是什麼節目？是盧勝彥的徒弟在講「喜金剛」，我說：「爲什麼這樣的不長進？雙身法都被破了，佛教界已經全部都知道那根本不是佛法，沒想到他們還在電視上講『喜金剛』，太不長進了。」

唉！只能搖頭，無可奈何！但是有的朋友說了：「你們的節目內容太深了。」說我們節目太深了。有的同修就 line 給我，那因爲那個群組我女兒也在其中，但女兒看過了說：「欸！看嘸。（臺語：意謂看不懂。）」我說：「我們就是要建立一個很高檔的讓人……（大眾答：看嘸）。」那是你們講的。是要讓一般人仰之彌高、鑽之彌堅無門可入，會有這樣的印象；有這個印象才能宣示於那一些所謂的高級知識分子。但是如果有人說：「這內容太深啊！」我們告訴他：「這不深，所有證悟的人都看懂；那你想要學淺一點的也有，我們有禪淨班。」舉這例子的意思是說，後半小時我們的節目與前半小時盧勝彥的節目，反差非常之大；一是極深妙而難懂的節目（對世俗人來說）；另一外道的節目卻是極淺而迎合世俗欲愛的節目，反差很大。

但是也不錯啦，反差越大越好，讓大家知道正覺這個法是這樣的勝妙，也讓大家對玄奘菩薩有更深刻的認識；否則一般人都認爲玄奘菩薩只是研究佛法而沒有實證，但是他們都不知道玄奘菩薩的法不是研究來的，而是實證得來的；他是地後的菩薩，不是像禪宗一般開悟祖師只是在第七住位而已。所以一般人看玄奘跟我們看玄奘是截然不同的，我們都知道他的證量所在；

但一般人不懂，看到《成唯識論》的內容就當作玄奘只是研究佛學，像學問僧一樣。其實那部論完全是他的證量所在，而且依他的證量寫出來的《成唯識論》，是給證悟的禪師們悟後進修用的；說實話，禪師們證悟後還是大部分讀不懂的。所以剛證悟以後一、兩年或三、五年，你們讀《成唯識論》時懂不懂？大部分沒有辦法理解的，因爲那是道種智的內涵，是入地後的智慧。那我們這個節目也顯示出來玄奘菩薩指導了一位法師證悟，那位法師也許是這樣想：「這到底是不是眞的證悟？」讓玄奘感知到他這個懷疑，就派他去找禪師印證；而禪師能否定嗎？不能。因爲禪師還不懂玄奘法師的證悟內涵，但玄奘卻完全了知禪師們的所證。所以拍攝這片子介紹玄奘時，刻意拉高層次來顯示玄奘的證量。（編案：後來又陸續拍攝介紹玄奘的片子，詳「中國千年菩提路」。）

以前我都說，我們作節目要盡量讓大眾看懂聽懂，可這一回我一句話都沒有講，我看完稿子時就想：「這對佛教界來講應該很深奧。」但我一句話都沒講，我反而是認同的；就像諸位講的，就是要讓他們：「看嘸。（臺語）」但是中等的實證性佛法，或是基礎實證性的佛法，乃至實證上的前方便資糧位等內容，我們也都具足，就以別的系列片子在宗教電視臺（如今改在youtube上）播放出來，我們正要顯示出這樣的一個狀態。這也是喚醒大家對玄奘菩薩所弘揚增上慧學的認知和認同；將來也許還會作成 DVD 發給大家，將來還要再去大陸流通。這會有很深遠的作用，一時看不出來，但是一定會漸漸發酵，對正法久住很有幫助。

那玄奘所講的是什麼？就是如來藏的境界函蓋了七識心王等一切法，這樣的法套一句禪宗喜歡說的話，就說是甚深極甚深。套一句 佛在這裡講的「遠離」和「寂滅」，卻又無妨像禪門中人喜歡說的那句話「萬象森羅許峥嶸」——無妨諸法不斷地生住異滅，卻又無妨本來自性清淨涅槃的「寂滅」和「遠離」，這才是正法的勝妙所在！如此的勝妙所以祂叫作不可思議，如此難知難解所以說甚深極甚深，這才是般若的實質；而般若的境界總而言之就是一個字——「離」，因爲離一切法；當你證得如來藏，現觀如來藏的眞實如如境界之中離一切法，所以是究竟的寂滅。

由這裡，如來進而開示說：「無上道中諸欲永息。」還沒有成佛之前，即使妙覺位都還有一個欲——成佛利樂眾生；可是成佛者沒有欲可得，連這個欲也都不存在，只剩下大慈悲與大願力，才是究竟的「離」。那麼無上道之中爲什麼說諸欲永息？那就得要探究「欲」從何來？「欲」是因爲想要得到利益——世間法上的利益或者佛法上的利益，但是世間法的利益以及佛法上的利益，都不離三界的六塵境界；如果離了六塵時便無一法可得了，又哪來的佛法？所以當你依止於眞如境界時，會發覺這個法是「無分別」的，因爲祂不在六塵中運作；也發覺這個法是無欲的，因爲祂連見都沒有，沒有見就表示沒有眼見、耳聞、鼻嗅、舌嚐、身觸以及意知，什麼都沒有分別，在這個境界中當然無欲可得；而這個境界才是眞實、常住、究竟、清淨的境界；既然如此轉依了，當然諸欲永遠熄滅了。

假使證得這個無上道之後，你觀察到這樣的境界時，還會再用各種手段去獲取世間利益嗎？不需要，就隨順於世俗法，該要獲取的利益就獲取，然後用來弘護正法、利益有情，因爲諸欲都息了！依正常的狀況去經商或者作事，所獲取的大部分或全部利益還要用來利樂眾生，怎麼可能去剝削眾生來獲取不當的利益。因此「諸欲永息」是必然的現象！所以眞正實證而轉依的人不會有世間法上的利益考量，這種欲永遠都不存在，他的作意就是以世間財來利樂眾生、弘護正法，來究竟利益有情；他只有這個善法上的欲，不為自己求安樂，希望的只是眾生可以離開輪迴生死之苦，可以離開無明的籠罩，所以說這才是「無上道」。如果不能與這種「無上道」相應，他的欲就一定存在，而且是世間欲。那麼諸欲的存在就表示那個欲是不好的，不屬於善法欲。

如來解釋說：「何等諸欲？謂邪不善念，若我、若我所，作相、事相，」請諸位再來看這幾天發生的事情，那個某某烘焙坊要求工讀生一天要作幾個鐘頭？十五個鐘頭，薪水又很少，人家身體支撐不住了只好離職。這時他們還要控告人家，還要求幾十萬元的賠償；是誰應該賠償給誰我不知道，但那個道理眞的很怪，那麼這也就是世俗欲。近日發生的另一個廠商把女外勞軟禁十四年，這件事則是每天幹十五個鐘頭，這些都是惡法欲引生的。這些人求世間法上的不當利益，就是「邪不善念」，那個念是不正確的所以叫作邪，那個念是對眾生不好的所以是不善，他們的心所法就是惡法。

他們的邪不善念之所以會產生，就是基於對「我、我所」以及「作相、事相」著眼，全都不離「我」。因為他們住在五陰這個「我」之中，才會與

「**邪不善念**」相應；假使他們能離開五陰這個我，就不會有五陰這個我所的考量，他們就不會追求外我所的不當利得。所以「**邪不善念**」的產生是基於我見、我執，基於對我所的貪著，既不離我、我所，一定是有爲有作的惡行，所以這種不好的事相就出現。他們幹了壞事，就有作相、就有事相。因此有智慧的人應該趕快尋覓實相法界，實相法界和五陰這個現象法界諸法同時並存，趕快尋找出來之後，現前觀察祂的自性，會發覺到祂有很多種自性，可是祂從來離六塵、一向不染污，祂本來就涅槃。涅槃叫作不生不死，而你找到這個「**無名相法、無分別法**」第八識如來藏時，可以現前斷定祂從來不生不死，所以祂是涅槃，這時自然會知道：涅槃原來是依第八識心體的不生不死而施設。涅槃無法，涅槃不存在，是因爲如來藏心體的不生不滅、不來不去、不垢不淨，與五陰非一非異而從來無生無死，所以才施設有涅槃。

所以涅槃不是一個本然存在的法，三界內外沒有涅槃的存在，涅槃是依第八識的不生不滅來施設的，所以涅槃就是第八識。而這個第八識的境界中沒有我，沒有我所，祂自身的境界並不是五陰我的境界，祂也跟五陰的「我所」不相應，所以祂的境界中是無爲無作的。無爲無作之中卻支持著五陰產生了各種有爲有作的事相，所以才有「作相、事相」。當你實證這個第八識時，你如是現觀，就開始離諸欲、離諸見，自然就不會有「邪不善念」；這時所轉依的境界中沒有「我、我所」的境界，沒有「作相、事相」的境界，因此如來說：「是名阿耨多羅三藐三菩提中諸欲永息。」

所以假使有人證悟如來藏之後，又起貪心，藉如來藏妙法去廣求名聞與供養，那我就說他悟錯了；即使他眞的找到如來藏了，但他沒有轉依成功，我還是說他沒有悟。因爲證悟的實質是轉依，而不只是知道；單單知道般若的密意並不能當作證悟，例如再過九千多年將近一萬年後佛法消滅了，可是當時的人只要手機搜尋一下眞如或者開悟內容，網路上馬上會告訴你內容，那時的人都知道般若密意了，他們算不算證悟？全都不算；他們不會有證悟者該有的智慧，也沒有證悟者該有的轉依功德，所以知道密意並不等於證悟。

因此也許有人說：「我去過禪三，導師您也印證過了，般若密意我全都知道了，如今爲什麼又把我否定？」我說：「因爲你沒有轉依成功，我就否定你；知道歸知道，仍不算證悟。」所以增上班的課不許他再來聽，請他出去、請他離開；因爲他學越多就越會去騙錢，不如讓他學少一點還好。所以證悟是要兼有兩個方面的，第一個方面是要知道悟的內涵，因此智慧開始生起；第二個部分就是轉依的成功，以致「諸欲永息」，才有解脫的功德受用。否則他講得頭頭是道，說的也都正確，而我依舊會說他沒有證悟，因爲他那樣不能稱爲無上正等正覺。無上正等正覺是眞如境界的體驗和轉依，假使對眞如的境界體驗過了，但是沒有轉依成功，就說他是退轉了，雖然他仍然知道般若的密意，但佛法中仍然不承認他是開悟者，因爲他不能「諸欲永息」，顯示他沒有轉依成功。

既然轉依了，身爲菩薩而不入無餘涅槃，當然要長住世間利樂有情自度度他；在自度度他的成佛過程中，依著世間法正當去運作，該賺錢就賺錢，該成家就成家，但卻是用來接引眾生利樂眾生，而不是以積聚爲事，這才叫作「諸欲永息」。可是這幾年來大陸有些人讀過我二、三本書，就說他是四地菩薩、五地菩薩，也有人自稱是阿羅漢，平常翹起二郎腿在抽菸，有這樣的地上菩薩與阿羅漢啊？也有人是開設三天的課程，只要來上課三天就幫人開悟，門票兩萬五千元人民幣，這樣的人宣稱是四地菩薩；而這樣的四地菩薩還公開承認說：「老母娘是有開悟的。」那他到底有沒有慧眼？（有人答：

沒有。）當然沒有啊！連慧眼都沒有。連一貫道老母娘落在五陰中都看不出來，顯然他沒有慧眼，當然更沒有地上菩薩的法眼；這樣的人，心中諸欲充滿，所以辦一場演講招來兩百人、三百人上課，每人收門票兩萬五千人民幣，欲心分明現前，根本就是凡夫。

像他那樣也眞好賺，可我們怎麼從來都沒有動過那個念頭？我們是笨嗎？不是！我們不笨，才有這個智慧，可是我們爲什麼不幹這種事？因爲無上正等正覺的境界中是離、是寂滅；既然是離、是寂滅，一法也無，怎麼會藉佛法去求取那些不正當的利益呢？所以離欲之前應當先離見，也就是離唯識學中說的見分，不以見分爲實。當然，我這裡說的是七轉識的見分，不是說如來藏的見分；因爲在增上慧學一切種智中，說八識心王一一識各有四分；但那是另一回事，那是增上班中爲教導大家修學一切種智時才講的，這裡就不說它。所以我們這裡說的見分是指七識心見分，但爲什麼要離這個「見」？因爲這見存在時就會具足一切法，就一定落在六塵境界中，不離六塵時就不寂滅，不離六塵時就與一切境界相應，跟一切境界相應時自然就會落在諸欲之中。

可是實相境界中無一塵可得、無一法可得，究竟的寂滅，當然就不可能有欲，所以離欲應需離見，若不能離見就不可能離欲；這正是《心經》告訴我們的境界，所以「無眼耳鼻舌身意」乃至「無智亦無得」，這才是修學佛菩提道實證的境界。而這個境界雖然「無智亦無得」，當你證得這個境界、現觀這個境界之後，卻無妨你的智慧越來越好；這個境界雖然是離欲的，卻無妨你證得之後繼續進修，次第邁向更高的佛地境界，這樣才是眞正的無上正等菩提。《佛藏經》講到這裡，接下來要進入「卷下」，有請張老師繼續往下唸：

〈淨見品〉第八

經文：【佛告舍利弗：「我念過世求阿耨多羅三藐三菩提，值三十億佛，皆號釋迦牟尼；我時皆作轉輪聖王盡形供養，及諸弟子衣服飲食臥具醫藥，為求阿耨多羅三藐三菩提；而是諸佛不記我言：『汝於來世當得作佛。』何以故？以我有所得故。舍利弗！我念過世得值八千佛，皆號定光，我時皆作轉輪聖王盡形供養，及諸弟子衣服飲食臥具醫藥，為求阿耨多羅三藐三菩提；而是諸佛皆不記我：『汝於來世當得作佛。』何以故？以我有所得故。舍利弗！我念過世值六萬佛，皆號光明，我時皆作轉輪聖王盡形供養，及諸弟子衣服飲食臥具醫藥，為求阿耨多羅三藐三菩提；而是諸佛亦不記我：『汝於來世當得作佛。』何以故？以我有所得故。舍利弗！我念過世值三億佛，皆號弗沙，我時皆作轉輪聖王四事供養；皆不記我，有所得故。舍利弗！我念過世得值萬八千佛，皆號山王，劫名上八。我皆於此萬八千佛所剃髮、著法衣，修習阿耨多羅三藐三菩提；皆不記我，以有所得故。舍利弗！我念過世得值五百佛，皆號華上，我時皆作轉輪聖王，悉以一切供養諸佛及諸弟子；皆不記我，以有所得故。舍利弗！我念過世得值五百佛，皆號威德；我悉供養，皆不記我，以有所得故。舍利弗！我念過世得值二千佛，皆號憍陳如；我時皆作轉輪聖王，悉以一切供具供養諸佛；皆不記我，以有所得故。舍利弗！我念過世值九千佛，皆號迦葉，我以四事供養諸佛及弟子眾；皆不記我，以有所得故。」】

講義：現在進入《佛藏經》卷下，這是〈淨見品〉第八。〈淨見品〉顧名思義就是要清淨見解，或者清淨知見，見就是所認知、所理解。見若不清淨，佛法就沒有實證的一天；見有偏邪，就會離佛法的實證越來越遠。這是本經的第八品，教導大眾應當要清淨知見。

語譯：【世尊告訴舍利弗說：「我憶念過去世求證無上正等正覺時，值遇三十億尊佛，這三十億佛的名號都叫作釋迦牟尼；我當時都作轉輪聖王，盡形壽供養這三十億佛，以及祂們的弟子眾以衣服飲食臥具醫藥，目的是為求得無上正等正覺；然而這三十億尊佛都不授記我說：『你於未來世將可以作佛。』這是什麼緣故呢？是因爲我當時的境界還是住在有所得之中的緣故。舍利弗！我又憶念起過去曾經值遇八千尊佛陀，祂們的佛號都稱爲定光，我當時也都是作轉輪聖王，而且盡形壽來供養這八千尊佛和祂們的弟子眾以衣服飲食臥具醫藥，爲了求證無上正等正覺；而這八千尊佛都不授記我說：『你於未來世將可以作佛。』這是什麼緣故呢？是因爲當時我依舊有所得的緣故。舍利弗！我又憶念起過去世曾經值遇六萬尊佛，祂們的佛號都稱爲光明，我當時也是全部都作轉輪聖王來盡形壽供養，以及供養這六萬尊佛的所有弟子眾以衣服飲食臥具醫藥，我爲了求無上正等正覺；而這六萬尊佛都不授記我說：『你於未來世將可以作佛。』這是什麼緣故呢？是因爲我當時有所得的緣故。舍利弗！我又憶念起過去世曾經值遇三億尊佛，祂們的佛號都稱爲弗沙，我當時也都是作轉輪聖王衣食住行等四事全部供養；而這三億佛都不授記我說『你未來世可以作佛』，因爲我有所得的緣故。舍利弗！我又憶念過去世曾經值遇一萬八千尊佛，這些佛的佛號都稱爲山王，那一劫的劫名叫作上八。我全部都在這一萬八千尊佛的座下剃髮、穿起法衣來，我努力地熏習修學無上正等正覺；而這一萬八千尊佛都不授記我，因爲我還是有所得的緣故。舍利弗！我又憶念過去世曾經值遇五百尊如來，祂們的佛號都稱爲華上，我當時都作轉輪聖王，都以一切供養諸佛以及諸佛的所有弟子們；但是同樣都不授記我，因爲我有所得的緣故。舍利弗！我又憶念起過去世曾經值五百尊如來，這五百如來的佛號都叫作威德；我也全部都供養，也都不授記我，因爲我有所得的緣故。舍利弗！我又憶念起過去世曾經值遇二千尊佛，都是同一佛號憍陳如；我當時都作轉輪聖王，也於每一尊佛以一切供具來供養；同樣都不授記我，因爲我有所得的緣故啊。舍利弗！我又憶念起過去世值遇九千尊如來，都同一號名爲迦葉佛，我以四事供養諸佛以及祂們座下所有弟子；同樣都不授記我，因爲我有所得的緣故。」】

講義：現在進入卷下，從此開始速度會快一點，因爲我們前面講太久了，這卷下因爲不太牽涉到法義，說的是往昔的事情，我會講得很快，可能幾個月便講完了；因爲後面說的這些是清淨知見，而不在法義上。那麼，我們就得要準備講下一部經。到底下一部要講什麼經？《大法鼓經》，所以我們現在開始進入校對的程序，校對好就準備要再印經本，這裡先作個預告。雖然卷下看來好像也有同樣多的篇幅，但是講起來會很快，不像卷上有時兩個鐘頭才講一句。

現在這〈淨見品〉第八，世尊不厭其煩告訴我們說：過去世值遇三十億佛、八千佛、六萬佛……等，假使有人初來乍到，剛好第一次聽到這段經文，心裡大概想：「**如來爲何講得這麼囉嗦幹什麼？**」但是我卻說：「**正是要這麼囉嗦，而且要不厭其煩一一舉出來；因爲這是證明，要爲佛法的實證內涵作證明。**」換句話說，如來在因地時值遇了那麼多佛，這是什麼時候值遇的呢？是祂成佛之前。祂成佛是在什麼時候？過無量無邊百千萬億那由他劫之前；在那時之前就已經有很多如來了，那祂曾經值遇這麼多佛。

三十億佛，想一想那是多久的時間？我們這個賢劫之前，三十一劫中沒有如來出現於世，在三十一劫前有一尊如來；再過去呢？六十劫中也沒有如來出現。想想看，如來出現於世間很不容易欸！那我們現在賢劫有千佛，那是無量劫前那位轉輪聖王生了一千個兒子，他們一起學佛而約定未來要在同一劫中陸續示現成佛，我們才有這個福報。但是這賢劫之前很難值遇如來，雖然說未來的星宿劫也有千佛，但未來星宿劫距離這個賢劫到底是幾劫，也不知道；如來沒說，我們當然就不知道，所以那個機會是不多的。那麼這樣來想想看，值遇三十億如來是經過多久的時間；在這三十億如來出世時祂每一世都當轉輪聖王，盡形壽來供養；不但如此，連如來座下所有的出家眾也都供養，這樣經過三十億尊如來盡形壽供養之後，這三十億尊釋迦牟尼佛都不為祂授記說：「你將來可以作佛。」因為祂那時的修行都是有所得的境界。

那為何叫作有所得？一般人會想：「大概就是賺錢嘛就是有所得，娶了好老婆、嫁好老公是有所得；接著弄璋弄瓦有所得，買了房子有所得……。」現代人說買了車子有所得，古代人說「出有車，住有居」也叫作有所得。但這樣說時都是指世間人。在佛法中講有所得就不是這個層次，像那些大師們說：「買了房子……等是有所得。」那豈不跟世間人一樣了嗎？何名大法師？在佛法中說的有所得，不但是說出家之後收了徒弟有所得，廣收供養有所得，不但如此，只要接觸六塵時就叫作有所得了。

譬如說分別，你接觸六塵時就是分別，接觸六塵而分別完成時就是有所領受，所以才一見張三就知道那是張三，心中都沒有張三這個名字出現，就已經知道是張三；李四隨後來了，你馬上知道那是李四，不是張三，而你心中連李四的名字都沒出現，就已經知道那是誰，所以見的當下就是分別，有分別時就是有所得。所以只要你心中有一法或多法存在時，就是有所得，只要有一塵存在就是有所得。

爲什麼有所得時諸佛如來就不授記說「**你將來可以成佛呢**」？爲什麼得要你的證量是無所得時才會授記你成佛？因爲你證得「**無所得法**」，而且轉依成功而安住下來之後，你將來就會依佛道的順序按部就班走上去，就可以確定你將來會怎麼成佛，所以諸佛如來就依祂對你的如來藏中種子的所知來確定說，你過去世曾經發過什麼願，曾經作過什麼行，曾經有過什麼樣的弟子，有過什麼樣的老師，值遇了什麼佛，發了什麼願，而現在證得**無所得法**了，以致你未來的成佛之道將會怎麼樣的發展下去，就可以看得清楚，因爲那個成佛的勢力已經確定了；那個勢力不會消失，會一直往前邁進，然後會逐步的發展出來，已經可以斷定了，也就是八、九不離十了。因爲成佛之道諸佛如來都看清楚了，此時已看清楚你的狀況了，當然可以爲你授記將來何時成佛。

就好像你會開飛機，你也會開車，也會騎腳踏車，也會走路；那你從臺北松山機場開了飛機到高雄去，你說「**我大概多久會到高雄**」；你假使很有錢，請了技術很好的司機，正好那天高速公路不擁擠，你要求他最高速行駛，你可以事先確認說大概多久的時間會到高雄；假使你是騎著摩托車或者腳踏車或者步行，你都可以確認大概多久會到達，因爲這些你都親自經歷過了。所以假使將來（比如你是一家大公司的董事長），你的部下說：「**我要搭飛機到高雄，八點出發。**」你就說：「**那你大約八點四十分會到那裡。**」就可以爲他授記了。如果他是要開車去，那輛車是老爺車開不快，時速最多六十公里、七十公里，開快了會抛錨，所以只能慢慢開，你就可以授記說他大概多久會到高雄。假使有人要騎腳踏車或者有人要步行，那你就看他的身體狀況怎麼樣，他可以騎多快、走多快，大概多久會到，也可以告訴他，這就是授記的道理。

諸佛如來會看弟子眾過去世的狀況，曾經有過什麼樣的老師、師長、師父以及弟子和什麼樣的眷屬，他發過什麼樣的願，修過什麼樣的行，他目前所證無所得的程度是怎麼樣，就可以來授記說這些弟子們將來多久以後會是怎麼樣的成佛，因爲這個進展的勢力是存在的。就好像你養過孩子，當你兒子又生了個孩子，你就可以授記說他大概二十年後就會長得像你兒子這麼大；再過四十年大概就會像你自己這麼老，同樣可以授記，不過這是世間法上的授記。換句話說，如來對這個過程都瞭解了，所以只要他證得「無所得法」時就可以爲他授記。

爲什麼證得無所得法就可以授記呢？表示他朝著正確的方向出發了，如果沒有證得「無所得法」，他修行的方向一定錯誤而且漫無邊際，也不知道從何著手。那你從臺北要去高雄應該由北往南走，他也許往東、也許往西、也許往北走，那你要怎麼爲他授記？如果他已經確立方向而且已經出發了，這個出發是正確的出發而不是胡奔亂走，那你就可以確定他何時會到。那佛菩提道中的道理亦復如是，假使你證得無所得法了，那你前進時一定不會偏差，一定往正確的方向前進；確定是往無所得的方向前進之後，你終究有一天會到達最後佛地的境界。

因此證得「無所得法」以後才可以授記，還沒有證得「無所得法」時，他的修行方向不確定，何時可以證得無所得法的時間也不確定；也許疑根未斷，悟後不一會兒又疑心然後轉變了，你都沒有辦法爲他授記。所以爲什麼證得「無所得法」之後才能夠授記？因爲表示他將來前進的方向一定正確。

所以你證得無所得法時，當人家誤導眾生或者來籠罩你說「離念靈知才是眞正的涅槃境界、才是眞如」，你一聽就不相信，就否定他、馬上推翻他，你不再被誤導。當然如果他的福德不夠，學佛以來沒有多少劫，那他轉依不成功以致後來退轉，那是無法授記的；因爲轉依不是容易的事。

假使要他轉依有所得法就很容易，告訴他說：「成佛就是要賺得五萬億元，這樣才是成佛的境界，你證得第一桶金那就是成佛的開始，那你不會退轉。」一定不退轉，可以寫保證書給他說「你不退轉」，因爲這是世間人對世間法貪著本性相應的境界，都是有所得境界。可是「無所得法」的轉依很難，所以爲什麼有的人證悟之後還會退回有所得法？因爲「無所得」的境界很難轉依成功。「無所得」的境界是無我的，更沒有我所，是絕對寂滅一塵也無的境界，要能夠轉依而安住是非常困難的事；一定要善根足夠，一定要過往不斷地熏習無所得法，有深厚的串習種子，悟後才能夠安住。如果轉依成功了，如來就可以授記，因爲已經可以預見你將來會經歷什麼樣的過程，最後會怎麼樣成佛。

所以「無所得」的實證只是一個分界點，是一個分野；在「有所得」的境界中怎麼樣走都不是真正的修道，都只是在修集資糧、聞熏知見而已。當他證得「無所得法」心得決定轉依成功時，才能夠授記。所以只要落在見聞覺知中，只要不離六塵的境界，只要六塵中尚有一點點法塵存在，那就不是所證之標的，那樣的境界是悟錯了。那麼落在有所得境界中，就是有六識、有六塵的境界，只要有那麼一點點存在，再大的福德也沒有辦法確定他何時能成佛。

諸位想想看，世尊往昔當轉輪聖王三十億世，連續盡形壽供養三十億尊佛以及祂們的弟子眾，這樣的供養不是小事。假使是那個點燈的老太婆，她供養了 釋迦如來，而那些油是罄其所有去買的，那畢竟只是那麼些許的油；但轉輪聖王拿出來供養的不會是寒酸的物品，祂的資財非常富足，而且祂的供養是盡形壽，並且連同諸如來座下的弟子眾全部供養，這不是小事。這樣供養了三十億如來，卻都不爲祂授記。

假使從世間法來想，一定會想說：「他盡形壽這樣供養，我如今要入涅槃了，不爲他授記好像有點過意不去。」從世間法來想一定是這樣，可是三十億如來中沒有一尊如來動過這個念頭。然後接著呢，三十億佛之後八千佛，然後六萬佛，然後又是三億佛，然後是一萬八千佛，接下來是五百佛又五百佛，然後兩千佛，然後再值遇九千佛都不爲祂授記，因爲都無法確定時間與成佛時的狀況。釋迦老爸把面子撕下來，說自己的過去世；如果是一般人，一定說這種事情再也別提了！可祂爲什麼不管這個面子，把自己的親身經歷提出來談？有兩個原因，一是爲利益弟子眾，因爲把眾弟子都如同祂的獨生子一般看待；第二個原因，因爲如來沒有面子可言，所謂如來實際是什麼？是第八識如來藏。所以 釋迦如來不管面子，沒有面子可言，既然都證得「無所得」而且究竟「無所得」了，哪來的面子？

這道理就是說，你必須要證得「無所得法」，才可能眞正地邁向成佛之道。如果還沒有證得「無所得法」，或者證得了但是心不決定，一定會再退轉；轉依不成功，他所謂的成佛之道，也不是眞正邁開步伐前進了，就不可能看得見將來究竟多久以及會如何成佛，那就無從授記。所以 如來講了這麼多的經歷，告訴我們這個道理：「有所得的境界不是佛法，有所得的境界與無上正等正覺無關。」因此大家都要「清淨知見」，建立這樣的清淨見，將來才有可能眞正的邁向佛道。接著 世尊又開示說：

經文：【「舍利弗！我念過去於萬劫中無有佛出，爾時初五百劫有九萬辟支佛；我盡形壽悉皆供養衣服飲食臥具醫藥，尊重讚歎。次五百劫復以四事供養八萬四千億諸辟支佛，尊重讚歎。舍利弗！過是千劫已無復辟支佛，我時閻浮提死，生梵世中作大梵王；如是展轉五百劫中常生梵世作大梵王，不生閻浮提。過是五百劫已，下生閻浮提，治化閻浮提；命終生四天王天，於中命終，生忉利天作釋提桓因；如是展轉滿五百劫生閻浮提，滿五百劫生於梵世作大梵王。舍利弗！我於九千劫中但生閻浮提，九千劫中但生天上，劫盡燒時生光音天，世界成已還生梵世，九千劫中都不生人中。舍利弗！是九千劫無有諸佛、辟支佛，多諸眾生墮在惡道。舍利弗！是萬劫過已，有佛出世，號普守如來，應供、正遍知、明行足、善逝、世間解、無上士、調御丈夫、天人師、佛、世尊；我於爾時梵世命終，生閻浮提作轉輪聖王，號曰共天，人壽九萬歲；我盡形壽以一切樂具，供養彼佛及九十億比丘，於九萬歲為求阿耨多羅三藐三菩提，是普守佛亦不記我：『汝於來世當得作佛。』何以故？我於爾時不能通達諸法實相，貪著計我有所得見。」】

《佛藏經》，上週我們六十二頁的第二段語譯完了，唸過了，我還沒有語譯？好，我們接著來語譯。

語譯：【世尊又開示說：「舍利弗！我憶念起過去曾經有一萬大劫，那一萬大劫中都沒有如來出現於世間，當時的前五百劫有九萬辟支佛出現；我盡形壽對這九萬辟支佛全部供養衣服飲食臥具和醫藥，並且尊重和讚歎他們。再下一個五百劫，我又以四事來供養八萬四千億所有辟支佛，一樣是尊重與讚歎。舍利弗！過了這一千劫之後已經不再有辟支佛，我當時在閻浮提死了之後，出生在初禪天中作大梵天王；像這樣子展轉五百劫中一直都出生在初禪天中作大梵天王，不再出生於閻浮提中。過了這個五百劫之後，我才又下生到閻浮提來，在閻浮提中加以治化；命終之後我又往生到四天王天，在四天王天命終之後又生到忉利天作釋提桓因；就像這樣子，展轉滿五百劫生於閻浮提，又滿五百劫生於初禪天作大梵天王。舍利弗！我又於九千劫中只生於閻浮提，九千劫中又只生於天上而不下生閻浮提，當劫災來時，火劫竟把初禪天燒盡，那時我生到二禪天的光音天去，等到世界成就之後我又下來回到初禪天中受生，整整九千劫之中我都不曾出生在人間。舍利弗！這九千劫中沒有諸佛出現、也沒有辟支佛出現，這九千劫中有許多的衆生墮落在惡道之中。舍利弗！這一萬劫經過之後，才終於有佛出現於世間，佛號是普守如來，應供、正遍知、明行足、善逝、世間解、無上士、調御丈夫、天人師、佛、世尊；我在那時於初禪天中命終，下生到閻浮提來作轉輪聖王，王號叫作共天，當時的人壽有九萬歲；我盡形壽以一切樂具，來供養那尊佛以及九十億的比丘，於九萬歲中都是爲了求得無上正等正覺，可是普守佛也不授記我說：『你於未來世將可以作佛。』這是什麼緣故呢？因爲我在當時還不能通達諸法的實相，還貪著及誤計五陰這個我而落在有所得的見解中。」】

講義：在這一段經文中，如來仍然繼續說明祂自己無量劫前的往事，這意思是跟前面那一段經文有一點類似。前面那一段講的全部都是承侍諸佛如來，但接下來這一萬劫中沒有如來出世了，就有九萬辟支佛、八萬四千億辟支佛，接著又是另外五百劫只是生到梵天中……等，生天之後又下來人間，當轉輪聖王後又生天、又下來人間，都不被授記。重點在哪裡？重點在於「有所得見」。因爲修學佛法的過程中都落在「有所得見」裡，無法得到諸佛的授記，而且那一段時間裡也沒有佛出世；終於在最後的一萬劫過後，遇見了一尊如來，名稱爲　普守如來；可是祂盡形壽供養及諸弟子，而仍然沒有辦法獲得　普守如來授記說祂來世將可以作佛，這個問題是出在修學佛法時都落在「有所得見」中。

我們二十幾年來不斷地爲大眾說明：所謂的證般若，到底是《般若經》的文字讀懂了叫作證般若，還是能現觀如來藏的眞如法性，才是眞懂《般若經》而叫作證般若？我們二十幾年來常常在提這個問題。早年我們講這道理時佛教界不太有人信，總是不當一回事，當作馬耳東風。但是後來我們開始橫挑扁擔拈提諸方，由於我們說出來了，人家反而說我們的法錯了，於是我不得不指名道姓提出來辨正，讓大家看清楚到底誰對、誰錯。因爲佛法牽涉到眾生的法身慧命，不可兒戲；既然人家說我們是邪魔外道，我們就得提出來證明看誰才是邪魔外道，誰才是實證者；於是我們橫挑扁擔拈提諸方，一切大師一網打盡，結果沒有人敢吭聲，也沒有人敢寫一個字回應。打從那時開始，佛教界終於漸漸懂了：原來實證般若得要是親證如來藏，能現觀祂的眞如法性而名爲證眞如，才眞的懂《般若經》在講什麼。

那麼我們講這一部經，今天是一百五十七講了，後面會講很快；接下來都會講很快，不像前面四個字講兩個鐘頭。這一部經從一開始到現在，一直在講什麼呢？都在講「無名相法、無分別法、無所得法」，不斷地重複在講這個法。也告訴大家說：「如果你的所證是有所得的法、是有名相的法、是有分別的法，那你的所證就錯了。」不斷在告訴我們這個道理。而我們也常常提出說明：「眼見即是有所得，耳聞即是有所得，鼻嗅、舌嚐、身觸、意知都是有所得，只有離六塵的才是無所得。」那麼講到這個地步——從〈往古品〉講到這一品，如來依舊在說明應該要證「無所得法」，否則諸佛如來都不會為你授記說你將來什麼時候可以成佛。身為大乘法中的菩薩行者，辛辛苦苦精勤修行六度波羅蜜，無非是為了證悟以後繼續進修，將來成佛、廣利有情，可是到底怎麼樣才叫作實證佛法，這眞的是大哉問！

我們正覺弘法之前，佛教界各說各話，好比俗話說的：「一人一把號，各吹各的調。」所以當年佛教界諸大師說的開悟就有很多種：密宗假藏傳佛教有密宗假藏傳佛教的開悟，傳統佛教有傳統佛教的開悟；傳統佛教中又各有不同的開悟，林林總總數之不盡啊！所以那時眞的是聖人滿街走，一不小心就碰撞到一個聖人。可是當我們弘法二十年之後的現在，聖人都不見了，一個個都消失了。以前所謂的阿羅漢都入涅槃去了，留著色身在人間晃，現在終於懂了：原來沒有斷我見、沒有斷三縛結的人，都不叫作證果；原來沒有證初禪的人不可能證三果與四果。至於以前所謂的成佛，有密宗佛、顯教佛、外道佛，而今也差不多都入涅槃了，只剩下一個愚癡到極點的附佛外道還在自稱如來騙人，現在佛教界終於知道佛法的實證意涵：原來沒有證如來藏、沒有現觀眞如的智慧與功德，就不是證般若，不是禪宗講的開悟；即使眞的證悟了，也還只是三賢位中的第七住位。如今終於懂了！而我們講《佛藏經》，是留到後面的現在才講的，我卻是已經弘法二十來年了。

現在回來講，《佛藏經》從頭到尾一直在告訴大家要親證「無名相法、無所得法、無分別法」，到了〈往古品〉講完後，如來又在〈淨見品〉中，以祂自己往昔的經歷來與祂往世無量劫來的弟子們說明，絲毫都不顧面子；就說過去經過多少劫奉侍了多少如來，而沒有一尊如來爲祂授記說：「你未來世可以成佛。」漸漸講到這個地方來。在這後面經文中是說，這一萬大劫之中的前一千劫，有幾萬億的辟支佛，祂都一一盡形壽供養；然後這一千劫過後都沒有辟支佛出現在人間，後面還有許多經歷等，終於最後出現一尊 普守如來，一樣努力供養九萬歲，連祂的弟子九十億比丘，都盡形壽全部供養，因爲祂身爲轉輪聖王資財富饒。轉輪聖王是錢財用不盡的，因爲不但有金輪寶，還有典兵臣寶、玉女寶、象寶、馬寶等，最重要的是有一個典藏臣寶，要什麼財物都能有，祂當時盡形壽供養整整九萬歲。而我們現在人壽一百歲，少出多滅；將來 彌勒尊佛來人間成佛時人壽八萬四千歲，如來說祂自己在那時是人壽九萬歲，那樣努力修行供養奉侍如來及九十億比丘，求無上正等正覺，仍然沒有得到授記。

那麼 世尊最後點出那個癥結來：「**我於爾時不能通達諸法實相，貪著計我有所得見。**」這就得要探究什麼是諸法實相。諸位當然已經知道諸法實相就是諸法之所從來的眞理，一切有情從哪裡來？山河大地從哪裡來？（有人答話，聽不清楚。）對啊！都從這個如來藏來，而你能現觀如來藏的所在，也能現觀祂的眞實如如法性，這叫作證眞如。然後你還能依此類推而照見說：「**原來我這個五蘊、十八界，是由我的如來藏所生，而三世諸佛下至一切有情莫不如此。**」所以也就有了類智。接著由此來推論，以這個現觀來推論三界六道一切有情莫不如此；既然如此，那如來藏就是諸法之所從來，是最初心也是最終心，所以參禪人說：「父母未生前的本來面目是什麼？」原來是如來藏！上一世死了投胎，就是如來藏來投胎而出生的，一切有情莫不如是。終於懂了，這就是諸法實相。

然後看看這如來藏眞實而如如，當你轉依了祂以後，現見祂於一切法中都無所得，那你就不會再「貪著計我」，不會再貪著「有所得見」；可是如來說那無量劫之前，當時在 普守如來的座下，依舊「貪著計我有所得見」，所以 普守如來不爲祂授記未來世將得成佛。所以學佛的首要是培集見道的資糧，有資糧以後就是得求悟，而求悟時千萬別落入有所得法中，要以實證「無所得法、無名相法、無分別法」如來藏爲目標，這才是無上正等正覺，才有成佛的可能。這一段經文，我們很快講解完了，只要講重點就好。接下來 如來又怎麼爲我們開示：

經文：【「舍利弗！於是劫中有百佛出，名號各異；我時皆作轉輪聖王，盡形供養及諸弟子，爲求阿耨多羅三藐三菩提；而是諸佛亦不記我：『汝於來世當得作佛。』以有所得故。舍利弗！我念過世第七百阿僧祇劫中得值千佛，

皆號閻浮檀，我盡形壽四事供養；亦不記我，以有所得故。舍利弗！我念過世亦於第七百阿僧祇劫中得值六百二十萬諸佛，皆號見一切義；我時皆作轉輪聖王，以一切樂具盡形供養及諸弟子；亦不記我，以有所得故。舍利弗！我念過世亦於第七百阿僧祇劫中得值八十四佛，皆號帝相；我時皆作轉輪聖王，以一切樂具盡形供養及諸弟子；亦不記我，以有所得故。舍利弗！我念過世亦於第七百阿僧祇劫中得值十五佛，皆號日明；我時皆作轉輪聖王，以一切樂具盡形供養及諸弟子；亦不記我，以有所得故。舍利弗！我念過世亦於第七百阿僧祇劫中得值六十二佛，皆號善寂；我時皆作轉輪聖王，以一切樂具盡形供養；亦不記我，以有所得故。如是展轉乃至見錠光佛，乃得無生忍，即記我言：『汝於來世過阿僧祇劫當得作佛，號釋迦牟尼如來，應供、正遍知、明行足、善逝、世間解、無上士、調御丈夫、天人師、佛、世尊。』」】

語譯：【世尊又開示說：「舍利弗！在那一個大劫之中有一百尊如來出現世間，名號各各不同；我當時都是作轉輪聖王，盡形壽供養諸如來以及祂們的弟子，為的是想要求得無上正等正覺；然而這諸佛如來也同樣不授記我說：『你於來世將可以作佛。』由於我當時的境界仍然是在有所得境界中的緣故。舍利弗！我憶念過去世在第七百阿僧祇劫中有因緣值遇一千尊如來，同樣都是名號爲閻浮檀，我盡形壽以醫藥飲食等四事供養；但是同樣都不授記我，因爲我仍然是有所得的緣故。舍利弗！我又憶念過去世也曾經於第七百阿僧祇劫中得以值遇六百二十萬諸佛，全部都同一名號，名爲見一切義如來；我當時都作轉輪聖王，以一切安樂之具盡形壽供養如來及所有的弟子們；也同樣都不授記我，因爲我當時依舊是有所得的緣故。舍利弗！我又憶念過去世也於第七百阿僧祇劫中值遇過八十四佛，祂們都同一佛號名爲帝相如來；我當時同樣都作轉輪聖王，以各種安樂之具盡形壽供養諸如來及所有弟子們；也同樣都不授記我，因爲我還是住在有所得境界的緣故。舍利弗！我又憶念過去世同樣是那個第七百阿僧祇劫中值遇了十五尊如來，都稱爲日明如來；我當時都作轉輪聖王，也用所有安樂之具盡形壽供養諸如來及所有弟子；也都不授記我，因爲我還是住於有所得的緣故。舍利弗！我又憶念過去世同樣是第七百阿僧祇劫中值遇過六十二尊如來，祂們的佛號都叫作善寂；我當時同樣也都作轉輪聖王，以所有各種安樂之具盡形壽來供養；同樣也不授記我，因爲我還是住於有所得的緣故。就像這樣展轉供養諸如來，在那個第七百阿僧祇劫的最後，終於遇見了錠光如來，那時才證得如來藏而有無生忍，錠光如來就授記我說：『你於未來世經過阿僧祇劫以後當可作佛，號爲釋迦牟尼如來，應供、正遍知、明行足、善逝、世間解、無上士、調御丈夫、天人師、佛、世尊。』〕】

講義：這樣語譯完了，我們仍然加以略說，不要像以前四個字一句就講兩個鐘頭，否則這部經典要講到下一輩子去了，這裡都同樣要搭飛機了。意思就是說不要落在有所得的境界中，否則永遠都不會被授記。那麼關於授記，我們在《法華經講義》中已經講過了，有明授記，有密授記……等，先不談它。授記意思就是說，告訴你再過多少劫之後可以成佛，佛世界的名稱與佛號等，這叫作授記。釋迦老爹說祂自己遇見了錠光佛之時「乃得無生忍」。無生忍有兩個層面的不同，第一層面是解脫道講的無生忍，解脫道的無生忍是阿羅漢才證得的，因爲初果、二果、三果都還有生，是阿羅漢才有無生忍；但菩薩不必那麼麻煩，也不用斷我執和我所執，只要斷我見就夠了，前提是你要證如來藏，證得如來藏之後眼見如來藏本來無生，現觀如來藏眞實而如如——證眞如，而你能安忍，這就是大乘法中的無生忍。

這如來藏不像是二乘修行以後不再受生於三界中，才能叫作無生忍；如來藏本來就存在而能生一切法，而祂心體從本以來就是無生——本來無生。這個本來無生的法很難安忍，所以有人證悟以後還會退轉，但如果善根淳厚又願意接受善知識的攝受，就可以安忍而得永不退轉，這樣叫作「得大乘無生忍」；可是這個無生眞的不容易安忍，得要具足修完六波羅蜜以後證悟時才能得忍。到這個地步 釋迦如來說祂那時終於「得無生忍」，心得決定故不退轉而「得無生忍」，錠光佛當然就爲祂授記說：「你在未來世再經過阿僧祇劫以後將可以作佛，你的佛號叫作釋迦牟尼，十號具足。」

現在也許比較敏銳的人就產生一個問號了：「我們修行不過三大阿僧祇劫成佛，釋迦如來當時爲什麼被錠光佛授記說『經過阿僧祇劫當得作佛』？」竟然不是三大阿僧祇劫成佛，竟然是過一大阿僧祇劫就能成佛。（有人答話，聽不清楚。）對了！但是請諸位回憶一下，我們在《法華經講義》時講過，釋迦如來這一次來人間成佛，是因爲往昔一千位兄弟祂排行第四，當時約定大家一起來人間示現成佛，可是祂其實在什麼時候就成佛了？過無量無邊百千萬億那由他劫之前就已經成佛了；現在只是爲了成滿那個願、酬償那個願，所以一千位兄弟大家在賢劫中來次第成佛。這表示說，祂成佛是非常早非常早之前，所以說祂是 釋迦古佛——是 釋迦古佛再來示現，才可能會有那麼多已成之佛前來屈居妙覺菩薩位而輔佐祂。

那麼當時祂的修行，想想看祂經歷這麼多的如來都盡形壽供養，祂那時都是當轉輪聖王；以轉輪聖王的資財而盡形壽供養及其弟子，全部盡形壽供養的福德夠大了，但還是必須「得無生忍」才能授記，所以 錠光佛因爲祂證得無生忍，就授記祂過阿僧祇劫當得作佛。沒有說多少阿僧祇劫，通常是多少或是多久？也許是一大阿僧祇劫，這就是因爲祂的福德太大。諸位想想看，你過去世當過幾次轉輪聖王、供養過多少如來？一定是不同的。所以祂再一大阿僧祇劫可以成佛，也是因爲 釋迦古佛在無量劫前是非常精進的，你們如果知道大精進菩薩……等故事(那是祂前身的事情)，就知道祂是多麼精進。那麼得無生忍——也就是證悟明心而轉依成功，安住下來之後爲什麼如來就授記了？因爲這表示經過以往那麼長的時間，在有所得法中都已經不斷重複的驗證過了，知道那一切都是生滅無常之法，後來終於證得如來藏這個「無名相法」，觀察這個「無名相法」眞實不虛、能生萬法，所以這時心得決定而不退轉。

那你想，祂不斷地上生初禪天作大梵天王，作大梵天王表示什麼？祂的初禪是圓滿具足的，才能當大梵天王；而且祂的福德是具足的，所以不斷地作轉輪聖王，又不斷地生天作大梵天王，表示祂「得無生忍」之後就可以突飛猛進，不必再於修集福德上面用心，那麼這樣就超越前面兩個阿僧祇劫。假使 錠光佛時人壽一萬歲好了，不說九萬歲，只說一萬歲就好；也不要說 彌勒佛來人間時八萬四千歲，說那時一萬歲好了，想想看祂「得無生忍」之後，親隨諸佛如來修學而祂的禪定是具足圓滿的，這要超越兩個阿僧祇劫不爲難事。

你們想想我們的親教師就好了，跟我學法不過二十年；張老師比較久，是二十幾年？二十五年了。陸老師差不多，大約也是二十五年？二十四年了。今天他們的證量諸位猜猜看，猜得著嗎？猜不著。所以假使能親承某一尊如來而你的福德圓滿、禪定圓滿，那要超劫精進是沒問題的。所以有時看人修學佛道，看一個人一世又一世老是在凡夫位中，都是在修福德；但他有個好處就是不謗法、不謗佛、不謗賢聖，努力精進可是就沒辦法實證，但就是努力修福德，不斷地崇隆三寶救濟眾生；他的福德非常廣大，心性非常淳善，等到他有一天證悟了，不必多久又發起禪定等，進步將會非常快速！這就是《解深密經》講的化長劫入短劫。釋迦如來在這一段開示中也暗中點出了這個道理。

但是為什麼祂得無生忍就能被授記了呢？因為授記的如來可以從祂如來藏的種子看清楚：祂曾經有過哪一些善業、淨業等，心性轉變如何，未來成佛時將會怎麼樣，這就已經大約定案，改變不了，所以就能為祂授記。所以 世尊以自己為例，為我們講這麼多，鉅細靡遺，是告訴我們一個道理：不要落在有所得法中，因為如來藏無所得，而如來藏眞實不虛卻永遠都無所得，無所得才是究竟解脫；有所得的我們的五蘊、十八界，卻是虛妄不實。如果以這個五蘊我執著不捨，貪著於這個我而誤計為眞實法，就永遠跟有所得法相應，無法進入無所得的境界中，成佛遙遙無期。所以學佛能不能實證，不在於廣聞多聞，而在於親證。

我也跟諸位報告過，臺灣佛教界早期最有名的大居士就是王雲林，如今應該還在吧？他如果不在了，佛教界的老刊物一定會報導。十幾年前他跟我講：「蕭老師啊！我把《大正藏》從頭到尾讀了六遍，就欠腦後一槌。」他很清楚這一點。他說：「讀了你的書，終於知道了你講的是般若禪；得要證悟了才懂般若，原來我以前不是眞懂。」他是佛教界的老前輩。以前海雲繼夢、還有某些法師要出來弘法時，都會去他家拜碼頭。但他自己知道：「原來我還欠腦後一槌。」我說：「來來來！我禪三留個名額給你，那一槌留給我來搥。」結果他因爲肺氣腫很嚴重，動不得，因緣就是這樣；他那一條命是 藥師如來救回來的。

也就是說，沒有證得「無所得法」之前，所謂的學佛、所謂的行菩薩道，其實都是在外門打轉，永遠入不了門，那就只是修集見道資糧。就像 如來說祂遇見 錠光佛聞法之後「乃得無生忍」，在那之前的種種行道其實都是修集資糧，熏習很多的知見；後來值遇 錠光佛聞法之後「乃得無生忍」，終於全部貫通起來了，所以被授記：「過阿僧祇劫當得作佛，號釋迦牟尼如來。」世尊不厭其煩、不顧面子說出來，因爲諸佛沒面子、無背無面，我也無背無面，我們親教師們都沒有臉，是因爲如來藏沒有臉；但 如來不顧面子，把過去親身經歷的事情告訴大家，世間人一定想：「怎麼可能這樣呢？」想想 如來是人天至尊欸！竟然也有這麼多的糗事。

但其實都一樣，大家都有這樣的過程；不說你們，就說我，我今天是這樣子，但我也很容易下一個結論出來說：「我往昔無數劫前也殺過人、放過火，燒殺擄掠無惡不作，也曾下墮過地獄，當過畜牲也當過餓鬼，但我也供養了很多如來，後來終於悟了，才來到現在這個地步。」其實每一個有情成佛前在因地都是這樣，所以從今天以後，你們在路上看見那些慈濟委員時不用搖頭，不要看見他們就搖頭想：「唉呀！怎麼不懂得學佛，走上岔路去了。」不要搖頭，因為他們還是得要經歷那些過程；而你們以往經歷過了，他們沒經歷完，還得繼續經歷；這就是一個成長的過程，你不能要求他們跳過那個過程。

所以他們還得在十一歲的那個境界中混。什麼叫作十一歲？十信位不就十歲嗎？現在剛進入初住位，不就十一歲了嗎？那你們上增上班的同學們，假使今生剛悟入，是幾歲？十七歲。那麼到了妙覺位是幾歲？五十二歲。可是五十二歲的妙覺菩薩還不知道如來五十三歲的境界，想想看，這樣算一算就知道說：「我現在十七歲」、「我現在十八歲」，「眼見佛性了，我現在是二十歲。」二十歲的人，古人說可以娶妻生子了，這都是有道理的。在十七歲或者二十歲時，有的人跳過眼見佛性一關直接到二十一歲、二十五歲不等，這也行，因為眼見佛性也可以延到十地入地時再見。

當你看見那一些剛進入初住位努力修布施的人，不可以要求說：「**你現在為什麼不作十七歲、十八歲的事情？**」不行！他現在才十一歲，還沒長大，不能作十六、七歲的人所作的事，要瞭解這個道理。所以你自己要知道：「**我現在十六歲了。**」十六歲表示什麼？快要成年了。古人十七歲就當父親的人很多，古時女人只有十五、六歲就出嫁了，多的是啊！哪像妳們有人現在快三十歲了還不嫁。那他們現在還在十一歲混，得要繼續修學前五度慢慢長大，一直長大到他十六歲快滿了，才會有機緣可以接觸正法、認識正法而有能力修學，才可以證悟。假使證悟不退時，他可以成為十七歲的人。眼前他就是十一歲的人，長大到十七歲的過程，他還要繼續去完成，不能直接要求他說：「**你怎麼不要趕快來學？**」一個十一歲的孩子，你叫他來跟你學十七歲時所學的內容，他學不來的；這個道理要懂。

至於有些人還在那邊混，有時到有應公、石頭公去拜一拜，有時又來到佛寺也拜一拜，就表示他們還沒滿十歲。你們看待所謂的佛弟子，要有這樣的認知；從此以後看到路上那一些慈濟委員就別再搖頭，因為他們現在走的路，是堂頭和尚錯了而他們自己沒有錯，只要他們不妄語、不謗佛、不謗法就沒事，無妨留在原來的慈善團體繼續修布施行；那是他們應該要繼續走完的過程，而他們還沒有走完，就讓他們好好走完。我們正覺要作的是教導他們不要被堂頭和尚誤導說：「歡歡喜喜布施就是初地。」不要讓他們犯大妄語業就可以，但不必要求他們得要進入內門修學正法。

這是諸位應該要建立的正見，因為證無生忍畢竟不是輕易的事，雖然在我們正覺同修會不是特例，而是平常事。然而諸位想想看，不說西天，單說中國禪宗，古來多少人是少小出家努力學佛，一直到垂垂老矣，依然茫無所入，最後抑鬱而終；這種人太多了，留下紀錄的就只有一千七百則公案，其他人多數是未悟或悟錯的；所以說證悟的人始終都是很少很少，那一千七百則公案是一千多年來累積下來的成績。因此禪師座下如果有百來個弟子證悟，那就不得了了；像我們今天增上班這樣多的人，從中國禪宗的歷史上來看，這是特例而不是常態。這是因為我要用人，所以我要辛苦為你們說法，要拉拔你們上來，然後你們才可以被我所用。被我所用到底好不好？（大眾答：好！）因爲能夠被我所用時，你的福德增長就會很快，智慧增長也會跟著很快。

這是題外話，最重要的是如何證得無生忍；這裡不是講二乘的無生忍，這是大乘的無生忍，因爲這裡講的「**無名相法、無分別法**」是大乘法而不是二乘法。那麼 如來以親自的經歷來告訴我們這一點，就是證得無生忍才是最重要的事；否則諸佛如來看你都只是在資糧位中，根本無法確定你將來會如何成佛，就不可能爲你授記。所以眞正學佛最重要的事情，就是證得大乘的無生忍，然而證得如來藏的本來無生而能安忍，固然要有定力福德來作支持，但是重要的還是自己要有定力——就是決定不疑；心得決定的意思是說確認這確實是眞實法，祂確實就是眞如，能這樣的話才能得忍，得忍就稱之爲證無生，這樣才能得到 如來的授記。

可是你們有些增上班的同修們，心裡面大概又想：「**我有沒有得到如來的授記？**」焉知沒有？因爲 如來的授記有時是明授記，有時是密授記；假使你適合被公開作授記，就會爲你明授記，但通常只會爲你密授記。密授記有兩個狀況，第一是在你定中或者你夢中來爲你授記，說明你將來何時成佛，佛世界如何等，但不爲他人說。有時是跟某某人說你將來會如何成佛，就不能讓你知道，因爲你知道了以後就每天等著成佛，不再精進修行，不再很用功了，那你就遲遲無法成佛。但是如果這一世證悟了，將來　彌勒如來到了般若會以後，進入方廣期就會說一點授記的事，最後當他說《法華經》時會作公開授記。

那時就都是公開的授記，就像兩千五百多年前我們被公開授記的道理一樣，你們那時也會被授記，但前提是這一世你得要證悟，而且心得決定、不退無生，這是前提；同時要具備的就是入地所需要的大福德。世尊這是告訴我們說，你一定先要取證大乘法中的本來無生，而那個無生之法是無所得法，於六塵境界中一切境界中都無所得；於都無所得之中卻出生了有所得法，不斷在六塵境界、在人間、在天上一直不斷有所得，就是無生法忍越來越勝妙。那時不妨以這個有所得法轉依於那個「無所得法」，永遠依止於那個本來無生、從來無所得的法，這樣子一世一世邁向佛地。

所以這一世該怎麼樣求得實證、能夠安忍於無生，這才是最重要的。但是安忍無生的前提當然也要留意，一定要有福德支撐、要有定力支撐，然後還得要證得初果，這是先決條件。如果這些作不到，證得「無所得法」之後還是會退轉，反而壞事，因爲很可能謗法，就像二〇〇三年那一批人一樣，這是很重要的事。那麼 如來只有這樣開示嗎？不然！如來還作很多開示，我們接著再來聆聽：

經文：【「舍利弗！我念過世有十二億轉輪聖王，皆字頂生。又舍利弗！我念過世有三十億轉輪聖王，皆名摩訶刪摩陀那。舍利弗！我念過世有四十億轉輪聖王，皆字摩訶提婆。舍利弗！我念過世有一億轉輪聖王，皆字億螺。舍利弗！我念過世有一萬轉輪聖王，皆字稱尾。舍利弗！我念過世有一萬轉輪聖王，皆字照明。舍利弗！我念過世有二萬轉輪聖王名字各異；舍利弗！我念過世有十六億轉輪聖王名字各異；是諸王等，我於餘處爲阿難說。舍利弗！於意云何？汝謂是諸王者豈異人乎？即我身是。」】

語譯：【世尊又說：「舍利弗！我憶念過去世有十二億轉輪聖王，都同一號叫作頂生。而且舍利弗！我又憶念過去世有三十億轉輪聖王，都叫作摩訶刪摩陀那。舍利弗！我又憶念過去世曾經有四十億轉輪聖王，都稱之爲摩訶提婆。舍利弗！我憶念過去世有一億轉輪聖王，都名叫億螺。舍利弗！我憶念過去世有一萬轉輪聖王，名號都叫作稱尾。舍利弗！我憶念過去世有一萬轉輪聖王，名字都叫作照明。舍利弗！我憶念過去世有二萬轉輪聖王名號各個不同；舍利弗！我憶念過去世有十六億轉輪聖王名字各個不一樣；這一些轉輪聖王等等，我在別的地方已經爲阿難說過了。舍利弗！你的意下怎麼樣呢？你認爲這一些轉輪聖王是不同的人嗎？其實那都是我的過去世當的。」

講義：這表示 世尊在往昔修的福德很大，所以一世又一世不斷當轉輪聖王。在經中的轉輪聖王通常是講金輪王，因爲轉輪王有金、銀、銅、鐵四種。稱之爲轉輪聖王通常是指金輪王，只有一些特殊的情況才會把銀輪王、銅輪王、鐵輪王叫作轉輪聖王，所以通常轉輪聖王是指金輪王。那麼一世又一世不斷地當轉輪聖王，諸位想一想，到底當轉輪聖王比較好、還是當釋提桓因比較好？轉輪聖王是在人間，釋提桓因就是玉皇大帝，住在忉利天中，還在四王天之上，到底當哪一個比較好？是轉輪聖王喔？不容易啊！你們都知道當忉利天主時，如果沒有遇到如來出世，也眞的很不容易證悟和修福。

但當轉輪聖王就能證悟嗎？也不見得，你看 世尊說祂自己的過去世，當了那麼多世的轉輪聖王還是沒有證悟；可是 世尊有講過祂當了釋提桓因，也在大梵天都當過天主，可是祂後來證悟時是因為下來當轉輪聖王，然後值遇一尊如來時才證悟的，那到底當什麼才好？這就是說，當轉輪聖王修集福德很容易，因為他一定是「以法治化」；不單是他有寶藏無盡可以供養諸如來和諸弟子們，還有另一個福德就是「以法治化」，因此使人間有情善根不斷增長，諸天歡喜天眾增長，這個福德很大。如果去當玉皇大帝，就等著人間大家行善生天，去增長他的天眾而已，他修福德並不容易，所以還是當轉輪聖王好；雖然壽命不像玉皇大帝那麼長，但是修福德很快。然而 世尊說祂往昔當轉輪聖王當那麼久、那麼多次，真正的意思還沒有表明出來，所以我們再來恭聆 如來開示的下一段：

經文：【「舍利弗！我念過去時世有佛，號曰善明；彌勒菩薩時作轉輪聖王，字曰照明，初發阿耨多羅三藐三菩提心。於時眾生壽八萬四千歲，其善明佛三會說法，初會九十六億人一時得道，第二大會九十四億人一時得道，

第三大會九十二億人一時得道。時，王見佛三會說法，度人無量，心大歡喜，即於萬歲一切供養佛及弟子，發心求阿耨多羅三藐三菩提：『於未來世眾生易度，我當成佛，壽命限量、比丘僧數圍繞如是。』舍利弗！我知是事過此無量。舍利弗！彌勒發心四十劫已，我乃發心，無勝佛所初種善根；我於千歲一切樂具供養是佛，五百張疊而以奉上；是佛滅後起七寶塔，高一由旬，縱廣半由旬，皆以金銀、琉璃、頗梨、車渠、馬瑙、赤眞珠所成。心常發願：『眾生苦惱無救度者，遭值惡法多墮惡趣，我於爾時當成佛道。』」

語譯：【如來又開示說：「舍利弗！我憶念過去在那個時代某一世有佛出現人間，佛號叫作善明；彌勒菩薩當時作轉輪聖王，他的名號叫作照明，他在那一世是第一次發起無上正等正覺之心。那時眾生的壽命是八萬四千歲，當時善明佛三會說法，第一會說法有九十六億人同一時間得道，第二次大會說法有九十四億人同一時間得道，第三次大會說法有九十二億人同一時間得道。當時，轉輪聖王看見佛陀三會說法，度人無量無數，心中非常大的歡喜，就在一萬歲之中以一切所需供養佛及其弟子，他發起大心求無上正等正覺說：『在未來世眾生很容易度時，我應當那時成佛，壽命的數量以及比丘僧的數目和他們圍繞如來的狀況就像是善明佛這樣。』舍利弗！我知道這個事情而且包括比這事情更早的無量事情。舍利弗！彌勒菩薩發心四十劫之後，我才發心求無上正等正覺，我是在無勝佛的座下初種善根；我在千歲之中以一切安樂之具供養無勝如來，五百張毛織的白疊用來奉上；在那一尊佛示現入滅之後起造七寶塔，高一由旬，縱廣半由旬，每一層都以金銀、琉璃、頗梨、車渠、馬瑙、紅眞珠來裝飾。我心中常常都這樣子發願：『眾生苦惱而沒有救度時，遭逢和值遇惡法而大部分墮落於惡趣之中，我在那個時候應當成就佛道。』」】

講義：如來說祂當了轉輪聖王那麼多世，表示又經過很多的時間修集很多的福德了，但是 如來說起彌勒菩薩的事。二人過往曾經是兄弟，輾轉受生來到這一世成爲師徒。在流轉生死以及後面的菩薩行道過程中，總不會是每一世都當兄弟的，因爲不可能每一世都有一千位兄弟，除非一世一世都投胎在轉輪聖王家，大家約好一起來投胎，但那是不太可能的事。所以那時有一千兄弟，但也只是那一世，其他時間還是各人各自去受生的。那麼 如來就說，過去曾經有佛出現於人間，佛號叫作 善明，彌勒菩薩那時作轉輪聖王，名號是照明，他就是在那個時候第一次發起無上正等正覺之心。

當時的眾生壽命八萬四千歲，善明佛三會說法，第一會九十六億人，第二會九十四億人，第三會九十二億人，都是在說法時就得道。關於得道，這裡沒有說是聲聞道還是佛菩提道，但應該是聲聞道，因爲佛菩提道不可能公開說法而讓人家來實證的，一定先是要以正知正見的開解，然後以教外別傳來傳，這跟聲聞慧不同，不可公開幫幾億人證悟。就像 如來授記將來 彌勒菩薩成佛時三會說法，前後各度九十六億、九十四億、九十二億人，也都是一時得道，全部都是阿羅漢，那些阿羅漢包括現在的諸位，全部都是一時得道。

那麼成阿羅漢這個聲聞法，在人壽八萬四千歲時是可以公開講的，也就是說，如何斷三縛結、如何薄貪瞋癡、如何斷五下分結乃至五上分結，是可以公開講的；公開講了所以大家證果、證阿羅漢果，這是可以的。因爲這沒有投機取巧的地方，也不是難信難證的般若密意，完全要依於過去世怎麼樣斷除我所執、斷除邪見等修行，在聞法時才能當場證得。那麼這樣看來，我把《阿含正義》寫出來，公開教導佛教界說：你們如何取證初果，你們如何取證三果、四果，應該沒有過失，因爲聲聞說法可以公開講的。

那麼 彌勒菩薩爲什麼將來他成佛時，五億多萬年後他來成佛時的龍華三會，將會各度九十六億、九十四億、九十二億人成阿羅漢？就是因爲他當時發的是這樣的願；他當轉輪聖王時剛好值遇了 善明佛，而 善明佛的佛壽很長久，那時的人壽是八萬四千歲，三轉法輪是這樣度人的，所以 彌勒菩薩那時當轉輪聖王，他看見了非常歡喜，這樣三會說法這麼容易就度得這麼多人，他很高興，所以就這樣供養 善明佛及祂的弟子們，供養了一萬歲，表示他修的福德也不小，而且是供養那麼多聖人，三會所度的阿羅漢他全部供養一萬歲，這得要是轉輪聖王才有辦法，因爲他有一個典藏臣，所有轉輪聖王的七寶中都有這麼一寶，他想要供養時需要錢財，那麼就叫典藏臣來：「**我要多少錢財，你去弄來。**」他就把所需要的寶藏弄來，一定不會缺少，他就用來供養佛及聖弟子眾。

但是他發心求無上正等正覺，希望成就的是像 善明如來那個情形，所以他因爲這個願，將來成佛時就是要等人壽八萬四千歲時才會來成佛；那麼現在人壽才百歲，佛陀授記說將來五億七千六百萬年後 彌勒菩薩來人間成佛，就是會度這麼多人。但是諸位如果這一世可以斷三縛結、薄貪瞋癡，也就夠了，加上個開悟明心，不用急著求三果解脫，也不用急著說：「我要早點像蕭老師您那樣。」不用啦！因爲我也是走了很多劫過來才到這個地步的，以前也沒有急著求說要證三果、四果，總是按部就班逐漸走上來的，否則就不是菩薩。重要的還是把應該修的福德先修起來，否則將來證得阿羅漢果時，你想要入地，可是爲什麼入不了，那不是要搥胸頓足了？所以不用急，先把大福德修起來。

因爲入地需要很大的福德，那麼入地需要很大的福德之中，有一個福德是你需要度很多人入佛菩提道、入解脫道中，這是你要作的。所以沒有人是一個人就這樣入地，後面沒有帶很多人跟上來，佛法中沒有這回事，一定後面要帶著很多人跟上來。也就是說你要拉著他們上來；他們是要被你拉，而你是要拉他們。你如果急著修行，說「我先斷了五下分結、五上分結再說」；等你眞的斷結之後，結果你要起心動念再來拉他們，心不太動得了，那時會意興闌珊的，那你的佛菩提道就會走得很慢，算盤是要這樣打的。所以有時努力修福德，不急求解脫道的極果，這心態才是正確的。比如我也不是急著去證解脫道而有今天的，也是跟大家一起混，就這樣子混到現在才會有諸位跟隨上來。但不是我要混，是因爲諸位之中有許多人在混時間，那我就跟著你們混，不然怎麼辦？

所以這一世我看著說這樣不行，得要多開一些福田給你們種；因爲你們得有很多類的福田種，種了福田基礎夠了才有資格可以證悟，不然悟了以後退轉很麻煩。好在諸位也不怕辛苦，進得正覺來就一起努力，現在這一世都不混日子了，大家都很辛苦、很精進；但你們辛苦精進可以悟道，對我也有好處，我就不用拉得那麼辛苦；所以這是互利的，所以我當傻瓜其實不傻，因爲我利益了諸位就是利益我。本來就是這樣啊！因爲成佛之道是在利益所有的眾生的過程中去完成的，因此我爲什麼不受供養，原因也在這裡；我爲什麼要這麼辛苦，原因也在這裡。

世間人，你們看看有哪個大師是不受供養、不求名聞、不求恭敬的？而我們大家都是這樣努力辛苦來爲眾人道業，你們找到哪一位大師是這樣帶人的？都沒有啊！但是看起來是一個標準的傻瓜，其實我們這樣才是聰明人；因爲菩薩是要這樣成就道業的，所以斤斤計較怕弟子得法，不論哪一個弟子上來求法時都說：「你下一世再來。」那他的弟子成就慢，他要等什麼時候成佛？道理是一樣的，永遠都是如此，如來也是這樣教導我們的。

所以 彌勒菩薩既然喜歡那個樣子，《楞嚴經》中不也說他「好遊族姓」嗎？但「好遊族姓」有個好處，就是福德修集很多啊！那他接觸的人多，將來他成佛時利益的弟子也就很多，所以各有利弊。但是 如來又說了：「彌勒發心四十劫以後，我才發心的，而我是在無勝佛所初種善根；」所以 釋迦如來的學佛其實也是很早，但 彌勒菩薩的學佛更早四十大劫，只是因為他「好遊族姓」，藉著「好遊族姓」而廣修福德，將來他成佛時才會有這麼多人得度；當他成佛時是龍華樹下三會說法，同樣度九十六億、九十四億、九十二億人，全都是因為他因地時的「好遊族姓」廣修福德才有這麼多弟子。

但是 釋迦如來說自己發心晚四十劫，是在後來的 無勝佛座下種善根而發起四宏誓願的；那時於千歲之中以一切安樂之具供養 無勝佛，還預備了「五百張疊而以奉上」。疊到底是什麼？疊就是一種用白色的羊毛織成的布料，很大張的布料。古時不像現在有那種毛紡機可以紡紗及織布，以前都是用手工織成的，因此五百張疊那就非常名貴，不是一般人穿得起的。像這樣以「**五百張疊**」來奉上 無勝佛，這也是大福德；當然沒辦法跟 彌勒菩薩那樣比，但是在 無勝佛入滅後起造七寶塔供養佛舍利，高一由旬，縱廣半由旬，用金銀、琉璃、頗梨、車渠、馬瑙以及紅眞珠等七寶來廁塡。那時心中時常這樣發願說：「**眾生苦惱而沒有救度時，遭逢了惡法所以大部分都墮落惡道，我在那個時候應當要來成就佛道。**」意思就是要度這樣的眾生，因爲這樣的眾生最可憐。

諸佛如來度化眾生有於淨土成佛的，有在人間成佛的，但在人間成佛挑選人壽很短時來成佛，能有幾人啊？可是 釋迦如來就挑這個時候來。我以前也跟諸位講過說：我親承 如來時，感受祂的慈悲，那個慈悲的力量是多麼偉大、多麼雄厚！眞的難以言詮，直接的感受就是這樣。不是口說慈悲而心想「**你們盡量來供養我**」，不是那回事，那是假慈悲。諸位沒有親承 如來，終究難以理解，但是你從這一點來想想看：假使人壽一千歲來成佛，是不是眾生更好度一點？想想看如果每一個人都活上一千歲，都已經走過兩百歲、五百歲的階段過來了，那時的人都非常善良、品質都非常好，如果人壽八萬歲時的品質當然更好；再怎麼不信邪的人，活上一千歲還不信邪嗎？全都乖了，心性都淳厚，那時來人間度化眾生最好，最容易度，很輕鬆。假使是八萬四千歲時又更容易度，因爲活八萬四千歲的人（不要說八萬四千歲，活上一、二千歲就夠了），他就可以對所有的宗教深入加以研究比對，最後一定選擇佛教，這時要度就很容易；可是只能活百歲的人，生活歷練還不夠，不信邪的人很多，當然不好度化。

因此當年 世尊下生人間時是什麼樣一個狀況？當時 世尊還沒有示現成佛，到處都是外道假阿羅漢，每一個外道都宣稱是阿羅漢，但是沒有人敢自稱如來，因爲如來的境界到底是什麼，沒有人說過，也沒有人能猜想出來，可是外道阿羅漢一大堆。等到 世尊示現成佛之後，開始一個一個去度化外道，外道們才知道：「**原來我們不是阿羅漢，全都是假的。**」都是要被 世尊度了才是眞的阿羅漢，那一些外道阿羅漢後來都成爲佛弟子，所以有大迦葉三兄弟、舍利弗……等，我也在內，本來都是外道，其中很多人自稱是阿羅漢；不過我當年沒有自稱阿羅漢，可以保證這一點。那麼 世尊眞正度化諸外道成爲阿羅漢，那些原本自稱阿羅漢的外道們就成爲佛弟子，才有後來五百、一千二百五十大弟子們。但 世尊發的願是什麼？是在人壽百歲時，眾生遭值種種惡邪知見、惡法流行，修行以後「多墮惡趣」時來度化這一些眾生。

明知道這些眾生很難度，但就是覺得這些眾生很可憐，應該這個時候來度；沒有多少人能發這種大心的，但是往昔初發心時祂就這樣發心。體會到這一點，所以我們禪三宣示文中的最後是：「南無大雄釋迦牟尼佛，南無大智釋迦牟尼佛，南無大行釋迦牟尼佛，南無大慈釋迦牟尼佛，南無大悲釋迦牟尼佛，南無大願釋迦牟尼佛。」全部都是祂，爲什麼都是祂？因爲祂具足一切啊！這是我自己的體驗和自己的認知，就這樣寫出來。

那麼人壽百歲時的眾生被惡法所誤導，大部分人死後墮落惡趣。想想看，假使釋迦如來沒有示現在人間，那些外道假阿羅漢們是不是死後都要墮落？都免不掉的；但是有 世尊在這個時候來成佛度化大眾，有緣人就不用墮落惡趣了。世尊說在那個時候眾生是非常苦惱的，沒有誰能救度他們，因爲沒有人在因地發願五濁惡世時來人間成佛，這樣是兩個對比。世尊因地當過那麼多次轉輪聖王，一直都沒有遇到佛，後來遇到 無勝佛時初種善根，但那已經是 彌勒菩薩發心之後四十劫的事了。

接下來要說　世尊爲何要講過去世的這些事情，我們再來聽　世尊的開示：

經文：【「舍利弗！汝且觀之，阿耨多羅三藐三菩提甚難修習。舍利弗！我修習阿耨多羅三藐三菩提，無央數世受諸苦惱，我若說者，汝聞愁悶。我諸所受勤苦憂惱，皆爲求得阿耨多羅三藐三菩提。舍利弗！汝觀薩和檀菩薩、求善法菩薩、常悲菩薩、不放逸菩薩、常精進菩薩，供養若干諸佛，受諸苦惱，猶尚難得阿耨多羅三藐三菩提，何況是諸癡人乃無一念爲求涅槃。舍利弗！如是行者猶尚甚難，況不行者？是故舍利弗！我今明瞭告汝，以下法者不得上法，用上法者乃得上法。何等下法？謂身惡業、口惡業、意惡業。下法名爲不能勤心修習善法，下法名爲懈怠嬾惰；破所受戒，舍利弗！是名下中下者。又下中下者，於我法中出家，生有所得見、我見、人見、眾生見；何以故？舍利弗！如來於此了了見知：有所得者乃無順忍，況得道果？」】

語譯：【世尊又開示說：「舍利弗！你就觀察一下，無上正等正覺非常難以修學，難以熏習。舍利弗！我修學熏習無上正等正覺，在不可計算的無量世中領受種種的苦惱，我如果一一詳細解說出來，你聽了會發愁、心中會很鬱悶的。我所受過的各種勤苦和憂惱，都是爲了求得無上正等正覺。舍利弗！你觀察薩和檀菩薩、求善法菩薩、常悲菩薩、不放逸菩薩、常精進菩薩，他們各人已經供養了不同的很多諸佛，他們修行的過程中也領受過種種的苦惱，都還經歷很困難的過程才能證得無上正等正覺，何況這一些破戒比丘等愚癡人竟然連一念求涅槃都不曾有。舍利弗！像這樣的修行人，都尚且很難證得無上正等正覺，何況不肯依法修行的人呢？由於這個緣故舍利弗！我如今明瞭告訴你吧，用下法來修行的人不可能得到上法，用上法來修行的人才能得到上法。什麼叫作下法？也就是說身造惡業、口造惡業、意思惡業。下法叫作不能勤心修習善法，下法叫作懈怠和嬾惰；毀破所受的戒法，舍利弗！這樣叫作下法中的下法。而且下法中的下法，在我釋迦牟尼的法中出家，生了有所得見、我見、人見、眾生見；爲何會這樣呢？舍利弗！如來對於這一些人、這一些事相都了了而見、了了而知：有所得的人根本就不可能有順忍，何況能得到解脫道或佛菩提道的證果呢？」】

講義：這「順忍」好像應該是很容易的事吧？因爲諸位到同修會來學，學習之時告訴你們說五陰是虛妄的，十八界、六入是虛妄的，十二處是虛妄的，這些我都是假的、都是生滅法，所以無我，你們能接受，這就是順忍，這時還沒有證果。那麼連初果都還沒有證得，先得順忍就已經不容易了，更何況諸位禪淨班畢業了再自我檢查一下：我見斷了沒？見取見、戒禁取見、疑見斷了沒？自己再檢查一下，看來是斷了！有沒有未到地定支撐？有！那自己可以確認是初果人，不再退轉於無我法，這就是解脫道中的「道果」。若是佛菩提道中的「道果」，就得要從布施次第修到第七住位開悟明心不退轉。

可是諸位想想看，我們弘法二十幾年總是說：「意識是識陰所攝，意識是生滅法，意識只能存在一世，不眞不實不如，永遠不能如如。」至今有多少人接受？少之又少！這表示斷我見這個「順忍」都不容易，就別說證得初果這個「道果」了。如來在這一段經文中告訴我們說：「無上正等正覺很難修學，很難熏習。」世尊告訴我們說：「無央數世受諸苦惱，」這是眞的，因爲祂的成佛是在過無量無邊百千萬億那由他劫之前，那時成佛的人很少，想要值遇就很困難了，更何況想要具足聽聞佛菩提道，眞的不容易。

所以 釋迦如來的成佛不是三大阿僧祇劫，而是很多個阿僧祇劫。我們現在幸福了，只要三大阿僧祇劫成佛，可還是有人哇哇叫：「唉喲！要三大阿僧祇劫喔！」都沒有想 釋迦如來以前眞的是「無央數世受諸苦惱」欸！因爲那時三界中的佛很少，因爲祂也是很早之前就開始修學，在 無勝佛座下初發心是非常早、非常早的事了，那時佛少，值遇如來眞的不容易，所以要想成佛都不是三大阿僧祇劫所能成就的，都是要很久。那麼 世尊告訴我們說：「**如果把我成佛的過程所受的那一些苦和煩惱具足告訴你，你聽了會發愁，也會覺得很悶。**」想想自己如果將來也要這樣長久領受苦惱，那會多苦悶，一定發愁。

老實說，現在才三大阿僧祇劫便能成佛，佛教界實修者就哇啦哇啦叫了。不是嗎？甚至於有人明知進了正覺就可以開悟，卻說：「**我也很想去修學，可是聽說進了正覺修學很辛苦。**」又怕了！有的人就是因爲怕，所以不敢進正覺來，是你們不怕辛苦才敢進來。想想也對，每週要來上一次禪淨班或進階班的課，週二又來聽講經多辛苦；不但這樣，每天在家裡還要作功夫，終於例假日到了可以休息，又得出去作義工，眞的很辛苦；所以外面很多人聽到這樣都不敢進來。正覺的同修們有一些人忍著、忍著心裡想說：「**那悟了以後應該就會輕鬆了。」沒想到悟了更辛苦。

你看，我們的親教師們眞不容易呀！你們還是在臺灣島內，來講堂上課不過個把鐘頭的車程，他們常常要當空中飛人趕去各地上課。在增上班就不苦嗎？也是苦啊！週二來聽經，定力功夫還是要繼續保持著，每逢單週週末還要上課三個鐘頭不許動，辛苦吧？也是苦啊！然後交給他們的任務又更多。可是大家忙得不亦樂乎，身是很苦，但心裡快樂，因爲法樂無窮。可是會外有人聽到這樣辛苦就怕，不敢進正覺；諸位能歡喜領受這些苦，眞的很不容易；可是請諸位若把 釋迦如來成佛前所受的苦拿來比一下，心裡就連續說：「不苦！不苦！不苦！不苦！」但這樣日子就容易過，道業快速成長，所以無上正等正覺的成就不是容易的。成佛哪有像密宗假藏傳佛教隨便講的「我將女人抱一抱就成佛了」，沒這回事啦！那是要下墮惡道的邪行！

這樣成佛的過程，不但是 釋迦如來自己親身經歷如此，並且把當時在座的薩和檀菩薩、求善法菩薩、常悲菩薩、不放逸菩薩、常精進菩薩等代表性的菩薩們列舉出來，說他們直到現在都還沒有成佛；薩和檀菩薩一切時布施，這樣努力在修集福德；求善法菩薩非常努力在攝受一切惡人，不管什麼樣的惡人他都用善法來攝受他們，都很辛苦；常悲菩薩看見了眾生淪落生死，心裡就捨不得，努力去度化他們、接引他們；不放逸菩薩是每天精進，自度度他是非常精進，一點點放逸都沒有；常精進菩薩更別提了，常就是永遠，永遠都在精進。

已經入菩薩位之後還這樣繼續在利樂有情，而且供養了非常多的諸佛，往世以來受過非常多的苦惱，來到今天都還沒有得到佛地的果位，何況是這些破戒的愚癡比丘們竟然沒有一念想要求證涅槃。成佛不是那麼容易的事，自己的「道果」都還遙遙無期，那就應該努力，要效法才對啊！可是他們都不努力，連求證涅槃的一念都無。不管是二乘涅槃、大乘涅槃，全都要努力去尋求，但他們只管破戒、只管懈怠放逸，非常的愚癡，像這樣怎麼可能成就佛道呢？

如來又說：「舍利弗！像這樣努力修行的人，尚且都很難成就佛果，何況不修行的人？由於這個緣故舍利弗！我今天明確清楚地告訴你，用下法不可能得到上法，一定要用上法才能得上法，那什麼叫作下法？下法就是身惡業、口惡業、意惡業。」所以你們如果看見有一些人每天都在布施，可是他脾氣很大，一天到晚跟人家計較。到處去布施作義工時還算和氣，但一回到家裡就一副老大的模樣，對父母不孝順，對孩子也不慈愛；像這樣的人，看了就知道他行的是下法，那他想要得到上法時將很不容易的。今天只能講到這裡。

《佛藏經》上週講到六十六頁第四行：「**何等下法？謂身惡業、口惡業、意惡業。**」這讓我想起一件事情，世俗人不單是有點顛倒，簡直是非常顛倒，慶祝吉事卻是用凶事來辦。你們看，世俗人結婚眞是喜事，應該大家來慶祝的，結果是大開殺戒；這席上沒有烤乳豬、烤乳鴨或是什麼肉，就不算好，賓客會嫌棄，那麼一場婚禮下來得要殺掉多少豬、雞、鴨呢！殺是凶事，用來慶祝吉祥的事，眞是愚癡。假使要說結婚不算是最吉祥的，那麼就說孩子出生——弄璋弄瓦，爺爺奶奶好高興，是金孫啊！然後滿月了，大鋪喜宴，又是殺雞宰羊，都是要動刀殺生；這是吉事，結果用凶事來辦。也有人從法院出來或是從監獄出來，說過關了，覺得吉祥要慶祝一下，結果怎麼辦呢？來一大碗豬腳麵線，得用一隻豬腳，就是一頭豬的四條腿的一隻剁來吃；那也得殺掉一頭豬，總不會活的豬給你一條腿吧？結果還是用凶事來辦。所以說世間人顛倒！

如果家裡有老人家過往了，這不算吉事，總可以殺雞宰羊了吧？不！雖然那不是吉事，但老人家離別了，卻應該為他的下一世福德著想；結果世俗人不是如此，辦喪事時依舊要殺雞宰羊，這是在不吉之上加凶；當他死後想要求生善處，是應該給他一點福德帶去才對，沒想到子孫還為他而殺，這殺業不就得要由他來承擔了，真是無端擔上殺業，受生時的福德平白受損了一部分。甚至於有的老人家夠癡呆、夠愚癡的，還吩咐子女說：「**我死後的每一七，都得要給我供三牲五禮。**」那業不都算在他頭上了嗎？他頂多聞到香氣，結果還是子孫吃了，殺業還是全部算在他頭上，所以眾生很愚癡；就是說，那是以惡業想要達到吉祥，真是錯誤的觀念。

那麼佛法中的道理也是一樣，造作「**身惡業、口惡業、意惡業**」，竟想要達到解脫的清淨境界，那是不可能的。所以在法上以及在戒律上都應該要依照　如來的教誡，完全不打折扣努力奉行。那麼「**意惡業**」中最重的是「**邪見**」，無過於邪見；因為眾生之所以會造惡，都從意的邪見開始，身、口隨後而起。可是眾生不懂，有勞　世尊為我們提點，如來就說：「**什麼是下法呢？**

下法就是身惡業、口惡業、意惡業。」接著又說：「**下法叫作不能勤心修習善法，下法又叫作懈怠懶惰。**」

不能勤心修習善法，在佛門中說是下法。就像住在海邊捕魚的人，假使他一天打魚、三天晒網，堂上老人家一定要罵他太懈怠了。佛法中也是如此，不用心於法上，一面出坡一面就在討論晚上要吃什麼；中午都還沒吃，就已經在討論晚上要吃什麼，爲什麼不在法上去用心？所以這個「**不能勤心修習善法**」，就是出家以後的惡業之一；出家所爲何事？都是爲了解脫，爲了證實相啊！結果一天到晚討論的，如果不是居士們的東家長西家短，就是中午吃什麼、晚上要吃什麼，這樣叫作「**下法**」。因爲出家要努力去研習佛法，研之鑽之不足，因爲要實證才算數啊，結果都是「**懈怠懶惰**」不能修習善法，這叫作「**下法**」。

「**不能勤心修習善法**」跟「**懈怠懶惰**」還是有一點差別，懈怠是對於法的實證、熏習聽聞，完全無所用心，他一點興趣都沒有，這是比「**不能勤心修習善法**」要糟了；因爲前者只是隨順著學而沒有很精進，所以說他「**不能勤心**」，沒有精進；可是「**懈怠懶惰**」是從來都不想學，甚至被逼著不得不聽和尚說法時，只是因爲堂頭和尚說法時他不能不聽，卻坐在那裡打瞌睡，不打瞌睡時就打妄想，這個更是「下法」。

如來吩咐說：「破所受戒，舍利弗！是名下中下者。」如果白天裡看起來是一個顯教的寺院——某某禪寺、某某寺；晚上關起門來是雙身法的世界，那是「破所受戒」。既然要「破所受戒」不如就捨戒還俗去吧，幹嘛還要住在寺院裡呢？那是罪加一等！如果受不了誘惑就捨戒還俗去吧，他偏不，繼續住在寺院裡口說一套，暗中又在修密宗假藏傳佛教的雙身法，就這樣子不斷地「破所受戒」，這個叫作「下中下法」。以這種下下之法而想要得到上法是不可能的，所以那些搞雙身法的寺院，他們想要斷我見都不可能了，何況是證得佛菩提，因此說他們與無上正等正覺無緣。應該說是絕緣了，因爲無上正等正覺是無上之法，而他們連有上之法修解脫道、證初果都不可得，所以無上之法根本就不可能證，所以叫作「下中下者」。所以說，「不能勤心修習善法，懈怠嬾惰」都是下法；若是「破所受戒」而繼續示現比丘相，那都是「下中下者」，是下法之中的最下法。

然後　如來又說另一種下法中的下法：「於我法中出家，生有所得見、我見、人見、眾生見；」因爲出家學法首要之務就是二乘法中的見道，如果出了家不能斷我見，不能斷三縛結，枉費一世斷絕物欲淫欲而出家的辛苦，不如回家每天看電視、到處吃喝玩樂還沒事；因爲出家四事都受供養，結果自己不能於法上有所實證，無能回饋供養他的居士們；而他還產生了有所得見，總是把六塵中的境界法當作是實證的佛法，成就大妄語業；又因爲他的所見不離「我見、人見、眾生見」，所以一天到晚在人我是非裡面打滾。

爲何說他們是在人我是非中打滾？我舉個例給諸位聽。他們有時開口說：「那正覺蕭平實都在批評別人。」這話是不是人我是非？是喔？但我講的是法，我是說這個法對，那個法不對，他們誤導眾生要改過來。我這不是講是非，是法義的論證；結果他們一開口就是人我是非，因爲正覺的蕭平實是被他們批評的人，那不就是人我了嗎？而我說的是法義辨正的事，他們卻妄講爲是非，所以他們一開口就是人我是非。可是佛教界有許多人不懂這個分際，開口就說：「你看六祖早就說了：前來說是非的人，他自己便是是非人。」用六祖這句話來說我。問題是，六祖爲什麼說神秀、好多人都不對，講了一大堆人不對，只有六祖自己對，又是爲什麼呢？

所以「來說是非的人，自己便是是非人」，那個來說是非的人所說的是是非，不是說法；但如果來講的人是說法，是法義的論證，那就不是講是非了。而我說的都是法，不是談大師們的行爲是非。那他們一開口就講是非，就落入「我、人」之中，因爲有我、有人就有眾生相，他們顧慮的是座下的信眾居士們會不會流失，這就是他們開口的目的，那就是「眾生相」。我們講什麼是「無名相法、無所得法」，這就不是講是非；實際上我們說的都不是有所得見，而是「無所得法」，因此不落入「我見、人見、眾生見」中。

所以我們可以不考慮利害關係，該怎麼作就怎麼作，該如何說就如何說，普天下佛教界，現在就只有我們如此。他們暗地裡都笑我這個傻瓜不會營謀，但我不是不會營謀，我營謀的標的是自利他利，是現世利後世利；他們營謀的是現世利而後世不利，是自利而他不利，那麼到底誰才會營謀？看得出來喔？因此有智慧的人應當依止於無所得見，該如何作就如何作，該怎麼說就怎麼說，不必考慮利害關係，這才能自利利他，也才能今世利與後世利。

接著 如來就解釋說：「在如來的法中出家，產生了有所得見、我見、人見、眾生見時，那便是下中之下，爲什麼如此呢？舍利弗！如來對於這些事情是了了見也了了知的；」是知道什麼呢？「知道這種落入有所得法中的人，他們乃至於連順忍都得不到，就別說證得道果。」「道果」是指修道所證的果位，到底是指什麼果位？依解脫道來講，初果就是個果位；如果他們落入「有所得見」中，心中有我、有人、有眾生，他們就不可能順受及安忍於斷我見的解脫智慧，一定會去執取意識的全部或者一部分作爲眞實的我，以免落入斷滅空，就像釋印順那樣。

釋印順書中寫了一大堆緣起性空的說法，結果他的緣起性其實不空，又是無因而起、其性不空，違背他自己的所說。所以他建立細意識常住不滅的說法，就是明確的我見；有我見時就有相對人我，於是眾生見就存在了。那麼對於入無餘涅槃是應該十八界永滅的知見，他就無法建立，他也因此而無法認同，所以他連「順忍」都沒有得到，更別說他有證初果。釋印順連「順忍」都沒有得到，因爲他還接受意識常住的說法，一生主張細意識常住。他只是聰明一點，把意識加個細字，說細意識常住；但 如來早說過了：「諸所有意識，彼一切皆意、法因緣生故。」一網打盡，舉凡粗意識、細意識、中意識，遠意識、現意識、未來的意識，一網打盡說「諸所有意識」都是藉緣而出生的，根本不是常住法；結果他還不肯死心，還建立一個細意識常住說。那麼請問：初果人否定十八界，不管什麼粗細意識全部都否定，他接受嗎？他不接受，所以他主張細意識常住，證明他連順忍都沒有，他的本質就是如此。

假使今晚剛好有一個人久學印順法師的那些邪法，不幸今晚聽到這裡、聽到我這麼說，心如刀割；怎麼辦？要放下，眞的要放下！回去好好去求證，看 如來是不是說遠意識、近意識、粗意識、細意識，是不是說「彼一切皆意法因緣生故」？既然一切意識都是意、法因緣生，細意識也是意識，那就是生滅法，怎麼可以把意識的一部分拿出來說「這細意識是常住的」？表示他連初果人所證的法都不信受，就別提他能證初果，所以他連「順忍」都沒有。連順忍都沒有的人，怎麼可能證得初果呢？如果是講菩薩的「道果」，菩薩的「道果」是第七住位要證眞如，十住位要眼見佛性，入地要通達眞如；那眞如常住不滅，眞如就像 如來在《般若經》中說的：「眞如雖生諸法，而眞如不生。」這眞如是指第八識如來藏，這第八識眞如出生了一切諸法，就表示蘊處界山河大地全部都是由眞如出生的，就是被第八識出生的；但祂從來無生，只有無生之法才能生，有生之法不能生一切諸法。

佛菩提道的「道果」就是要證眞如，那證眞如之前一定要先斷我見才行；不斷我見的人，善知識好心送給他，他終究會退轉，所以他連佛菩提道的「道果」也得不到，而解脫道中不能證初果的人，就不可能得到佛菩提道的「道果」，因此 如來說：「**如來於此了了見知：有所得者乃無順忍，況得道果？**」落入有所得法中的人，三乘菩提俱無其分，他們沒有實證的因緣。

所以繼續堅持六識論的比丘尼們，哪一天你們遇見了，不論誰都可以告訴她們說：「**妳們如果繼續堅持信受六識論，未來永無證道之日。**」可以這樣當面跟她們講。這不是羞辱人，這叫作針砭；因爲她們醒不過來，一直在無明大夢中繼續學老祖宗釋印順那樣的混沌，什麼都不懂。既然她們老是混沌沌沌的，你要用針扎；假使下了針再捻了也沒用，乾脆用三菱針直接扎了，扎了放血看她們會不會醒過來？古時如果沒有針就用砭的（一個缺乏的乏左邊加個石字旁），就是很尖銳的有菱角而很尖的石頭拿來扎她們，看她們痛了會不會清醒過來？就是要這樣，是出於大悲心才能這樣作啊！如果跟你不相干，你才懶得爲她們下針、爲她們下砭呢。

凡是繼續堅持六識論的人，她們一定要躲避落入斷滅空，因爲入無餘涅槃要把十八界全都滅掉；當她們堅持一切人的識只有六個，依據經中聖教所說，入無餘涅槃時要把十八界全部滅掉，那就會變成斷滅空；她們爲了迴避斷滅空，只好回頭再把十八界中的意識拿出一部分來，說「**這個細意識是常住的**」，由此她們就斷不了我見，返身落入常見中；這種人很可憐，也表示她們的佛法知見、佛法水平非常低下。有智慧的人依止於八識論，三乘菩提都沒有遮障，這才走得通；所以落入「**有所得見**」的人連「**順忍**」都不可得，就別說證果了，而且佛菩提道的證道更無其分。

可是追究她們爲什麼落入「**有所得**」時連「**順忍**」都不可得？換句話說，你把初果的見地告訴她們了，她們也無法接受。但爲什麼她們會這樣子？因爲當她們落入「**有所得見**」時，是以六塵中的境界當作是眞實境界；那爲什麼她們會把六塵境界當作是眞實的？因爲她們是以意識的自我當作是眞實法，而這個意識的自我，不論是粗意識、細意識、遠意識、近意識、現在的意識、過去的意識全都一樣，因爲意識只要現起時就是了別，就是攝取六塵諸法，這是無可奈何的事；所以只要她們把意識當作眞實法時，就一定不離六塵，至少有六塵中的一塵，那就是「有所得」，原因就是她們不能斷我見，所以她們就不可能得到「順忍」，就貪著有所得的境界，她們想要獲得「道果」絕無其分。接下來 如來又開示說：

經文：【「舍利弗！若有所得者，百千萬億諸佛以三輪示現是人：『若當不捨是見，尚不消人一口飲食，況得道果？』舍利弗！我見、人見得涅槃者，一切凡夫皆應滅度。何以故？我見人見皆是邪見，諸凡夫人多貪著我、我所見、人見、眾生見，是故一切凡夫應得涅槃。舍利弗！若人作念『有我、有人』，是人若當不捨是見得入涅槃，一切凡夫應得聖道；何以故？一切凡夫皆是我見人見；是故我見人見入涅槃者，一切凡夫皆入聖道，於聖道中則無所少。舍利弗！若人作念『有我見者則有涅槃』，是人即是聖道，不須餘念；何以故？一切凡夫我見人見無所少故。如是癡人有是過失，謂諸凡夫皆入聖道：『聖道無繫，是人修時應當殺生，受諸五欲，起五逆罪。』是故癡人於聖道中有五逆罪，何以故？一切凡夫皆說有我有眾生故。若人作如是言：『成就五逆罪者不入涅槃，說我人者得入涅槃。』即是妄語，亦是謗佛，於我法中又不能得清淨出家。舍利弗！我今明瞭告汝，有所得者無有涅槃。有所得者若有涅槃，是則諸佛不出於世，一切凡夫皆入涅槃；何以故？一切凡夫皆有我見人見，皆有所得，皆是邪見。」】

語譯：【如來又開示說：「舍利弗！如果有所得的人，百千萬億諸佛以三輪諸行來示現給這個人說：『你若是未來不捨去這樣的有所得見，尚且消不得別人供養的一口飲食，何況能得道果？』舍利弗！我見、人見而能證得涅槃的話，那麼一切凡夫都應該得滅度了。為何這麼說呢？我見人見全部都是邪見，而這一些凡夫的人們大多貪著於我、我所見、人見、眾生見，由於這個緣故一切凡夫就應該獲得涅槃了。舍利弗！如果有人心裡想著『眞的有我，也眞的有人』，這樣的人如果將來不捨棄這個錯誤見解而可以入涅槃的話，那麼一切凡夫也都應該證得聖道了；為何這麼說呢？因為一切凡夫全部都是我見和人見者；由於這個緣故我見人見如果能入涅槃的話，一切凡夫都應該進入聖道門了，那麼他們於聖道中就全部都沒有什麼缺少的了。舍利弗！如果有人這樣想『有我見時就已經有涅槃了』，那麼這個人應該已經具足聖道了，不須再想念其餘修行的事情了；爲何這麼說呢？因爲一切凡夫的我見人見都沒有欠少的緣故。像這樣的愚癡人有這樣的過失，這就是說所有的凡夫們依照這標準時應該都已經入聖道了，所以他們可以這樣說：『聖道是沒有繫縛的，這個人修道時應當可以殺生，也可以受用種種的五欲，也可以起作五逆罪。』由於這個緣故，這一些愚癡人在聖道中才會造作五逆罪，爲什麼這樣說呢？因爲一切凡夫都認爲有我、有眾生的緣故。如果有人這麼說：『成就五逆罪的人不會入涅槃，而說我眞實、人眞實的人是可以入涅槃的。』這樣說的人其實就是妄語，也是誹謗如來，在我的法中像這樣的人也是不可能獲得清淨的出家。舍利弗！我如今明白清楚告訴你，有所得的人不會有涅槃的。有所得的人如果有涅槃，照這個說法如來就不必出現於世間，一切凡夫全都可以入涅槃了；什麼緣故而這麼說呢？因爲一切凡夫全部都有我見和人見，也全部都是有所得，全部都是邪見。」】

講義：世尊說的我們聽來覺得很暢快，因爲如果我們也這樣講而沒有經文依據，人家一定又罵：「你這蕭平實眞狂、眞傲、眞慢，而且是增上慢。」一定會這樣罵的。現在 如來都替我罵了，多好！如來說：「假使將有所得的法認定是實證的法，像這樣的人沒有實證佛法的因緣，他想要取證涅槃也完全無可能。假使他說『有所得的境界是可以證涅槃』，而普天下的人都信受，沒有人出來反駁，那麼普天下人都會跟著他下墮地獄。」世尊又說：「這時百千萬億諸佛以神通、示教、記心三輪諸行來示現、來告訴他：『如果你當來還是捨不掉這錯誤的邪謬知見，那你這個出家人尚且消不得人家供養的一口飲食，』別說一碗一缽，連一口都消不得，「何況是佛菩提道或是解脫道的道果？」

換句話說，諸佛如來都不認同有所得的法。出家在兩千五百多年前如來座下時，就只是三衣一缽，一直都是這樣的。但是現在出家以後買得一大片地，那大雄寶殿蓋起來就像皇帝的金鑾寶殿一樣，接著是後宮粉黛三千。我沒有誇大，只是他們的後宮都剃了光頭，差別就只是這樣而已。這樣，他們根本就是違犯 如來的清淨戒，不只是「有所得法」而已。那麼回到「有所得法」來講，一天到晚為人家印證說：「你終於可以一念不生了，大悟徹底。」金剛寶印就蓋下去了！他們座下好多徒弟們一個一個都拿到所謂的金剛寶印，結果來到正覺這麼一檢驗，原來那只是冬瓜刻的印章，沒有辦法再蓋了，只能蓋一次；因爲佛法是「無所得法」，而他們爲人印證的是「有所得法」。

但是假使第一次來聽我講經，心裡會覺得有點不服氣，心中喃喃自語：「一念不生時就沒有什麼所得了，爲什麼你還說我有所得？」那我就要問：「正當一念不生時，有沒有見色？」有！這就是得色；有沒有聞聲？有！得聲；乃至香味觸法，正當一念不生時才這麼哐啷一聲，馬上知道花盆被貓打落地而破損了，得到法塵了。隨後生起煩惱來：「唉呀！好好一個花盆又被弄破了，又得花時間去買盆子，還要弄得一雙手髒。」不就是有所得了嗎？得到煩惱了。終於不斷在心底抗爭說：「放下！放下！放下！要保持無念。」終於奮鬥了好一會兒又無念了，可問題是正當無念時，對六塵是不是了了分明？正是。所以正打坐時，不曉得哪一個人鬧肚子，「噗……」一聲出來，他心裡馬上起念：「這臭味會不會飄到我這裡來？」有所得了，得到妄想的法。假使眞的飄來了，他可能有種種念，也是有所得；就算他都不起心動念，那個味道是香、是臭他總是知道了，就是有得了，還能說無所得嗎？眞的不行；所以離念靈知得種種法。

再要不信，咱們把層次拉高一點來講，離念靈知不就是得到未到地定的境界嗎？不就是得到初禪、二禪乃至非想非非想定的定境嗎？還能說是「無所得」嗎？所以出家了為眾生說法時，不應該落入「有所得法」中，更不應該說這種有所得的境界就是涅槃。可是在我們正覺弘法之前，好多道場都說涅槃就是一念不生的境界，就只有一個印順聰明不敢這樣講；其實他心裡也是這樣想的，但他不敢明講，他知道講出來會有問題，所以他乾脆來個「涅槃不可說」。但涅槃如果不可說，諸佛講涅槃卻講那麼多，到底是講什麼？世尊早就講了，不是沒講啊！那蕭平實出來弘法二十來年，也講了好多的涅槃；佛教界講涅槃最多的就是咱家，怎麼是不可說的呢？所以我這一出來說法，把他的謊言給砸了，因此他不敢吭聲了。

假使落在我之中就必然免不掉有人有眾生，必然也免不掉有六塵、有境界，有六塵、有境界就是有所得；這種人如果還不捨棄邪見，而世間又沒有善知識可以破斥他、沒有善知識來救護眾生，就得勞動諸佛；因為他誤導眾生太嚴重了，就告訴他：**「你如果還不能捨棄這樣的邪見，尚且消不得人家一口飲食的供養，別說想要證得道果。」**這話夠重的了。

如來就解釋說：「**舍利弗！我見、人見而證得涅槃的話，一切凡夫都應該滅度了。**」所以我們弘法之前的那些大師們的說法，當年他們都自稱阿羅漢或自稱成佛了，結果都是以這個五陰我作中心來講的，差別只是有的大師說要離念才是真我，有的大師根本就不用離念也說是真我。譬如咱們北投這位鄰居，他生前講的就是離念，只要一念不生便叫作明心，也叫作見性，所以他私下裡說：「**如果坐到一念不生，那時心花朵朵開，那就是見性了，就叫作開悟。**」所以他印證了一打十二位出家弟子，叫作明心見性；他們就只是能一念不生，並沒有斷我見，也沒有證眞如，就只是欲界的定境罷了；如果這樣也可以叫作明心見性，那麼全球所有修定的外道們全都是證悟的菩薩了。

所以他的《人生月刊》這一登出來，上面說他印證十二個徒弟明心見性了，竟然沒有一個徒弟敢公開承認是明心見性者，眞的很怪喔？這個怪，譬如……舉個例來講就容易理解了，譬如大家都推他當皇帝，說「你就是皇帝」，結果皇帝不敢承認是皇帝，怪不怪？眞的怪啊！但爲什麼他們都不敢承認？因爲後來都讀過蕭平實的書，知道自己還落在五蘊、十八界的生滅我裡面，所以師父雖然文章登了出來，那十二個人沒有一個敢公開承認自己眞的明心見性了。但這還好，表示至少要有一點小小的、粗淺的定力才能一念不生。

可是南部有個大道場，也是一、兩百公頃的規模；中部也有一個全球最高的寺院，規模一樣很大，這兩個大師講的是不用一念不生：現前這個清清楚楚明明白白靈明覺了的覺知心，就是眞實心；又說死後入涅槃就是這個心。但死後這個心就消失了，要怎麼入涅槃呢？又沒說。他們講的是入涅槃，可是臺灣後山有個比丘尼講的是成佛，不只是涅槃。她說：成佛之道是只要很歡喜地繼續布施，一直布施下去都保持歡喜心，這就是初歡喜地的大菩薩了；繼續布施下去，最後就成佛了。然而是怎麼成的佛，成佛的內涵與次第又是怎麼樣呢？都沒講。她有一本《心靈十境》好像是講成佛過程的十地菩薩境界，卻都不符聖教。還有個問題是，成佛之前她總要先證得二乘果吧，然後才能證大乘果啊！如果連我見都沒有斷，二乘果都證不得，全部都不離我見、人見，具足五陰十八界法，而說她這樣子是可以入涅槃，是已經成佛的人；依照她（他）們這個標準，一切凡夫都可以入涅槃了，都應該入滅度了。一切凡夫不是只有指人類，連阿貓、阿狗都可以入涅槃了，因爲阿貓、阿狗的境界比她們好，牠們整整一世都沒有語言文字妄想，阿貓、阿狗一生可都是離念靈知的。

對吧？你們有養過貓、狗的人，或者隔壁鄰居養的貓、狗，牠們會用語言文字跟你溝通嗎？都沒有過；所以照她們的標準來說，牠們都是離念的，應該就是證涅槃，也都是已經證悟了。依照她們的標準來看都是離念的，但依照我們的標準那還是妄念一堆。我們所謂的離念有兩個層次，第一是一念不生而不牽掛任何事情，另外一種離念是實相的境界中從來不起念。那你們看那些貓、狗，牠們都不用打坐修定，生來就離念，依據她（他）們離念的標準，就都該是證悟者、入涅槃者了。因爲她（他）們離念境界是要打坐修定而得，就認爲只要沒有語言文字在心中生起，就是離念；以她（他）們那個離念的標準來說，他們眞的好辛苦，每天打坐至少三個鐘頭，精進的人早上三個鐘頭、下午再三個鐘頭，打坐了好幾年終於可以離念了就說：「哇！我證悟了！」可是人家阿貓、阿狗生來就離念，那是不是牠們生來就是聖者？可見他們的修行顯然不如阿貓、阿狗，道理一定是如此的啊！

所以如果說「我見、人見能得涅槃」，就表示他落在五陰我之中。「我」就是有覺有知，沒有一個人敢承認說「我是無覺無知的」。只有菩薩可以這樣說：「『我』是無覺無知的。」人家問說：「你不是不知我在問你什麼嗎？那你怎麼還會回答？」菩薩說：「對啊！我會回答你，但我還是無覺無知。」那世間人聽不懂就罵：「神經病！」可是菩薩說的「我」不是五陰的我，而是第八識如來藏，是以這個離見聞覺知的如來藏作爲眞實的自內我，才能轉依眞如而不墮於世間法，但他們聽不懂。

所以布袋和尚在人間行走，剛一開始人家還說他精神有問題，因爲世間人不懂。後來有禪師看出來了就說：「這不是簡單的人物。」於是大家才終於瞭解說：「這原來是大菩薩。」但也不知道是何許人，等到他要離去時說了一首偈：「彌勒眞彌勒，分身千百億，時時示時人，時人自不識。」大家才知道原來是　彌勒菩薩化現，早知道就去親近了！可是能親近嗎？知道後就親近不了了，因此世間人是不懂的。假使他落在五陰我裡面，認爲我眞實，他就會認定別人也是眞實；把自我這個意識認作眞實時，也會認定別人意識是眞實的；這個偏邪的見解除不掉，表示他有我見也有人見，有我見有人見的人如果能得涅槃，那好了，一切凡夫都應滅度了，三界中就不應該還有有情，因爲早都入涅槃去了，所以說：「我見人見皆是邪見。」

「我只是主張自我眞實」，這就是我見；相對的，他一定會延伸出去依此類推，以致他把自我這個內涵認定爲眞實時，往外延伸就會認定別的眾生跟他一樣也有這個我，那麼人見就會存在了。人見只要存在著，眾生見就跟著出生，如來這裡說的省略一點。當我見人見眾生見存在時，一定會有壽命見，這在《佛藏經》的前半部講了不少；因爲這樣的我必然會死，會死而沒有死之前就叫作壽命，有這見解即是壽命見，所以都不會把沒有壽命的有情當作我人或者眾生。如果是這樣而可以得涅槃，那一切凡夫都應該得涅槃了。

所以說，如果有人起了一種念說「眞實有我、眞實有人」，而這樣的人如果還是不捨棄這種見解，竟然能證得涅槃的話，那麼一切凡夫應該都可以對任何人宣稱說：「我在解脫道中所作已辦，具足聖道。」也就是說在解脫道中一定有所應修的法，這些法都修完成了才叫作「所作已辦」，「所作已辦」的人當然具足聖道，所以四聖諦、八正道他是已經具足的。可是四諦、八正的修行是要斷我見、斷我所執和我執的，把這三個都斷了才能叫作「所作已辦」，所作已辦就表示他已「具足聖道」。這個二乘聖道所應該要修的法都已經修完了，所以叫作「具足聖道」；這表示應該作的他都作完了，這時必然也是「梵行已立，不受後有」的。但是如果不斷我見，同時擁有人見、眾生見的話，顯然他是所作未辦、聖道不具；如果這種有我見、眾生見的人可以得涅槃，那一切凡夫都應該得聖道了，應該都可以宣稱「所作已辦」，但事實上不可能。

如來又反過來說：「爲什麼這樣講呢？是因爲一切凡夫都是我見、人見；」既然你主張說有我見、有人見的人可以入涅槃，那麼一切凡夫都有我見也都有人見，當然也都可以入涅槃了，也都可以說是「所作已辦」，當然可以宣稱「不受後有」。

說完了這個道理，如來作了結論：「由於這個緣故，我見人見而可以入涅槃的話，一切凡夫都全部可以入聖道了；那麼一切凡夫於聖道之中就無欠無缺，什麼都不缺少，什麼聖道都具足了。」然後從另一個層面說：「舍利弗！如果有人這樣子想『有我見的人就有涅槃』，那麼那個人應該就是聖道，不需要再起任何念；」也不需要再想什麼是涅槃、什麼是修行，都不需要了，

「為什麼呢？因為一切凡夫我見人見全部都具足而不缺少的緣故。」

那麼 如來接著又說：「像這樣的愚癡人，有像這樣的過失，他們會說所有的凡夫都已進入聖道：『聖道是什麼繫縛都沒有的，所以這樣的人修行時應當要殺生，也可以繼續不斷領受五欲享受，可以現起五逆之罪。』」所以有些外道主張說，殺父殺母也無罪，殺佛殺祖也無罪。有沒有聽過大師們這樣講過？沒有嗎？有啊！怎麼沒有？我們弘法之前就有大師講過啊！有的大師說：「殺了人也等於沒殺，所以吃了肉也沒吃，因為般若說一切法空。」因此有的大師說：「我若是吃了眾生肉，就度了眾生。」有大師講過的啊，我就親耳聽過，你們沒有聽過？孤陋寡聞。原來他們就是依文解義，讀到經中說什麼都不存在，所以他認定一切法都空，因此殺了人也等於沒殺，因此犯了罪也沒有犯，下了地獄也沒有地獄可下，因此連地獄都是不存在，他們就這樣講的啊！所以他們認為自己解脫了，解脫就是什麼都放下、什麼都沒有了。

他們認為說：「當你下地獄時，如果能把地獄放下來，你心中就沒有地獄，地獄就不存在了。」但為什麼不下去試試看？看地獄存在不存在？眞實到不得了的；所以他們是不懂而自以爲懂。人家菩薩說地獄不存在，不是說地獄不存在，而是從眞如的境界來看地獄時，沒有地獄這回事；所以地獄眾生儘管在地獄中受苦無量，不單是欲哭無淚，簡直就沒有時間哭，總是急著逃難，眞是受苦無量！可是他們的五陰正當受苦、正當痛徹心扉時，他們的眞如依舊無所受，他們的眞如依舊不了知地獄，哪裡會有地獄？卻無妨他們的五陰繼續廣受地獄之苦。

那些大師不懂這個道理，他們只懂得從現象界來看，然後把宣說眞如境界的那些法義套在現象界中來講，就以爲說地獄眞的不存在了：只要你放下就沒有地獄。那問題來了：爲什麼地獄眾生還繼續在受苦，他們難道不想放棄地獄境界嗎？他們早就想要放棄地獄五陰、地獄境界，可問題是放不掉啊！所以實相法界跟現象法界並存，但並不是他們想要丟棄現象界中的地獄苦受就能丟棄的，不應當混爲一談。所以不懂的凡夫們閱讀了義經典、般若諸經中的說法，就誤以爲「**聖道無繫，是人修時應當殺生，受諸五欲，起五逆罪**」，無業無報。但他們誤會了，因爲無業無報是如來藏的境界，不是他們五陰的境界。當然，五逆另外有一個解釋，就是《楞伽經》中說的那個五逆的罪，既然《楞伽經》中有講了，我們就不重複。

如來接著說：「**由於這個緣故，愚癡人在聖道中就會有五逆罪出現了。**」諸位想想看，臺灣這幾年比較少了，只剩下密宗假藏傳佛教的人有時會誹謗如來藏正法或者誹謗我；可是在大陸佛協那些法師們還沒有警覺，因爲他們讀過我的書太少，沒有多少人讀過我的書，大部分都是人云亦云；看到人家有名氣的某某佛協會長大法師在罵蕭平實，他們就跟著罵。可他們不知道蕭平實的本質到底是什麼，他們完全不懂；人家罵是邪法、是邪魔，他們就跟著罵，可是沒有人讀過一本蕭平實的書。他們不知道未來的業報有多麼嚴重，才敢這麼罵；假使知道了，再也不敢罵了。想想看前一品說的：誹謗如來的正法、誹謗賢聖，經過無量無數百千阿僧祇劫，其間經過九十九億佛之後，而且又經過好多佛，總是下墮三惡道之後又回到人間，又下墮又回到人間，有因緣值遇 釋迦如來了，結果依舊不得「**順忍**」，更別說證初果。那麼多的阿僧祇劫，經歷那麼多佛到如今，連「**順忍**」都得不到，這才叫作業障！

成佛只要三大阿僧祇劫，他們已曾經過無量數的阿僧祇劫，而今連「**順忍**」都得不到，也就是對於初果人的見地他們聽了依舊不信受，想想看這業障有多麼嚴重！可見謗法與謗賢聖的業是非常重的，會障礙來世的佛道非常多、非常多的阿僧祇劫；人家三大阿僧祇劫就要成佛了，他們不曉得是三大阿僧祇劫的幾百倍、幾千倍、幾萬倍、幾億倍之後，都還不得「順忍」，所以更別想證初果。那麼為什麼他們會這樣？誹謗正法是不是五逆罪？是呀！如果你讀過《楞伽經詳解》便瞭解了，就知道誹謗正法是出佛身血，那是五逆罪；謗賢聖一樣都屬於五逆罪。

這一些凡夫為什麼會造作五逆之罪？全都因為有我、有眾生。所以你們看釋印順膽子多大：「阿彌陀佛的信仰就是太陽神崇拜的轉化。」他就是敢公然這麼說，還寫在書中廣為流通，他一點都不怕謗法的因果，因為他《妙雲集》裡就講地獄是不存在的，說是聖人施教的方便施設。你想，三界六道是一切佛弟子都要信受的，而釋印順連這基本的佛法都不信，單是世界悉檀講的三界六道他就不信有地獄道了，想來他心中應當也是不信有鬼神道的，所以他想：佛菩薩就只是人而已，所以只要好好當個人而懂佛法四諦八正，不必斷我見證什麼阿羅漢果，就只要以凡夫的人身努力去行菩薩六度就可以成佛了；也就是說凡夫就是佛，只要行善夠了就能成佛，他的道理就是這樣啊！所以他主張凡夫位的「人菩薩行」，原因就是這樣。

很多人讀不懂他書中在講什麼，不知道他心裡想的是什麼，但簡單地說他就是這個想法，所以他的「人間佛教」就這樣主張出來。所有的佛弟子如果遵照他的教導，那就是永遠行凡夫的人菩薩行，要以凡夫的人身來行菩薩行，以天身而行菩薩行的就不算數。釋印順認為，淨土宗講的淨土世界的菩薩不算數，認為那是不存在的事情，他只相信人間的凡夫位的「人菩薩行」。那他為什麼敢否定這一些而又作出這樣荒腔走板的論說？因為他認為：不用斷什麼我見，斷我見是不得了的事情；斷我見以後會變成斷滅，這是很嚴重的事情，所以不需要斷我見。因此邪見的緣故，他認為：意識粗糙的部分當然是生滅的，但意識中有一部分是細意識，那是不滅的，因此不用斷我見，用凡夫位的「人菩薩行」就可以成佛了。所以佛與凡夫的差別在哪裡？就在福德多；如果依他這樣講的道理，金輪王應該是佛了！可為什麼金輪王不得諸佛的授記呢？但他不管這一些：「**那是大乘經典講的，不算數，大乘經是後人創造的。**」從他的這一些理論、他的這一些主張中，諸位可以看得出來，他到底有沒有善根？

善根有五種：信、進、念、定、慧。五善根都沒有時會有五善力嗎？不會的；所以釋印順顯然沒有五根與五力，但是沒有人知道他的落處，就只是咱們正覺同修會上下知道，其他的人根本不知道。想來我今天講的，將來整理好印出去，她們讀了又要氣死了！但是如果氣得不得了，半夜裡發作起來昏厥送到醫院去，醒過來後或許能眞得覺醒了吧？不知道。那我們就盡量講講看，總得痛下針砭啊！不然如何救得她們呢。那麼爲什麼她們會這樣呢？因爲她們落在五陰我裡面，落在我之中，爲了世間法的所得，她們就會有五逆罪出現。

如果有一個人主張另外一種說法：「成就五逆罪的人是沒有辦法入涅槃的，因爲他太惡劣；但是不成就五逆罪而主張有眞實我的人，主張這五陰是眞實的人，主張十八界是眞實的人，他是可以入涅槃的。」他的認定點是有沒有惡業的差別：「前面那個人是有造惡業，那我主張的是他造了惡業一定要受報，所以沒有辦法入涅槃；如果他不造五逆業，雖然他認爲蘊處界有眞實我，這個覺知心是眞實的，這樣的人是可以入涅槃的，因爲沒有惡業遮障。」這是另一種說法。

那麼 如來隨即下定論說這樣的人「即是妄語，亦是謗佛」，因爲既然有我就有人、就會有眾生，執著於我就必須繼續受生，下一世才能繼續取得我，不然他就落入斷滅空而引生恐懼，不敢證涅槃，那就永遠輪迴生死而不可能入涅槃。不但不能證涅槃，像這樣的人 如來爲他下了一個結論說：「於我法中又不能得清淨出家。」因爲佛法說的是無我，他說的是有我；既然有我，必然會跟六塵境界相應，當他依於「我」而與六塵境界相應時，必然會求取六塵境界中的享樂；爲了求取六塵境界的享樂，就不斷地追逐世間法，那他就不肯努力利樂有情，因爲那太辛苦了，而且要付出很多，他就是這樣落入「有所得」的境界中；這樣就不可能奉行 如來的教誡，怎麼可能得到「清淨的出家」呢？所以 如來說：「於我法中又不能得清淨出家。」

如來又說：「舍利弗！我今明瞭告汝，有所得者無有涅槃。」剛才說的是「有我有人」，現在說的是「有所得」，但爲什麼要這樣講呢？因爲有一些人總是說：「我只要打坐到一念不生，那時什麼都放下，就是『無所得』了。」他認爲這樣就是親證「無所得」。在我們正覺弘法之前不論去到哪個道場都這樣講，都說：「你只要一念不生，不管什麼念頭起來你都放下，不管別人告訴你什麼壞消息、好消息，全都放下，放下以後你就是開悟了，從此以後每天過著幸福快樂的日子。」有沒有？有啊！南部的大師就是這麼講的。臺灣北部的大師則說：「你要什麼都放下，什麼都放下時就是阿羅漢，將來就可以這樣入涅槃。」看來南北的大師都差不多，但這些都是「有所得」的境界。

因為當他離念時正是「有所得」的，例如大家過堂飲食時：「今天典座煮得很好吃，我們繼續憶佛去吃它。」好吃時也知道好吃，我們都知道這是「有所得」的境界；雖然一樣是一念不生，但我們都知道這是「有所得」，因為好吃，就是領受了。難吃時，譬如說：「這道菜太鹹了！」也知道，知道就是「有所得」啊！縱使覺知心中還是沒有起念說「太鹹了」，但知道時就已經是得了——你得到那個境界。如果太鹹，心裡覺得不舒服，那又得到了鹹與煩惱，也是「有所得」；如果色香味俱全，吃起來歡歡喜喜，雖然心中依舊是離念的，但已經得到了歡喜，也領受了喜歡的味道，所以全部都是「有所得」。我們很清楚知道這一點，但他們卻認為這樣領受六塵境界時可以叫作「無所得」。就認為說：「你只要一切都放下，將來你就是這樣入涅槃。」

就認爲自己已經證得涅槃，其實仍是人間的境界，離涅槃還遠著。

這是末法時代很普遍的現象，但是我們認爲這是「有所得」的境界，不能得涅槃的，所以我們依所證的「無所得法」第八識眞如「無名相法」的境界、「無分別法」的境界來講《佛藏經》；但這一部經沒有人敢講，因爲他們要是依照自己的境界來講這一部經時，生怕砸自己的腳，所以都不敢講。以前有個寺院還好，人家徒弟們問說：「師父啊！我們可不可以讀《佛藏經》？」寺內僧眾一聽說正覺要講《佛藏經》，老和尚又走了，繼承的師父們就說：「可以讀啊！但只要讀前半部就好，後半部不要讀。」有這樣的一種說法。所以說這是末法時代才會發生的現象，如來所講的經典竟然禁止徒眾們讀後半部，那他們的意思是不是說：「世尊！您講太多了！只要講前半部就好。」但不是這個道理，如來說了全部的內容，就表示這全部都要給弟子們聽聞，這樣才對啊！

講到這前半部與後半部，我又想起那《廣論》的弘揚者日常法師；他講《廣論》永遠都講不完，一部《廣論》永遠都只講前半部，來到後半部的止觀就不講了；然後又重頭開始下士道、中士道、上士道，來到止觀時又不講，繼續從頭來講。以前有歌星是一曲走天下，他是半部走天下，但這樣竟然也有一大堆信徒，眞的怪！人之愚癡可以到這個地步。有智慧的人，假使前半部聽完了，來到後半部時師父竟然不講，一定要問清楚爲什麼不講，而他們竟然是大家都不問這個事情，無怪乎他們那麼多壺的水永遠煮不開。但是你既然提了一壺水，火燒了起來，就得把它煮開才對啊！身爲法師不應該煮不開，永遠只是一點點小火在那邊作個幌子，那不是明擺著欺騙人嗎？但就有那麼多人願意繼續被欺騙。

我們可不，我們只要把水放上爐子開了火，就是要把它趕快煮到開，中途絕不停止也不改爲小火，所以我們年年都要辦禪三，就是這個道理；光上課是不行的，還得上了山，用猛火再燒；當然得要把它燒開，一次不開、兩次不開、三次不開，五次十次也要煮開吧。所以沒有燒不開的水，只有懶惰的師父或是不懂得怎麼燒的愚人，多半是日常法師不肯燒而已。但是，也好在諸位沒有被他燒開，因爲他所謂燒開的水是成就密宗的佛果；他所謂的成佛就是樂空雙運，設法達到樂遍全身時便叫作正遍知，說那樣叫作成佛，你們如果眞的被那樣燒開了，那你就倒楣。對啊！因爲下地獄有分。所以成爲日常法師說的燒不開的水，還算是好的；而他們說，所有在家弟子那一壺壺的水都燒不開，表示在家人受害者少，或者沒有受害，那就只有他座下的部分出家弟子被燒開了——受害了。

那我們正覺不一樣，來到正覺以後不管你出家在家，我都想要把你們所有的水都燒開，一次燒不開就兩次，兩次不開就十次、二十次也要把你燒開；只要你能上山，上禪三久了總是會燒開的，這就是我們不同的地方。那我們的燒開是「無所得」，日常法師他們的燒開是「有所得」，而且那個「有所得法」最後會導致死後下墮，所以「有所得者」不會有涅槃的；因爲涅槃之中無一法存在，十八界法全部都消滅而不存在了，怎麼會有所得？假使有人入涅槃，涅槃之中還有一塵一念或者一心，那就是大妄語，所以如來又說：「有所得者若有涅槃，是則諸佛不出於世，一切凡夫皆入涅槃；」正是這樣啊！

假使依照以前大師們那樣的說法，說那樣一念不生時便叫作阿羅漢，說那樣叫作證涅槃，那麼阿貓阿狗也都可以入涅槃了；那人們也都不用修行、不用三歸依，只要修定就行了，因爲同樣都是離念靈知，或者同樣都是有念靈知。世尊又說：「如果有所得的人可以有涅槃，那麼諸佛就不會出現在世間，」因為諸佛來世間出現，就是要教導眾生「無所得」的境界；而他們竟然還在「有所得」的境界中就可以證涅槃，那諸佛不用出現來世間了，因為：「一切凡夫都可以入涅槃；」都可以脫離輪迴生死，諸佛又何必辛苦來世間？因此 如來解釋說：「何以故？一切凡夫皆有我見人見，皆有所得，皆是邪見。」這是說一切的凡夫；凡夫當然是指沒有斷我見、三縛結具足的人或者有情，那麼一切凡夫都有我見、都有人見，全部是「有所得」的境界，這樣全都是邪見；如果這樣的凡夫都可以入涅槃，諸佛又何必辛苦來人間？所以當他們在跟人家蓋冬瓜印，說這樣就是阿羅漢境界，說這樣就是涅槃時，他們其實等於是在指責說：「你們諸佛來人間出現根本沒有必要，我跟他們蓋印章就夠了。」那是謗佛的重罪。接著再聽 如來開示：

（未完，詳後第十八輯續說。）

佛教正覺同修會〈修學佛道次第表〉

第一階段
* 以憶佛及拜佛方式修習動中定力。
* 學第一義佛法及禪法知見。
* 無相拜佛功夫成就。
* 具備一念相續功夫—動靜中皆能看話頭。
* 努力培植福德資糧，勤修三福淨業。

第二階段
* 參話頭，參公案。
* 開悟明心，一片悟境。
* 鍛鍊功夫求見佛性。
* 眼見佛性〈餘五根亦如是〉親見世界如幻，成就如幻觀。
* 學習禪門差別智。
* 深入第一義經典。
* 修除性障及隨分修學禪定。
* 修證十行位陽焰觀。

第三階段
* 學一切種智真實正理—楞伽經、解深密經、成唯識論…。
* 參究末後句。
* 解悟末後句。
* 透牢關—親自體驗所悟末後句境界，親見實相，無得無失。
* 救護一切衆生迴向正道。護持了義正法，修證十迴向位如夢觀。
* 發十無盡願，修習百法明門，親證猶如鏡像現觀。
* 修除五蓋，發起禪定。持一切善法戒。親證猶如光影現觀。
* 進修四禪八定、四無量心、五神通。進修大乘種智，求證猶如谷響現觀。

佛菩提二主要道次第概要表——二道並修，以外無別佛法

佛菩提道——大菩提道

十信位修集信心——一劫乃至一萬劫

資糧位

初住位修集布施功德（以財施爲主）。
二住位修集持戒功德。
三住位修集忍辱功德。
四住位修集精進功德。
五住位修集禪定功德。
六住位修集般若功德（熏習般若中觀及斷我見，加行位也）。

外門廣修六度萬行

見道位

七住位明心般若正觀現前，親證本來自性清淨涅槃。
八住位起於一切法現觀般若中道。漸除性障。
十住位眼見佛性，世界如幻觀成就。

一至十行位，於廣行六度萬行中，依般若中道慧，現觀陰處界猶如陽焰，至第十行滿心位，陽焰觀成就。

一至十迴向位熏習一切種智；修除性障，唯留最後一分思惑不斷。第十迴向滿心位成就菩薩道如夢觀。

內門廣修六度萬行

遠波羅蜜多

初地：第十迴向位滿心時，成就道種智一分（八識心王一一親證後，領受五法、三自性、七種第一義、七種性自性、二種無我法）復由勇發十無盡願，成通達位菩薩。復又永伏性障而不具斷，能證慧解脫而不取證，由大願故留惑潤生。此地主修法施波羅蜜多及百法明門。證「猶如鏡像」現觀，故滿初地心。

二地：初地功德滿足以後，再成就道種智一分而入二地；主修戒波羅蜜多及一切種智。滿心位成就「猶如光影」現觀，戒行自然清淨。

解脫道：二乘菩提

→ 斷三縛結，成初果解脫

→ 薄貪瞋癡，成二果解脫

→ 斷五下分結，成三果解脫

入地前的四加行令煩惱障現行悉斷，成四果解脫，留惑潤生。分段生死已斷，煩惱障習氣種子開始斷除，兼斷無始無明上煩惱。

圓滿成就究竟佛果

佛子蕭平實 謹製
（二〇〇九、〇二 修訂）
（二〇一二、〇二 增補）

近波羅蜜多

大波羅蜜多

圓滿波羅蜜多

修道位

究竟位

三地：二地滿心再證道種智一分，故入三地。此地主修忍波羅蜜多及四禪八定、四無量心、五神通。能成就俱解脫果而不取證，留惑潤生。滿心位成就「猶如谷響」現觀及無漏妙定意生身。

四地：由三地再證道種智一分故入四地。主修精進波羅蜜多，於此土及他方世界廣度有緣，無有疲倦。進修一切種智，滿心位成就「如水中月」現觀。

五地：由四地再證道種智一分故入五地。主修禪定波羅蜜多及一切種智，斷除下乘涅槃貪。滿心位成就「變化所成」現觀。

六地：由五地再證道種智一分故入六地。此地主修般若波羅蜜多——依道種智現觀十二因緣一一有支及意生身化身，皆自心眞如變化所現，「非有似有」，成就細相觀，不由加行而自然證得滅盡定，成俱解脫大乘無學。

七地：由六地「非有似有」現觀，再證道種智一分故入七地。此地主修一切種智及方便波羅蜜多，由重觀十二有支一一支中之流轉門及還滅門一切細相，成就方便善巧，念念隨入滅盡定。滿心位證得「如犍闥婆城」現觀。

八地：由七地極細相觀成就故再證道種智一分而入八地。此地主修一切種智及願波羅蜜多。至滿心位純無相觀任運恆起，故於相土自在，滿心位復證「如實覺知諸法相意生身」故。

九地：由八地再證道種智一分故入九地。主修力波羅蜜多及一切種智，成就四無礙，滿心位證得「種類俱生無行作意生身」。

十地：由九地再證道種智一分故入此地。此地主修一切種智——智波羅蜜多。滿心位起大法智雲，及現起大法智雲所含藏種種功德，成受職菩薩。

等覺：由十地道種智成就故入此地。此地應修一切種智，圓滿等覺地無生法忍；於百劫中修集極廣大福德，以之圓滿三十二大人相及無量隨形好。

妙覺：示現受生人間已斷盡煩惱障一切習氣種子，並斷盡所知障一切隨眠，永斷變易生死無明，成就大般涅槃，四智圓明。人間捨壽後，報身常住色究竟天利樂十方地上菩薩；以諸化身利樂有情，永無盡期，成就究竟佛道。

七地滿心斷除故意保留之最後一分思惑時，煩惱障所攝色、受、想三陰有漏習氣種子全部斷盡。←

煩惱障所攝行、識二陰無漏習氣種子任運漸斷，所知障所攝上煩惱任運漸斷。←

斷盡變易生死
成就大般涅槃

佛教正覺同修會 共修現況 及 招生公告　2022/03/07

一、共修現況：（請在共修時間來電，以免無人接聽。）

台北正覺講堂 103 台北市承德路三段 277 號九樓 捷運淡水線圓山站旁 Tel..**總機** 02-25957295（晚上）（**分機：九樓**辦公室 10、11；知客櫃檯 12、13。 **十樓**知客櫃檯 15、16；書局櫃檯 14。 **五樓**辦公室 18；知客櫃檯 19。**二樓**辦公室 20；知客櫃檯 21。）Fax..25954493

第一講堂 台北市承德路三段 277 號九樓

禪淨班：週一晚班、週三晚班、週四晚班、週五晚班、週六下午班、週六上午班（共修期間二年半，全程免費。皆須報名建立學籍後始可參加共修，欲報名者詳見本公告末頁。）

增上班：成唯識論釋：單週六晚班。雙週六晚班（重播班）。17.50～20.50。平實導師講解，2022 年 2 月末開講，預定六年內講完，僅限已明心之會員參加。

禪門差別智：每月第一週日全天　平實導師主講（事冗暫停）。

解深密經詳解　本經從六度波羅蜜多談到八識心王，再詳論大乘見道所證眞如，然後論及悟後進修的相見道位所觀七眞如，以及入地後的十地所修，乃至成佛時的四智圓明一切種智境界，皆是可修可證之法，流傳至今依舊可證，顯示佛法眞是義學而非玄談，淺深次第皆所論及之第一義諦妙義。已於 2021 年三月下旬起開講，由平實導師詳解。每逢週二晚上開講，第一至第六講堂都可同時聽聞，歡迎菩薩種性學人，攜眷共同參與此殊勝法會現場聞法，不限制聽講資格。本會學員憑上課證進入第一至第四講堂聽講，會外學人請以身分證件換證進入聽講（此爲大樓管理處安全管理規定之要求，敬請諒解）；第五及第六講堂（B1、B2）對外開放，不需出示任何證件，請由大樓側門直接進入。

第二講堂 台北市承德路三段 267 號十樓。

禪淨班：週一晚班。

進階班：週三晚班、週四晚班、週五晚班、週六早班、週六下午班。禪淨班結業後轉入共修。

增上班：成唯識論釋：單週六晚班，影音同步傳播。雙週六晚班（重播班）

解深密經詳解：平實導師講解。每週二 18.50~20.50 影像音聲即時傳輸。

第三講堂 台北市承德路三段 277 號五樓。

禪淨班：週六下午班。

增上班：成唯識論釋：單週六晚班，影音同步傳播。雙週六晚班（重播班）

進階班：週一晚班、週三晚班、週四晚班、週五晚班。

解深密經詳解：平實導師講解。每週二 18.50~20.50 影像音聲即時傳輸。

第四講堂　台北市承德路三段 267 號二樓。

進階班：週一晚班、週三晚班、週四晚班（禪淨班結業後轉入共修）。

解深密經詳解：平實導師講解。每週二 18.50~20.50 影像音聲即時傳輸。

第五、第六講堂

念佛班　每週日晚上，第六講堂共修（B2），一切求生極樂世界的三寶弟子皆可參加，不限制共修資格。

進階班：週一晚班、週三晚班、週四晚班。

解深密經詳解：平實導師講解。每週二 18.50~20.50 影像音聲即時傳輸。第五、第六講堂爲**開放式講堂**，不需以身分證件換證即可進入聽講，台北市承德路三段 267 號地下一樓、地下二樓。每逢週二晚上講經時段開放給會外人士自由聽經，請由大樓側面梯階逕行進入聽講。**聽講者請尊重講者的著作權及肖像權，請勿錄音錄影，以免違法；若有錄音錄影被查獲者，將依法處理。**

第七講堂　台北市承德路三段 267 號六樓。

進階班：週一晚班、週三晚班、週四晚班（禪淨班結業後轉入共修）。

增上班：成唯識論釋：單週六晚班，影音同步傳播。雙週六晚班（重播班）

解深密經詳解：平實導師講解。每週二 18.50~20.50 影像音聲即時傳輸。

正覺祖師堂　大溪區美華里信義路 650 巷坑底 5 之 6 號（台 3 號省道 34 公里處　妙法寺對面斜坡道進入）電話 03-3886110　傳眞 03-3881692 本堂供奉　克勤圓悟大師，專供會員每年四月、十月各三次精進禪三共修，兼作本會出家菩薩掛單常住之用。開放參訪日期請參見本會公告。教內共修團體或道場，得另申請其餘時間作團體參訪，務請事先與常住確定日期，以便安排常住菩薩接引導覽，亦免妨礙常住菩薩之日常作息及修行。

桃園正覺講堂（第一、第二講堂）：桃園市介壽路 286、288 號 10 樓（陽明運動公園對面）電話：03-3749363（請於共修時聯繫，或與台北聯繫）

禪淨班：週一晚班（1）、週一晚班（2）、週三晚班、週四晚班、週五晚班。

進階班：週四晚班、週五晚班、週六上午班。

增上班：成唯識論釋。雙週六晚班（增上重播班）。

解深密經詳解：平實導師講解。每週二晚上，以台北正覺講堂所錄 DVD 放映；歡迎會外學人共同聽講，不需出示身分證件。

新竹正覺講堂　新竹市東光路 55 號二樓之一　電話 03-5724297（晚上）

第一講堂：

禪淨班：週五晚班。

進階班：週三晚班、週四晚班、週六上午班。由禪淨班結業後轉入共修

增上班：成唯識論釋。單週六晚班。雙週六晚班（重播班）。

解深密經詳解：平實導師講解。每週二晚上，以台北正覺講堂所錄 DVD 放映。歡迎會外學人共同聽講，不需出示身分證件。

第二講堂：

禪淨班：週一晚班、週三晚班、週四晚班、週六上午班。

解深密經詳解：每週二晚上與第一講堂同步播放講經 DVD。

第三、第四講堂：裝修完畢，已經啓用。

台中正覺講堂　04-23816090（晚上）

第一講堂　台中市南屯區五權西路二段 666 號 13 樓之四（國泰世華銀行樓上。鄰近縣市經第一高速公路前來者，由五權西路交流道可以快速到達，大樓旁有停車場，對面有素食館）。

禪淨班：週四晚班、週五晚班。

進階班：週一晚班、週三晚班、週六上午班（由禪淨班結業後轉入共修）。

增上班：成唯識論釋。單週六晚班。雙週六晚班（重播班）。

解深密經詳解：平實導師講解。每週二晚上，以台北正覺講堂所錄 DVD 放映。歡迎會外學人共同聽講，不需出示身分證件。

第二講堂　台中市南屯區五權西路二段 666 號 4 樓

禪淨班：週一晚班、週三晚班。

第三講堂台中市南屯區五權西路二段 666 號 4 樓

禪淨班：週一晚班。

第四講堂台中市南屯區五權西路二段 666 號 4 樓。

進階班：週一晚班、週四晚班、週六上午班，由禪淨班結業後轉入共修

解深密經詳解：每週二晚上與第一講堂同步播放講經 DVD。

嘉義正覺講堂　嘉義市友愛路 288 號八樓之一　電話：05-2318228

第一講堂：

禪淨班：週四晚班、週五晚班、週六上午班。

進階班：週一晚班、週三晚班（由禪淨班結業後轉入共修）。

增上班：成唯識論釋。單週六晚班。雙週六晚班（重播班）。

解深密經詳解：平實導師講解。每週二晚上，以台北正覺講堂所錄 DVD 放映。歡迎會外學人共同聽講，不需出示身分證件。

第二講堂　嘉義市友愛路 288 號八樓之二。

第三講堂　嘉義市友愛路 288 號四樓之七。

禪淨班：週一晚班、週三晚班。

台南正覺講堂

第一講堂　台南市西門路四段 15 號 4 樓。06-2820541（晚上）

禪淨班：週一晚班、週三晚班、週四晚班、週五晚班、週六下午班。

增上班：成唯識論釋。單週六晚班。雙週六晚班（重播班）。

解深密經詳解：平實導師講解。每週二晚上，以台北正覺講堂所錄 DVD 放映。歡迎會外學人共同聽講，不需出示身分證件。

第二講堂　台南市西門路四段 15 號 3 樓。

解深密經詳解：每週二晚上與第一講堂同步播放講經 DVD。

第三講堂　台南市西門路四段 15 號 3 樓。

進階班：週一晚班、週三晚班、週四晚班、週五晚班（由禪淨班結業後轉入共修）。

解深密經詳解：每週二晚上與第一講堂同步播放講經 DVD。

高雄正覺講堂　高雄市新興區中正三路 45 號五樓 07-2234248（晚上）

第一講堂（五樓）：

禪淨班：週一晚班、週三晚班、週四晚班、週五晚班、週六上午班。

增上班：**成唯識論釋**。單週六晚班。雙週六晚班（重播班）。

解深密經詳解：平實導師講解。每週二晚上，以台北正覺講堂所錄 DVD 放映。歡迎會外學人共同聽講，不需出示身分證件。

第二講堂（四樓）：

進階班：週三晚班、週四晚班、週六上午班（由禪淨班結業後轉入共修）。

解深密經詳解：每週二晚上與第一講堂同步播放講經 DVD。

第三講堂（三樓）：

進階班：週四晚班（由禪淨班結業後轉入共修）。

香港正覺講堂

香港新界葵涌打磚坪街 93 號維京科技商業中心A 座 18 樓。

電話：(852) 23262231

英文地址：18/F, Tower A, Viking Technology & Business Centre, 93 Ta Chuen Ping Street, Kwai Chung, N.T., Hong Kong.

禪淨班：雙週六下午班、雙週日下午班、單週六下午班、單週日下午班

進階班：雙週五晚上班、雙週日早上班（由禪淨班結業後轉入共修）。

增上班：每月第一週週日，以台北增上班課程錄成 DVD 放映之。

增上重播班：每月第一週週六，以台北增上班課程錄成 DVD 放映之。

大法鼓經詳解：平實導師講解。每週六、日 19:00～21:00，以台北正覺講堂所錄 DVD 放映；歡迎會外學人共同聽講，不需出示身分證件。

二、招生公告　本會台北講堂及全省各講堂、香港講堂，每逢四月、十月下旬開新班，每週共修一次（每次二小時。開課日起三個月內仍可插班）；但美國洛杉磯共修處之禪淨班得隨時插班共修。各班共修期間皆爲二年半，全程免費，欲參加者請向本會函索報名表（各共修處皆於共修時間方有人執事，非共修時間請勿電詢或前來洽詢、請書），或直接從本會官方網站(http://www.enlighten.org.tw/newsflash/class)或成佛之道網站下載報名表。共修期滿時，若經報名禪三審核通過者，可參加四天三夜之禪三精進共修，有機會明心、取證如來藏，發起般若實相智慧，成爲實義菩薩，脫離凡夫菩薩位。

三、新春禮佛祈福 農曆年假期間停止共修：自農曆新年前七天起停止共修與弘法，正月 8 日起回復共修、弘法事務。新春期間正月初一～初七 9.00～17.00 開放台北講堂、正月初一~初三開放新竹、台中、嘉義、台南、高雄講堂，以及大溪禪三道場（正覺祖師堂），方便會員供佛、祈福及會外人士請書。美國洛杉磯共修處之休假時間，請逕詢該共修處。

密宗四大派修雙身法，是外道性力派的邪法；又以生滅的識陰作為常住法，是常見外道，是假的藏傳佛教。

西藏覺囊巴以他空見弘揚第八識如來藏勝法，才是真藏傳佛教

佛教正覺同修會　弘法行事表

2022/03/07

1、**禪淨班**　以無相念佛及拜佛方式修習動中定力，實證一心不亂功夫。傳授解脫道正理及第一義諦佛法，以及參禪知見。共修期間：二年六個月。每逢四月、十月開新班，詳見招生公告表。

2、**進階班**　禪淨班畢業後得轉入此班，進修更深入的佛法，期能證悟明心。各地講堂各有多班，繼續深入佛法、增長定力，悟後得轉入增上班修學道種智，期能證得無生法忍。

3、**增上班 成唯識論**詳解　詳解八識心王的唯識性、唯識相、唯識位，分說八識心王及其心所各別的自性、所依、所緣、相應心所、行相、功用等，並闡述緣生諸法的四緣：因緣、等無間緣、所緣緣、增上緣等四緣，並論及十因五果等。論中闡釋**佛法實證及成就的根本法即是第八識，由第八識成就三界世間及出世間的一切染淨諸法，方有成佛之道可修、可證、可成就，名爲圓成實性**。然後詳解末法時代學人極易混淆的見道位所函蓋的眞見道、相見道、通達位等內容，指正末法時代高慢心一類學人，於見道位前後不斷所墮的同一邪謬處。末後開示修道位的十地之中，各地所應斷的二愚及所應證的一智，乃至佛位的四智圓明及具足四種涅槃等一切種智之眞實正理。由平實導師講述，每逢一、三、五週之週末晚上開示，每逢二、四週之週末爲重播班，供作後悟之菩薩補聞所未聽聞之法。增上班課程僅限已明心之會員參加。未來每逢講完十分之一內容時，便予出書流通；總共十輯，敬請期待。(註：《瑜伽師地論》從 2003 年二月開講，至 2022 年 2 月 19 日圓滿，爲期 18 年整。)

4、**解深密經**詳解　本經所說妙法極爲甚深難解，非唯論及佛法中心主旨的八識心王及般若實證之標的，亦論及眞見道之後轉入相見道位中應該修學之法，即是七眞如之觀行內涵，然後始可入地。亦論及見道之後，如何與解脫及佛菩提智相應，兼論十地進修之道，末論如來法身及四智圓明的一切種智境界。如是眞見道、相見道、諸地修行之義，傳至今時仍然可證，顯示佛法眞是義學而非玄談或思想，有實證之標的與內容，非學術界諸思惟研究者之所能到，乃是離言絕句之第八識第一義諦妙義。重講本經之目的，在於令諸已悟之人明解大乘佛法之成佛次第，以及悟後進修一切種智之內涵，確實證知三種自性性，並得據此證解七眞如、十眞如等正理，成就三無性的境界。已於 2021 年三月下旬起每逢週二的晚上公開宣講，由平實導師詳解。不限制聽講資格。

5、**精進禪三**　主三和尚：平實導師。於四天三夜中，以克勤圓悟大師及大慧宗杲之禪風，施設機鋒與小參、公案密意之開示，幫助會員剋期取證，親證不生不滅之眞實心——人人本有之如來藏。每年四月、十月各舉辦三個梯次；平實導師主持。僅限本會會員參加禪淨班共修期滿，報名審核通過者，方可參加。並選擇會中定力、慧力、福德三條件皆已具足之已明心會員，給以指引，令得眼見自己無形無相之佛性遍佈山河大地，眞實而無障礙，得以肉眼現觀世界身心悉皆如幻，具足成就如幻觀，圓滿十住菩薩之證境。

6、**阿含經**詳解　選擇重要之阿含部經典，依無餘涅槃之實際而加以詳解，令大眾得以現觀諸法緣起性空，亦復不墮斷滅見中，顯示經中所隱說之涅槃實際—如來藏—確實已於四阿含中隱說；令大眾得以聞後觀行，確實斷除我見乃至我執，證得**見到**眞現觀，乃至**身證**……等眞現觀；已得大乘或二乘見道者，亦可由此聞熏及聞後之觀行，除斷我所之貪著，成就慧解脫果。由平實導師詳解。不限制聽講資格。

7、**精選如來藏系經典**詳解　精選如來藏系經典一部，詳細解說，以此完全印證會員所悟如來藏之眞實，得入不退轉住。另行擇期詳細解說之，由平實導師講解。僅限已明心之會員參加。

8、**禪門差別智**　藉禪宗公案之微細淆訛難知難解之處，加以宣說及剖析，以增進明心、見性之功德，啓發差別智，建立擇法眼。每月第一週日全天，由平實導師開示，僅限破參明心後，復又眼見佛性者參加（事冗暫停）。

9、**枯木禪**　先講智者大師的《小止觀》，後說《釋禪波羅蜜》，詳解四禪八定之修證理論與實修方法，細述一般學人修定之邪見與岔路，及對禪定證境之誤會，消除枉用功夫、浪費生命之現象。已悟般若者，可以藉此而實修初禪，進入大乘通教及聲聞教的三果心解脫境界，配合應有的大福德及後得無分別智、十無盡願，即可進入初地心中。親教師：平實導師。未來緣熟時將於正覺寺開講。不限制聽講資格。

註：本會例行年假，自 2004 年起，改爲每年農曆新年前七天開始停息弘法事務及共修課程，農曆正月 8 日回復所有共修及弘法事務。新春期間（每日 9.00~17.00）開放台北講堂，方便會員禮佛祈福及會外人士請書。大溪區的正覺祖師堂，開放參訪時間，詳見〈正覺電子報〉或成佛之道網站。本表得因時節因緣需要而隨時修改之，不另作通知。

佛教正覺同修會　贈閱書籍 目錄　2021/8/30

1.**無相念佛**　平實導師著　回郵 36 元
2.**念佛三昧修學次第**　平實導師述著　回郵 52 元
3.**正法眼藏—護法集**　平實導師述著　回郵 76 元
4.**真假開悟簡易辨正法＆佛子之省思**　平實導師著　回郵 26 元
5.**生命實相之辨正**　平實導師著　回郵 31 元
6.**如何契入念佛法門**（附：印順法師否定極樂世界）平實導師著　回郵 26 元
7.**平實書箋**—答元覽居士書　平實導師著　回郵 52 元
8.**三乘唯識**—如來藏系經律彙編　平實導師編　回郵 80 元
（精裝本　長 27 cm　寬 21 cm　高 7.5 cm　重 2.8 公斤）
9.**三時繫念全集**—修正本　回郵掛號 52 元（長 26.5 cm×寬 19 cm）
10.**明心與初地**　平實導師述　回郵 31 元
11.**邪見與佛法**　平實導師述著　回郵 36 元
12.**甘露法雨**　平實導師述　回郵 36 元
13.**我與無我**　平實導師述　回郵 36 元
14.**學佛之心態**—修正錯誤之學佛心態始能與正法相應　孫正德老師著　回郵52元
附錄：平實導師著**《略說八、九識並存…等之過失》**
15.**大乘無我觀**—《悟前與悟後》別說　平實導師述著　回郵 36 元
16.**佛教之危機**—中國台灣地區現代佛教之真相（附錄：公案拈提六則）
平實導師著　回郵 52 元
17.**燈　影**—燈下黑（覆「求教後學」來函等）　平實導師著　回郵 76 元
18.**護法與毀法**—覆上平居士與徐恒志居士網站毀法二文
張正圜老師著　回郵 76 元
19.**淨土聖道**—兼評**選擇本願念佛**　正德老師著　**由正覺同修會購贈**　回郵 52 元
20.**辨唯識性相**—對「紫蓮心海《辯唯識性相》書中否定阿賴耶識」之回應
正覺同修會 台南共修處法義組 著　回郵 52 元
21.**假如來藏**—對法蓮法師《如來藏與阿賴耶識》書中否定阿賴耶識之回應
正覺同修會 台南共修處法義組 著　回郵 76 元
22.**入不二門**—公案拈提集錦 第一輯（於平實導師公案拈提諸書中選錄約二十則，
合輯爲一冊流通之）平實導師著　回郵 52 元
23.**真假邪說**—西藏密宗索達吉喇嘛《破除邪說論》真是邪說
釋正安法師著　上、下冊回郵各 52 元
24.**真假開悟**—真如、如來藏、阿賴耶識間之關係　平實導師述著　回郵 76 元
25.**真假禪和**—辨正釋傳聖之謗法謬說　孫正德老師著　回郵 76 元
26.**眼見佛性**—駁慧廣法師**眼見佛性的含義**文中謬說
游正光老師著　回郵 52 元

27.**普門自在**—公案拈提集錦 第二輯（於平實導師公案拈提諸書中選錄約二十則，合輯爲一冊流通之）平實導師著　回郵 52 元

28.**印順法師的悲哀**—以現代禪的質疑為線索　恒毓博士著　回郵 52 元

29.**識蘊真義**—現觀識蘊內涵、取證初果、親斷三縛結之具體行門。

—依《成唯識論》及《惟識述記》正義，略顯安慧《大乘廣五蘊論》之邪謬

平實導師著　回郵 76 元

30.**正覺電子報** 各期紙版本　免附回郵　每次最多函索三期或三本。

（已無存書之較早各期，不另增印贈閱）

31.**現代人應有的宗教觀**　蔡正禮老師 著　回郵 31 元

32.**遠惑趣道**—正覺電子報般若信箱問答錄　第一輯　回郵 52 元

33.**遠惑趣道**—正覺電子報般若信箱問答錄　第二輯　回郵 52 元

34.**確保您的權益**—器官捐贈應注意自我保護　游正光老師 著　回郵 31 元

35.**正覺教團電視弘法三乘菩提 DVD 光碟（一）**

由正覺教團多位親教師共同講述錄製 DVD 8 片，MP3 一片，共 9 片。有二大講題：一爲「三乘菩提之意涵」，二爲「學佛的正知見」。內容精闢，深入淺出，精彩絕倫，幫助大眾快速建立三乘法道的正知見，免被外道邪見所誤導。有志修學三乘佛法之學人不可不看。（製作工本費 100 元，回郵 52 元）

36.**正覺教團電視弘法 DVD 專輯（二）**

總有二大講題：一爲「三乘菩提之念佛法門」，一爲「學佛正知見（第二篇）」，由正覺教團多位親教師輪番講述，內容詳細闡述如何修學念佛法門、實證念佛三昧，以及學佛應具有的正確知見，可以幫助發願往生西方極樂淨土之學人，得以把握往生，更可令學人快速建立三乘法道的正知見，免於被外道邪見所誤導。有志修學三乘佛法之學人不可不看。（一套 17 片，工本費 160 元。回郵 76 元）

37.**喇嘛性世界**—揭開假藏傳佛教譚崔瑜伽的面紗　張善思 等人合著

由正覺同修會購贈　回郵 52 元

38.**假藏傳佛教的神話**—性、謊言、喇嘛教　張正玄教授編著

由正覺同修會購贈　回郵 52 元

39.**隨　緣**—理隨緣與事隨緣　平實導師述　回郵 52 元。

40.**學佛的覺醒**　正枝居士 著　回郵 52 元

41.**導師之真實義**　蔡正禮老師 著　回郵 31 元

42.**淺談達賴喇嘛之雙身法**—兼論解讀「密續」之達文西密碼

吳明芷居士 著　回郵 31 元

43.**魔界轉世**　張正玄居士 著　回郵 31 元

44.**一貫道與開悟**　蔡正禮老師 著　回郵 31 元

45.**博愛**—愛盡天下女人　正覺教育基金會 編印　回郵 36 元

46.**意識虛妄經教彙編**—實證解脱道的關鍵經文　正覺同修會編印　回郵 36 元

47.**邪箭囈語**—破斥藏密外道多識仁波切《破魔金剛箭雨論》之邪說

陸正元老師著　上、下冊回郵各 52 元

48.**真假沙門**—依 佛聖教闡釋佛教僧寶之定義

蔡正禮老師著　俟正覺電子報連載後結集出版

49.**真假禪宗**—藉評論釋性廣《印順導師對變質禪法之批判

及對禪宗之肯定》以顯示真假禪宗

附論一：凡夫知見 無助於佛法之信解行證

附論二：世間與出世間一切法皆從如來藏實際而生而顯

余正偉老師著　俟正覺電子報連載後結集出版　回郵未定

★ 上列贈書之郵資，係台灣本島地區郵資，大陸、港、澳地區及外國地區，請另計酌增（大陸、港、澳、國外地區之郵票不許通用）。尚未出版之書，請勿先寄來郵資，以免增加作業煩擾。

★ 本目錄若有變動，唯於後印之書籍及「成佛之道」網站上修正公佈之，不另行個別通知。

函索書籍請寄：佛教正覺同修會　103 台北市承德路 3 段 277 號 9 樓
台灣地區函索書籍者請附寄郵票，無時間購買郵票者可以等值現金抵用，但不接受郵政劃撥、支票、匯票。大陸地區得以人民幣計算，國外地區請以美元計算（請勿寄來當地郵票，在台灣地區不能使用）。欲以掛號寄遞者，請另附掛號郵資。

親自索閱：正覺同修會各共修處。　★請於共修時間前往取書，餘時無人在道場，請勿前往索取；共修時間與地點，詳見書末正覺同修會共修現況表（以近期之共修現況表為準）。

註：正智出版社發售之局版書，請向各大書局購閱。若書局之書架上已經售出而無陳列者，請向書局櫃台指定洽購；若書局不便代購者，請於正覺同修會共修時間前往各共修處請購，正智出版社已派人於共修時間送書前往各共修處流通。 郵政劃撥購書及 大陸地區 購書，請詳別頁正智出版社發售書籍目錄最後頁之說明。

成佛之道 網站：http://www.a202.idv.tw　正覺同修會已出版之結緣書籍，多已登載於 成佛之道 網站，若住外國、或住處遙遠，不便取得正覺同修會贈閱書籍者，可以從本網站閱讀及下載。

＊＊假藏傳佛教修雙身法，非佛教＊＊

正智出版社 籌募弘法基金發售書籍目錄 2021/12/28

1.**宗門正眼**—公案拈提 第一輯 重拈 平實導師著 500 元

因重寫內容大幅度增加故，字體必須改小，並增為 576 頁 主文 546 頁。比初版更精彩、更有內容。初版《禪門摩尼寶聚》之讀者，可寄回本公司免費調換新版書。免附回郵，亦無截止期限。（2007 年起，每冊附贈本公司精製公案拈提〈超意境〉CD 一片。市售價格 280 元，多購多贈。）

2.**禪淨圓融** 平實導師著 200 元（第一版舊書可換新版書。）

3.**真實如來藏** 平實導師著 400 元

4.**禪—悟前與悟後** 平實導師著 上、下冊，每冊 250 元

5.**宗門法眼**—公案拈提 第二輯 平實導師著 500 元

（2007 年起，每冊附贈本公司精製公案拈提〈超意境〉CD 一片）

6.**楞伽經詳解** 平實導師著 全套共 10 輯 每輯 250 元

7.**宗門道眼**—公案拈提 第三輯 平實導師著 500 元

（2007 年起，每冊附贈本公司精製公案拈提〈超意境〉CD 一片）

8.**宗門血脈**—公案拈提 第四輯 平實導師著 500 元

（2007 年起，每冊附贈本公司精製公案拈提〈超意境〉CD 一片）

9.**宗通與說通**—成佛之道 平實導師著 主文 381 頁 全書 400 頁售價 300 元

10.**宗門正道**—公案拈提 第五輯 平實導師著 500 元

（2007 年起，每冊附贈本公司精製公案拈提〈超意境〉CD 一片）

11.**狂密與真密 一～四輯** 平實導師著 西藏密宗是人間最邪淫的宗教，本質不是佛教，只是披著佛教外衣的印度教性力派流毒的喇嘛教。此書中將西藏密宗密傳之男女雙身合修樂空雙運所有祕密與修法，毫無保留完全公開，並將全部喇嘛們所不知道的部分也一併公開。內容比大辣出版社喧騰一時的《西藏慾經》更詳細。並且函蓋藏密的所有祕密及其錯誤的中觀見、如來藏見……等，藏密的所有法義都在書中詳述、分析、辨正。每輯主文三百餘頁 每輯全書約 400 頁 售價每輯 300 元

12.**宗門正義**—公案拈提 第六輯 平實導師著 500 元

（2007 年起，每冊附贈本公司精製公案拈提〈超意境〉CD 一片）

13.**心經密意**—心經與解脫道、佛菩提道、祖師公案之關係與密意 平實導師述 300 元

14.**宗門密意**—公案拈提 第七輯 平實導師著 500 元

（2007 年起，每冊附贈本公司精製公案拈提〈超意境〉CD 一片）

15.**淨土聖道**—兼評「選擇本願念佛」 正德老師著 200 元

16.**起信論講記** 平實導師述著 共六輯 每輯三百餘頁 售價各 250 元

17.**優婆塞戒經講記** 平實導師述著 共八輯 每輯三百餘頁 售價各 250 元

18.**真假活佛**—略論附佛外道盧勝彥之邪說（對前岳靈犀網站主張「盧勝彥是證悟者」之修正） 正犀居士（岳靈犀）著 流通價 140 元

19.**阿含正義**—唯識學探源 平實導師著 共七輯 每輯 300 元

20.**超意境** CD 以平實導師公案拈提書中超越意境之頌詞，加上曲風優美的旋律，錄成令人嚮往的超意境歌曲，其中包括正覺發願文及平實導師親自譜成的黃梅調歌曲一首。詞曲雋永，殊堪翫味，可供學禪者吟詠，有助於見道。內附設計精美的彩色小冊，解說每一首詞的背景本事。每片 280 元。【每購買公案拈提書籍一冊，即贈送一片。】

21.**菩薩底憂鬱** CD 將菩薩情懷及禪宗公案寫成新詞，並製作成超越意境的優美歌曲。 1.主題曲〈菩薩底憂鬱〉，描述地後菩薩能離三界生死而迴向繼續生在人間，但因尚未斷盡習氣種子而有極深沈之憂鬱，非三賢位菩薩及二乘聖者所知，此憂鬱在七地滿心位方才斷盡；本曲之詞中所說義理極深，昔來所未曾見；此曲係以優美的情歌風格寫詞及作曲，聞者得以激發嚮往諸地菩薩境界之大心，詞、曲都非常優美，難得一見；其中勝妙義理之解說，已印在附贈之彩色小冊中。 2.以各輯公案拈提中直示禪門入處之頌文，作成各種不同曲風之超意境歌曲，值得玩味、參究；聆聽公案拈提之優美歌曲時，請同時閱讀內附之印刷精美說明小冊，可以領會超越三界的證悟境界；未悟者可以因此引發求悟之意向及疑情，眞發菩提心而邁向求悟之途，乃至因此眞實悟入般若，成眞菩薩。 3.正覺總持咒新曲，總持佛法大意；總持咒之義理，已加以解說並印在隨附之小冊中。本 CD 共有十首歌曲，長達 63 分鐘。每盒各附贈二張購書優惠券。每片 280 元。

22.**禪意無限** CD 平實導師以公案拈提書中偈頌寫成不同風格曲子，與他人所寫不同風格曲子共同錄製出版，幫助參禪人進入禪門超越意識之境界。盒中附贈彩色印製的精美解說小冊，以供聆聽時閱讀，令參禪人得以發起參禪之疑情，即有機會證悟本來面目而發起實相智慧，實證大乘菩提般若，能如實證知般若經中的眞實意。本 CD 共有十首歌曲，長達 69 分鐘，每盒各附贈二張購書優惠券。每片 280 元。

23.**我的菩提路**第一輯　釋悟圓、釋善藏等人合著　售價 300 元

24.**我的菩提路**第二輯　郭正益等人合著　售價 300 元

25.**我的菩提路**第三輯　王美伶等人合著　售價 300 元

26.**我的菩提路**第四輯　陳晏平等人合著　售價 300 元

27.**我的菩提路**第五輯　林慈慧等人合著　售價 300 元

28.**我的菩提路**第六輯　劉惠莉等人合著　售價 300 元

29.**我的菩提路**第七輯　余正偉等人合著　售價 300 元

30.**鈍鳥與靈龜**—考證後代凡夫對大慧宗杲禪師的無根誹謗。

平實導師著　共 458 頁　售價 350 元

31.**維摩詰經講記**　平實導師述　共六輯　每輯三百餘頁　售價各 250 元

32.**真假外道**—破劉東亮、杜大威、釋證嚴常見外道見　正光老師著　200 元

33.**勝鬘經講記**—兼論印順《勝鬘經講記》對於《勝鬘經》之誤解。

平實導師述　共六輯　每輯三百餘頁　售價250 元

34.**楞嚴經講記** 平實導師述 共**15**輯，每輯三百餘頁 售價300元

35.**明心與眼見佛性**—駁慧廣〈蕭氏「眼見佛性」與「明心」之非〉文中謬說

正光老師著 共448頁 售價300元

36.**見性與看話頭** 黃正倖老師 著，本書是禪宗參禪的方法論。

內文375頁，全書416頁，售價300元。

37.**達賴真面目**—玩盡天下女人 白正偉老師 等著 中英對照彩色精裝大本 800元

38.**喇嘛性世界**—揭開假藏傳佛教譚崔瑜伽的面紗 張善思 等人著 200元

39.**假藏傳佛教的神話**—性、謊言、喇嘛教 正玄教授編著 200元

40.**金剛經宗通** 平實導師述 共九輯 每輯售價250元。

41.**空行母**—性別、身分定位，以及藏傳佛教。

珍妮·坎貝爾著 呂艾倫 中譯 售價250元

42.**末代達賴**—性交教主的悲歌 張善思、呂艾倫、辛燕編著 售價250元

43.**霧峰無霧**—給哥哥的信 辨正釋印順對佛法的無量誤解

游宗明 老師著 售價250元

44.**霧峰無霧**—第二輯—救護佛子向正道 細說釋印順對佛法的各類誤解

游宗明 老師著 售價250元

45.**第七意識與第八意識？**—穿越時空「超意識」

平實導師述 每冊300元

46.**黯淡的達賴**—失去光彩的諾貝爾和平獎

正覺教育基金會編著 每冊250元

47.**童女迦葉考**—論呂凱文〈佛教輪迴思想的論述分析〉之謬。

平實導師 著 定價180元

48.**人間佛教**—實證者必定不悖三乘菩提

平實導師 述，定價400元

49.**實相經宗通** 平實導師述 共八輯 每輯250元

50.**真心告訴您(一)**—達賴喇嘛在幹什麼？

正覺教育基金會編著 售價250元

51.**中觀金鑑**—詳述應成派中觀的起源與其破法本質

孫正德老師著 分爲上、中、下三冊，每冊250元

52.**藏傳佛教要義**—《狂密與真密》之簡體字版 平實導師 著 上、下冊

僅在大陸流通 每冊300元

53.**法華經講義** 平實導師述 共二十五輯 每輯300元

已於2015/05/31起開始出版，每二個月出版一輯

54.**西藏「活佛轉世」制度**—附佛、造神、世俗法

許正豐、張正玄老師合著 定價150元

55.**廣論三部曲** 郭正益老師著 定價150元

56.**真心告訴您(二)**—達賴喇嘛是佛教僧侶嗎？

—補祝達賴喇嘛八十大壽

正覺教育基金會編著 售價300元

57.**次法**—實證佛法前應有的條件

張善思居士著　分為上、下二冊，每冊250元

58.**涅槃**—解說四種涅槃之實證及內涵　平實導師著 上、下冊 各350元

59.**山法**—西藏關於他空與佛藏之根本論

篤補巴．喜饒堅贊著　　傑弗里．霍普金斯英譯

張火慶教授、呂艾倫老師中譯　精裝大本1200元

60.**佛藏經講義**　平實導師述　2019年7月31日開始出版　共21輯

每二個月出版一輯，每輯300元。

61.**成唯識論**　大唐 玄奘菩薩所著經本，重新正確斷句，並以不同字體及標點符號顯示質疑文，令得易讀。全書 288 頁，精裝大本 400元

62.**假鋒虛焰金剛乘**—揭示顯密正理，兼破索達吉師徒《般若鋒兮金剛焰》

釋正安法師著 簡體字版 即將出版 售價未定

63.**廣論之平議**—宗喀巴《菩提道次第廣論》之平議　正雄居士著

約二或三輯　俟正覺電子報連載後結集出版　書價未定

64.**大法鼓經講義**　平實導師講述　《佛藏經講義》出版後發行，每輯300元

65.**不退轉法輪經講義** 平實導師講述　《大法鼓經講義》出版後發行

66.**八識規矩頌**詳解　○○居士 註解　出版日期另訂　書價未定。

67.**中觀正義**—註解平實導師《中論正義頌》。

○○法師（居士）著　出版日期未定　書價未定

68.**中論正義**—釋龍樹菩薩《中論》頌正理。

孫正德老師著　出版日期未定　書價未定

69.**成唯識論釋**—詳解大唐玄奘菩薩所著的《成唯識論》，平實導師述著。總共十輯，於每講完一輯的分量以後即予出版，預計2022年十月出版第一輯，以後每七個月出版一輯，每輯400元。

70.**中國佛教史**—依中國佛教正法史實而論。 ○○老師 著　書價未定。

71.**印度佛教史**—法義與考證。依法義史實評論印順《印度佛教思想史、佛教史地考論》之謬說　正偉老師著　出版日期未定　書價未定

72.**阿含經講記**—將選錄四阿含中數部重要經典全經講解之，講後整理出版。

平實導師述　約二輯　每輯300元　出版日期未定

73.**寶積經講記** 平實導師述　每輯三百餘頁 優惠價300元 出版日期未定

74.**解深密經講義**　平實導師述 約四輯　將於重講後整理出版

75.**修習止觀坐禪法要講記**　平實導師述　每輯三百餘頁

將於正覺寺建成後重講、以講記逐輯出版　出版日期未定

76.**無門關**—《無門關》公案拈提　平實導師著　出版日期未定

77.**中觀再論**—兼述印順《中觀今論》謬誤之平議。正光老師著 出版日期未定

78.**輪迴與超度**—佛教超度法會之真義。

○○法師（居士）著　出版日期未定　書價未定

79.**《釋摩訶衍論》平議**—對偽稱龍樹所造《釋摩訶衍論》之平議

○○法師（居士）著　出版日期未定　書價未定

80.**正覺發願文**註解—以真實大願為因 得證菩提

正德老師著　出版日期未定　書價未定

81.**正覺總持咒**—佛法之總持　正圜老師著　出版日期未定　書價未定

82.**三自性**—依四食、五蘊、十二因緣、十八界法，說三性三無性。

作者未定　出版日期未定

83.**道品**—從三自性說大小乘三十七道品　作者未定　出版日期未定

84.**大乘緣起觀**—依四聖諦七真如現觀十二緣起 作者未定　出版日期未定

85.**三德**—論解脫德、法身德、般若德。　作者未定　出版日期未定

86.**真假如來藏**—對印順《如來藏之研究》謬說之平議　作者未定 出版日期未定

87.**大乘道次第**　作者未定　出版日期未定　書價未定

88.**四緣**—依如來藏故有四緣。　作者未定　出版日期未定

89.**空之探究**—印順《空之探究》謬誤之平議　作者未定 出版日期未定

90.**十法義**—論阿含經中十法之正義　作者未定　出版日期未定

91.**外道見**—論述外道六十二見　作者未定　出版日期未定

正智出版社有限公司　書籍介紹

禪淨圓融：言淨土諸祖所未曾言，示諸宗祖師所未曾示；禪淨圓融，另闢成佛捷徑，兼顧自力他力，闡釋淨土門之速行易行道，亦同時揭櫫聖教門之速行易行道；令廣大淨土行者得免緩行難證之苦，亦令聖道門行者得以藉著淨土速行道而加快成佛之時劫。乃前無古人之超勝見地，非一般弘揚禪淨法門典籍也，先讀為快。平實導師著 200元。

宗門正眼—公案拈提第一輯：繼承克勤圜悟大師碧巖錄宗旨之禪門鉅作。先則舉示當代大法師之邪說，消弭當代禪門大師鄉愿之心態，摧破當今禪門「世俗禪」之妄談；次則旁通教法，表顯宗門正理；繼以道之次第，消弭古今狂禪；後藉言語及文字機鋒，直示宗門入處。悲智雙運，禪味十足，數百年來難得一睹之禪門鉅著也。平實導師著　500元（原初版書《禪門摩尼寶聚》，改版後補充為五百餘頁新書，總計多達二十四萬字，內容更精彩，並改名為《宗門正眼》，讀者原購初版《禪門摩尼寶聚》皆可寄回本公司免費換新，免附回郵，亦無截止期限）（2007年起，凡購買公案拈提第一輯至第七輯，每購一輯皆贈送本公司精製公案拈提〈超意境〉CD一片，市售價格280元，多購多贈）。

禪—悟前與悟後：本書能建立學人悟道之信心與正確知見，圓滿具足而有次第地詳述禪悟之功夫與禪悟之內容，指陳參禪中細微淆訛之處，能使學人明自眞心、見自本性。若未能悟入，亦能以正確知見辨別古今中外一切大師究係眞悟？或屬錯悟？便有能力揀擇，捨名師而選明師，後時必有悟道之緣。一旦悟道，遲者七次人天往返，便出三界，速者一生取辦。學人欲求開悟者，不可不讀。　平實導師著。上、下冊共500元，單冊250元。

真實如來藏：如來藏眞實存在，乃宇宙萬有之本體，並非印順法師、達賴喇嘛等人所說之「唯有名相、無此心體」。如來藏是涅槃之本際，是一切有智之人竭盡心智、不斷探索而不能得之生命實相；是古今中外許多大師自以爲悟而當面錯過之生命實相。如來藏即是阿賴耶識，乃是一切有情本自具足、不生不滅之眞實心。當代中外大師於此書出版之前所未能言者，作者於本書中盡情流露、詳細闡釋。眞悟者讀之，必能增益悟境、智慧增上；錯悟者讀之，必能檢討自己之錯誤，免犯大妄語業；未悟者讀之，能知參禪之理路，亦能以之檢查一切名師是否眞悟。此書是一切哲學家、宗教家、學佛者及欲昇華心智之人必讀之鉅著。　平實導師著　售價400元。

宗門法眼—公案拈提第二輯：列舉實例，闡釋土城廣欽老和尚之悟處；並直示這位不識字的老和尚妙智橫生之根由，繼而剖析禪宗歷代大德之開悟公案，解析當代密宗高僧卡盧仁波切之錯悟證據，並例舉當代顯宗高僧、大居士之錯悟證據（凡健在者，爲免影響其名聞利養，皆隱其名）。藉辨正當代名師之邪見，向廣大佛子指陳禪悟之正道，彰顯宗門法眼。悲勇兼出，強捋虎鬚；慈智雙運，巧探驪龍；摩尼寶珠在手，直示宗門入處，禪味十足；若非大悟徹底，不能爲之。禪門精奇人物，允宜人手一冊，供作參究及悟後印證之圭臬。本書於2008年4月改版，增寫爲大約500頁篇幅，以利學人研讀參究時更易悟入宗門正法，以前所購初版首刷及初版二刷舊書，皆可免費換取新書。平實導師著　500元（2007年起，凡購買公案拈提第一輯至第七輯，每購一輯皆贈送本公司精製公案拈提〈超意境〉CD一片，市售價格280元，多購多贈）。

宗門道眼—公案拈提第三輯：繼宗門法眼之後，再以金剛之作略、慈悲之胸懷、犀利之筆觸，舉示寒山、拾得、布袋三大士之悟處，消弭當代錯悟者對於寒山大士……等之誤會及誹謗。　亦舉出民初以來與虛雲和尚齊名之蜀郡鹽亭袁煥仙夫子——南懷瑾老師之師，其「悟處」何在？並蒐羅許多眞悟祖師之證悟公案，顯示禪宗歷代祖師之睿智，指陳部分祖師、奧修及當代顯密大師之謬悟，作爲殷鑑，幫助禪子建立及修正參禪之方向及知見。假使讀者閱此書已，一時尚未能悟，亦可一面加功用行，一面以此宗門道眼辨別眞假善知識，避開錯誤之印證及歧路，可免大妄語業之長劫慘痛果報。欲修禪宗之禪者，務請細讀。平實導師著　售價500元（2007年起，凡購買公案拈提第一輯至第七輯，每購一輯皆贈送本公司精製公案拈提〈超意境〉CD一片，市售價格280元，多購多贈）。

楞伽經詳解：本經是禪宗見道者印證所悟眞僞之根本經典，亦是禪宗見道者悟後起修之依據經典；故達摩祖師於印證二祖慧可大師之後，將此經典連同佛鉢祖衣一併交付二祖，令其依此經典佛示金言、進入修道位，修學一切種智。由此可知此經對於眞悟之人修學佛道，是非常重要之一部經典。此經能破外道邪說，亦破佛門中錯悟名師之謬說，亦破禪宗部分祖師之狂禪：不讀經典、一向主張「一悟即成究竟佛」之謬執。並開示愚夫所行禪、觀察義禪、攀緣如禪、如來禪等差別，令行者對於三乘禪法差異有所分辨；亦糾正禪宗祖師古來對於如來禪之誤解，嗣後可免以訛傳訛之弊。此經亦是法相唯識宗之根本經典，禪者悟後欲修一切種智而入初地者，必須詳讀。平實導師著，全套共十輯，已全部出版完畢，每輯主文約320頁，每冊約352頁，定價250元。

宗門血脈—公案拈提第四輯：末法怪象—許多修行人自以爲悟，每將無念靈知認作眞實；崇尚二乘法諸師及其徒眾，則將外於如來藏之緣起性空—無因論之無常空、斷滅空、一切法空—錯認爲 佛所說之般若空性。這兩種現象已於當今海峽兩岸及美加地區顯密大師之中普遍存在；人人自以爲悟，心高氣壯，便敢寫書解釋祖師證悟之公案，大多出於意識思惟所得，言不及義，錯誤百出，因此誤導廣大佛子同陷大妄語之地獄業中而不能自知。彼等書中所說之悟處，其實處處違背第一義經典之聖言量。彼等諸人不論是否身披袈裟，都非佛法宗門血脈，或雖有禪宗法脈之傳承，亦只徒具形式；猶如螟蛉，非眞血脈，未悟得根本眞實故。禪子欲知 佛、祖之眞血脈者，請讀此書，便知分曉。平實導師著，主文452頁，全書464頁，定價500元（2007年起，凡購買公案拈提第一輯至第七輯，每購一輯皆贈送本公司精製公案拈提〈超意境〉CD一片，市售價格280元，多購多贈）。

宗通與說通：古今中外，錯誤之人如麻似粟，每以常見外道所說之靈知心，認作眞心；或妄想虛空之勝性能量爲眞如，或錯認物質四大元素藉冥性（靈知心本體）能成就吾人色身及知覺，或認初禪至四禪中之了知心爲不生不滅之涅槃心。此等皆非通宗者之見地。復有錯悟之人一向主張「宗門與教門不相干」，此即尚未通達宗門之人也。其實宗門與教門互通不二，宗門所證者乃是眞如與佛性，故教門所說者乃說宗門證悟之眞如佛性，故教門與宗門不二。本書作者以宗教二門互通之見地，細說「宗通與說通」，從初見道至悟後起修之道、細說分明；並將諸宗諸派在整體佛教中之地位與次第，加以明確之教判，學人讀之即可了知佛法之梗概也。欲擇明師學法之前，允宜先讀。平實導師著，主文共381頁，全書392頁，只售成本價300元。

宗門正道—公案拈提第五輯：修學大乘佛法有二果須證—解脫果及大菩提果。二乘人不證大菩提果，唯證解脫果；此果之智慧，名爲聲聞菩提、緣覺菩提。大乘佛子所證二果之菩提果爲佛菩提，故名大菩提果，其慧名爲一切種智—函蓋二乘解脫果。然此大乘二果修證，須經由禪宗之宗門證悟方能相應。而宗門證悟極難，自古已然；其所以難者，咎在古今佛教界普遍存在三種邪見：1.以修定認作佛法，　2.以無因論之緣起性空—否定涅槃本際如來藏以後之一切法空作爲佛法，3.以常見外道邪見（離語言妄念之靈知性）作爲佛法。　如是邪見，或因自身正見未立所致，或因邪師之邪教導所致，或因無始劫來虛妄熏習所致。若不破除此三種邪見，永劫不悟宗門眞義、不入大乘正道，唯能外門廣修菩薩行。　平實導師於此書中，有極爲詳細之說明，有志佛子欲摧邪見、入於內門修菩薩行者，當閱此書。主文共496頁，全書512頁。售價500元（2007年起，凡購買公案拈提第一輯至第七輯，每購一輯皆贈送本公司精製公案拈提〈超意境〉CD一片，市售價格280元，多購多贈）。

狂密與眞密：密教之修學，皆由有相之觀行法門而入，其最終目標仍不離顯教經典所說第一義諦之修證；若離顯教第一義經典、或違背顯教第一義經典，即非佛教。西藏密教之觀行法，如灌頂、觀想、遷識法、寶瓶氣、大聖歡喜雙身修法、喜金剛、無上瑜伽、大樂光明、樂空雙運等，皆是印度教兩性生生不息思想之轉化，自始至終皆以如何能運用交合淫樂之法達到全身受樂爲其中心思想，純屬欲界五欲的貪愛，不能令人超出欲界輪迴，更不能令人斷除我見；何況大乘之明心與見性，更無論矣！故密宗之法絕非佛法也。而其明光大手印、大圓滿法教，又皆同以常見外道所說離語言妄念之無念靈知心錯認爲佛地之眞如，不能直指不生不滅之眞如。西藏密宗所有法王與徒衆，都尚未開頂門眼，不能辨別眞僞，以依人不依法、依密續不依經典故，不肯將其上師喇嘛所說對照第一義經典，純依密續之藏密祖師所說爲準，因此而誇大其證德與證量，動輒謂彼祖師上師爲究竟佛、爲地上菩薩；如今台海兩岸亦有自謂其師證量高於　釋迦文佛者，然觀其師所述，猶未見道，仍在觀行即佛階段，尚未到禪宗相似即佛、分證即佛階位，竟敢標榜爲究竟佛及地上法王，誑惑初機學人。凡此怪象皆是狂密，不同於眞密之修行者。近年狂密盛行，密宗行者被誤導者極衆，動輒自謂已證佛地眞如，自視爲究竟佛，陷於大妄語業中而不知自省，反謗顯宗眞修實證者之證量粗淺；或如義雲高與釋性圓…等人，於報紙上公然誹謗眞實證道者爲「騙子、無道人、人妖、癩蛤蟆…」等，造下誹謗大乘勝義僧之大惡業；或以外道法中有爲有作之甘露、魔術……等法，誑騙初機學人，狂言彼外道法爲眞佛法。如是怪象，在西藏密宗及附藏密之外道中，不一而足，舉之不盡，學人宜應愼思明辨，以免上當後又犯毀破菩薩戒之重罪。密宗學人若欲遠離邪知邪見者，請閱此書，即能了知密宗之邪謬，從此遠離邪見與邪修，轉入眞正之佛道。平實導師著 共四輯 每輯約400頁（主文約340頁）每輯售價300元。

宗門正義—公案拈提第六輯：佛教有六大危機，乃是藏密化、世俗化、膚淺化、學術化、宗門密意失傳、悟後進修諸地之次第混淆；其中尤以宗門密意之失傳，爲當代佛教最大之危機。由宗門密意失傳故，易令 世尊本懷普被錯解，易令 世尊正法被轉易爲外道法，以及加以淺化、世俗化，是故宗門密意之廣泛弘傳與具緣佛弟子，極爲重要。然而欲令宗門密意之廣泛弘傳予具緣之佛弟子者，必須同時配合錯誤知見之解析、普令佛弟子知之，然後輔以公案解析之直示入處，方能令具緣之佛弟子悟入。而此二者，皆須以公案拈提之方式爲之，方易成其功、竟其業，是故平實導師續作宗門正義一書，以利學人。 全書500餘頁，售價500元（2007年起，凡購買公案拈提第一輯至第七輯，每購一輯皆贈送本公司精製公案拈提〈超意境〉CD一片，市售價格280元，多購多贈）。

心經密意—心經與解脫道、佛菩提道、祖師公案之關係與密意。 二乘菩提所證之解脫道，實依第八識心之斷除煩惱障現行而立解脫之名；大乘菩提所證之佛菩提道，實依親證第八識如來藏之涅槃性、清淨自性、及其中道性而立般若之名；禪宗祖師公案所證之眞心，即是此第八識如來藏；是故三乘佛法所修所證之三乘菩提，皆依此如來藏心而立名也。此第八識心，即是《心經》所說之心也。證得此如來藏已，即能漸入大乘佛菩提道，亦可因證知此心而了知二乘無學所不能知之無餘涅槃本際，是故《心經》之密意，與三乘佛菩提之關係極爲密切、不可分割，三乘佛法皆依此心而立名故。今者平實導師以其所證解脫道之無生智及佛菩提之般若種智，將《心經》與解脫道、佛菩提道、祖師公案之關係與密意，以演講之方式，用淺顯之語句和盤托出，發前人所未言，呈三乘菩提之眞義，令人藉此《心經密意》一舉而窺三乘菩提之堂奧，迥異諸方言不及義之說；欲求眞實佛智者、不可不讀！主文317頁，連同跋文及序文…等共384頁，售價300元。

宗門密意—公案拈提第七輯：佛教之世俗化，將導致學人以信仰作爲學佛，則將以感應及世間法之庇祐，作爲學佛之主要目標，不能了知學佛之主要目標爲親證三乘菩提。大乘菩提則以般若實相智慧爲主要修習目標，以二乘菩提解脫道爲附帶修習之標的；是故學習大乘法者，應以禪宗之證悟爲要務，能親入大乘菩提之實相般若智慧中故，般若實相智慧非二乘聖人所能知故。此書則以台灣世俗化佛教之三大法師，說法似是而非之實例，配合眞悟祖師之公案解析，提示證悟般若之關節，令學人易得悟入。平實導師著，全書五百餘頁，售價500元（2007年起，凡購買公案拈提第一輯至第七輯，每購一輯皆贈送本公司精製公案拈提〈超意境〉CD一片，市售價格280元，多購多贈）。

淨土聖道—兼評選擇本願念佛：佛法甚深極廣，般若玄微，非諸二乘聖僧所能知之，一切凡夫更無論矣！所謂一切證量皆歸淨土是也！是故大乘法中「聖道之淨土、淨土之聖道」，其義甚深，難可了知；乃至眞悟之人，初心亦難知也。今有正德老師眞實證悟後，復能深探淨土與聖道之緊密關係，憐憫衆生之誤會淨土實義，亦欲利益廣大淨土行人同入聖道，同獲淨土中之聖道門要義，乃振奮心神、書以成文，今得刊行天下。主文279頁，連同序文等共301頁，總有十一萬六千餘字，正德老師著，成本價200元。

起信論講記：詳解大乘起信論心生滅門與心眞如門之眞實意旨，消除以往大師與學人對起信論所說心生滅門之誤解，由是而得了知眞心如來藏之非常非斷中道正理；亦因此一講解，令此論以往隱晦而被誤解之眞實義，得以如實顯示，令大乘佛菩提道之正理得以顯揚光大；初機學者亦可藉此正論所顯示之法義，對大乘法理生起正信，從此得以眞發菩提心，眞入大乘法中修學，世世常修菩薩正行。平實導師演述，共六輯，都已出版，每輯三百餘頁，售價各250元。

優婆塞戒經講記：本經詳述在家菩薩修學大乘佛法，應如何受持菩薩戒？對人間善行應如何看待？對三寶應如何護持？應如何正確地修集此世後世證法之福德？應如何修集後世「行菩薩道之資糧」？並詳述第一義諦之正義：五蘊非我非異我、自作自受、異作異受、不作不受……等深妙法義，乃是修學大乘佛法、行菩薩行之在家菩薩所應當了知者。出家菩薩今世或未來世登地已，捨報之後多數將如華嚴經中諸大菩薩，以在家菩薩身而修行菩薩行，故亦應以此經所述正理而修之，配合《楞伽經、解深密經、楞嚴經、華嚴經》等道次第正理，方得漸次成就佛道；故此經是一切大乘行者皆應證知之正法。平實導師講述，每輯三百餘頁，售價各250元；共八輯，已全部出版。

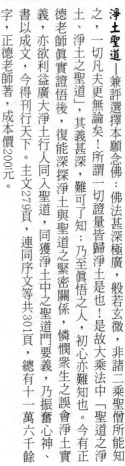

真假活佛—略論附佛外道盧勝彥之邪說：人人身中都有眞活佛，永生不滅而有大神用，但眾生都不了知，所以常被身外的西藏密宗假活佛籠罩欺瞞。本來就眞實存在的眞活佛，才是眞正的密宗無上密！諾那活佛因此而說禪宗是大密宗，但藏密的所有活佛都不知道、也不曾實證自身中的眞活佛。本書詳實宣示眞活佛的道理，舉證盧勝彥的「佛法」不是眞佛法，也顯示盧勝彥是假活佛，直接的闡釋第一義佛法見道的眞實正理。眞佛宗的所有上師與學人們，都應該詳細閱讀，包括盧勝彥個人在內。正犀居士著，優惠價140元。

阿含正義—唯識學探源：廣說四大部《阿含經》諸經中隱說之眞正義理，一一舉示佛陀本懷，令阿含時期初轉法輪根本經典之眞義，如實顯現於佛子眼前。並提示末法大師對於阿含眞義誤解之實例，一一比對之，證實唯識增上慧學確於原始佛法之阿含諸經中已隱覆密意而略說之，證實 世尊確於原始佛法中已曾密意而說第八識如來藏之總相；亦證實 世尊在四阿含中已說此藏識是名色十八界之因、之本—證明如來藏是能生萬法之根本心。佛子可據此修正以往受諸大師（譬如西藏密宗應成派中觀師：印順、昭慧、性廣、大願、達賴、宗喀巴、寂天、月稱、……等人）誤導之邪見，建立正見，轉入正道乃至親證初果而無困難；書中並詳說三果所證的心解脫，以及四果慧解脫的親證，都是如實可行的具體知見與行門。全書共七輯，已出版完畢。平實導師著，每輯三百餘頁，售價300元。

超意境CD：以平實導師公案拈提書中超越意境之頌詞，加上曲風優美的旋律，錄成令人嚮往的超意境歌曲，其中包括正覺發願文及平實導師親自譜成的黃梅調歌曲一首。詞曲雋永，殊堪翫味，可供學禪者吟詠，有助於見道。內附設計精美的彩色小冊，解說每一首詞的背景本事。每片280元。【每購買公案拈提書籍一冊，即贈送一片。】

我的菩提路第一輯：凡夫及二乘聖人不能實證的佛菩提證悟，末法時代的今天仍然有人能得實證，由正覺同修會釋悟圓、釋善藏法師等二十餘位實證如來藏者所寫的見道報告，已爲當代學人見證宗門正法之絲縷不絕，證明大乘義學的法脈仍然存在，爲末法時代求悟般若之學人照耀出光明的坦途。由二十餘位大乘見道者所繕，敘述各種不同的學法、見道因緣與過程，參禪求悟者必讀。全書三百餘頁，售價300元。

我的菩提路第二輯：由郭正益老師等人合著，書中詳述彼等諸人歷經各處道場學法，一一修學而加以檢擇之不同過程以後，因閱讀正覺同修會、正智出版社書籍而發起抉擇分，轉入正覺同修會中修學；乃至學法及見道之過程，都一一詳述之。**本書已改版印製重新流通**，讀者原購的初版書，不論是第一刷或第二、三、四刷，都可以寄回換新，免附郵費。

我的菩提路第三輯：由王美伶老師等人合著。自從正覺同修會成立以來，每年夏初、冬初都舉辦精進禪三共修，藉以助益會中同修們得以證悟明心發起般若實相智慧；凡已實證而被平實導師印證者，皆書具見道報告用以證明佛法之眞實可證而非玄學，證明佛法並非純屬思想、理論而無實質，是故每年都能有人證明正覺同修會的「實證佛教」主張並非虛語。特別是眼見佛性一法，自古以來中國禪宗祖師實證者極寡，較之明心開悟的證境更難令人信受；至2017年初，正覺同修會中的證悟明心者已近五百人，然而其中眼見佛性者至今唯十餘人爾，可謂難能可貴，是故明心後欲冀眼見佛性者實屬不易。黃正倖老師是懸絕七年無人見性後的第一人，她於2009年的見性報告刊於本書的第二輯中，爲大衆證明佛性確實可以眼見；其後七年之中求見性者都屬解悟佛性而無人眼見，幸而又經七年後的2016冬初，以及2017夏初的禪三，復有三人眼見佛性，希冀鼓舞四衆佛子求見佛性之大心，今則具載一則於書末，顯示求見佛性之事實經歷，供養現代佛教界欲得見性之四衆弟子。全書四百頁，售價300元，已於2017年6月30日發行。

我的菩提路第四輯：由陳晏平等人著。中國禪宗祖師往往有所謂「見性」之言，所言多屬看見如來藏具有能令人發起成佛之自性，並非《大般涅槃經》中　如來所說之眼見佛性。眼見佛性者，於親見佛性之時，即能於山河大地眼見自己佛性，亦能於他人身上眼見自己佛性及對方之佛性，如是境界無法爲尚未實證者解釋；勉強說之，縱使眞實明心證悟之人聞之，亦只能以自身明心之境界想像之，但不論如何想像多屬非量，能有正確之比量者亦是稀有，故說眼見佛性極爲困難。眼見佛性之人若所見極分明時，在所見佛性之境界下所眼見之山河大地、自己五蘊身心皆是虛幻，自有異於明心者之解脫功德受用，此後永不思證二乘涅槃，必定邁向成佛之道而進入第十住位中，已超第一阿僧祇劫三分有一，可謂之爲超劫精進也。今又有明心之後眼見佛性之人出於人間，將其明心及後來見性之報告，連同其餘證悟明心者之精彩報告一同收錄於此書中，供養眞求佛法實證之四眾佛子。全書380頁，售價300元，已於2018年6月30日發行。

我的菩提路第五輯：林慈慧老師等人著，本輯中所舉學人從相似正法中來到正覺同修會的過程，各人都有不同，發生的因緣亦是各有差別，然而都會指向同一個目標——證實生命實相的源底，確證自己生從何來、死往何去的事實，所以最後都證明佛法眞實而可親證，絕非玄學；本書將彼等諸人的始修及末後證悟之實例，羅列出來以供學人參考。本期亦有一位會裡的老師，是從1995年即開始追隨　平實導師修學，1997年明心後持續進修不斷，直到2017年眼見佛性之實例，足可證明《大般涅槃經》中世尊開示眼見佛性之法正眞無訛，第十住位的實證在末法時代的今天仍有可能，如今一併具載於書中以供學人參考，並供養現代佛教界欲得見性之四眾弟子。全書四百頁，售價300元，已於2019年12月31日發行。

我的菩提路第六輯：劉惠莉老師等人著，本輯中舉示劉老師明心多年以後的眼見佛性實錄，供末法時代學人了知明心之異於見性本質，足可證明《大般涅槃經》中世尊開示眼見佛性之法正眞無訛。亦列舉多篇學人從各道場來到正覺學法之不同過程，以及如何發覺邪見之異於正法的所在，最後終能在正覺禪三中悟入的實況，以證明佛教正法仍在末法時代的人間繼續弘揚的事實，鼓舞一切眞實學法的菩薩大眾思之：我等諸人亦可有因緣證悟，絕非空想白思。約四百頁，售價300元，已於2020年6月30日發行。

我的菩提路第七輯：余正偉老師等人著，本輯中舉示余老師明心二十餘年以後的眼見佛性實錄，供末法時代學人了知明心異於見性之本質，並且舉示其見性後與平實導師互相討論眼見佛性之諸多疑訛處；除了證明《大般涅槃經》中世尊開示眼見佛性之法正真無訛以外，亦得一解明心後尚未見性者之所未知處，甚為精彩。此外亦列舉多篇學人從各不同宗教進入正覺學法之不同過程，以及發覺諸方道場邪見之內容與過程，最終得於正覺精進禪三中悟入的實況，足供末法精進學人借鑑，以彼鑑己而生信心，得以投入了義正法中修學及實證。凡此，皆足以證明不唯明心所證之第七住位般若智慧及解脫功德仍可實證，乃至第十住位的實證與當場發起如幻觀之實證，於末法時代的今天皆仍有可能。本書約四百頁，售價300元。

鈍鳥與靈龜：鈍鳥及靈龜二物，被宗門證悟者說為二種人：前者是精修禪定而無智慧者，也是以定為禪的愚癡禪人；後者是或有禪定、或無禪定的宗門證悟者，凡已證悟者皆是靈龜。但後者被人虛造事實，用以嘲笑大慧宗杲禪師，說他雖是靈龜，卻不免被天童禪師預記「患背」痛苦而亡：「鈍鳥離巢易，靈龜脫殼難。」藉以貶低大慧宗杲的證量。同時將天童禪師實證如來藏的證量，曲解為意識境界的離念靈知。自從大慧禪師入滅以後，錯悟凡夫對他的不實毀謗就一直存在著，不曾止息，並且捏造的假事實也隨著年月的增加而越來越多，終至編成「鈍鳥與靈龜」一的假公案、假故事。本書是考證大慧與天童之間的不朽情誼，顯現這件假公案的虛妄不實；更見大慧宗杲面對惡勢力時的正直不阿，亦顯示大慧對天童禪師的至情深義，將使後人對大慧宗杲的誣謗至此而止，不再有人誤犯毀謗賢聖的惡業。書中亦舉證宗門的所悟確以第八識如來藏為標的，詳讀之後必可改正以前被錯悟大師誤導的參禪知見，日後必定有助於實證禪宗的開悟境界，得階大乘真見道位中，即是實證般若之賢聖。全書459頁，售價350元。

維摩詰經講記：本經係 世尊在世時，由等覺菩薩維摩詰居士藉疾病而演說之大乘菩提無上妙義，所說函蓋甚廣，然極簡略，是故今時諸方大師與學人讀之悉皆錯解，何況能知其中隱含之深妙正義，是故普遍無法為人解說；若強為人說，則成依文解義而有諸多過失。今由平實導師公開宣講之後，詳實解釋其中密意，令維摩詰菩薩所說大乘不可思議解脫之深妙正法得以正確宣流於人間，利益當代學人及與諸方大師。書中詳實演述大乘佛法深妙不共二乘之智慧境界，顯示諸法之中絕待之實相境界，建立大乘菩薩妙道於永遠不敗不壞之地，以此成就護法偉功，欲冀永利娑婆人天。已經宣講圓滿整理成書流通，以利諸方大師及諸學人。全書共六輯，每輯三百餘頁，售價各250元。

真假外道：本書具體舉證佛門中的常見外道知見實例，並加以教證及理證上的辨正，幫助讀者輕鬆而快速的了知常見外道的錯誤知見，進而遠離佛門內外的常見外道知見，因此即能改正修學方向而快速實證佛法。游正光老師著　。成本價200元。

勝鬘經講記：如來藏爲三乘菩提之所依，若離如來藏心體及其含藏之一切種子，即無三界有情及一切世間法，亦無二乘菩提緣起性空之出世間法；本經詳說無始無明、一念無明皆依如來藏而有之正理，藉著詳解煩惱障與所知障間之關係，令學人深入了知二乘菩提與佛菩提相異之妙理；聞後即可了知佛菩提之特勝處及三乘修道之方向與原理，邁向攝受正法而速成佛道的境界中。平實導師講述，共六輯，每輯三百餘頁，售價各250元。

楞嚴經講記：楞嚴經係密教部之重要經典，亦是大乘佛教中普受重視之經典；經中宣說明心與見性之內涵極爲詳細，將一切法都會歸如來藏及佛性—妙眞如性；亦闡釋五陰區宇及五陰盡的境界，作諸地菩薩自我檢驗證量之依據，旁及佛菩提道修學過程中之種種魔境，以及外道誤會涅槃之狀況，亦兼述明三界世間之起源。然因言句深澀難解，法義亦復深妙寬廣，學人讀之普難通達，是故讀者大多誤會，不能如實理解佛所說之明心與見性內涵，亦因是故多有悟錯之人引爲開悟之證言，成就大妄語罪。今由平實導師詳細講解之後，整理成文，以易讀易懂之語體文刊行天下，以利學人。全書十五輯，全部出版完畢。每輯三百餘頁，售價每輯300元。

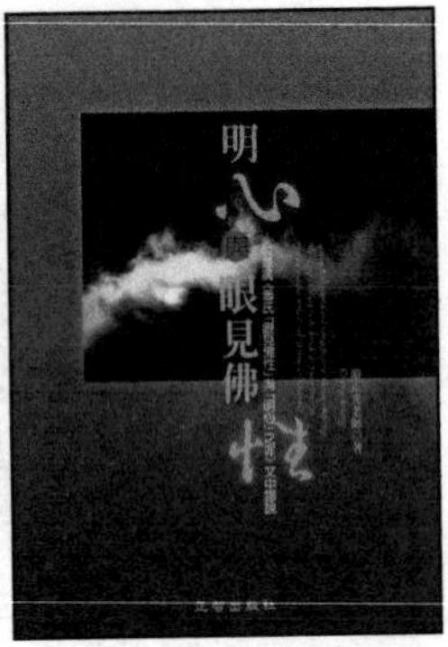

明心與眼見佛性：本書細述明心與眼見佛性之異同，同時顯示了中國禪宗破初參明心與重關眼見佛性二關之間的關聯；書中又藉法義辨正而旁述其他許多勝妙法義，讀後必能遠離佛門長久以來積非成是的錯誤知見，令讀者在佛法的實證上有極大助益。也藉慧廣法師的謬論來教導佛門學人回歸正知正見，遠離古今禪門錯悟者所墮的意識境界，非唯有助於斷我見，也對未來的開悟明心實證第八識如來藏有所助益，是故學禪者都應細讀之。游正光老師著　共448頁　售價300元。

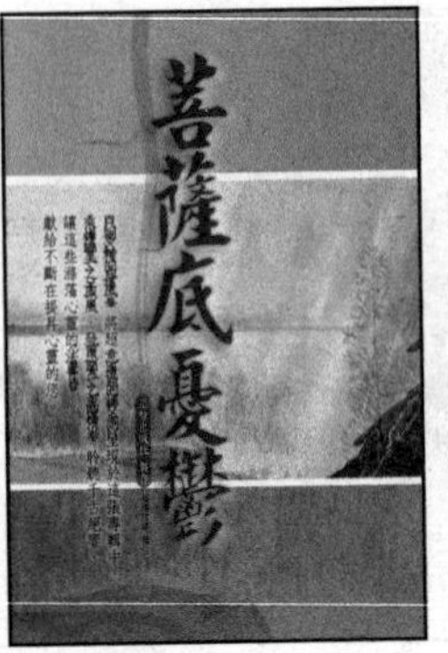

菩薩底憂鬱CD：將菩薩情懷及禪宗公案寫成新詞，並製作成超越意境的優美歌曲。　1.主題曲〈菩薩底憂鬱〉，描述地後菩薩能離三界生死而迴向繼續生在人間，但因尚未斷盡習氣種子而有極深沈之憂鬱，非三賢位菩薩及二乘聖者所知，此憂鬱在七地滿心位方才斷盡；本曲之詞中所說義理極深，昔來所未曾見；此曲係以優美的情歌風格寫詞及作曲，聞者得以激發嚮往諸地菩薩境界之大心，詞、曲都非常優美，難得一見；其中勝妙義理之解說，已印在附贈之彩色小冊中。　2.以各輯公案拈提中直示禪門入處之頌文，作成各種不同曲風之超意境歌曲，值得玩味、參究；聆聽公案拈提之優美歌曲時，請同時閱讀內附之印刷精美說明小冊，可以領會超越三界的證悟境界；未悟者可以因此引發求悟之意向及疑情，眞發菩提心而邁向求悟之途，乃至因此眞實悟入般若，成眞菩薩。　3.正覺總持咒新曲，總持佛法大意；總持咒之義理，已加以解說並印在隨附之小冊中。本CD共有十首歌曲，長達63分鐘，附贈二張購書優惠券。每片280元。

金剛經宗通：三界唯心，萬法唯識，是成佛之修證內容，是諸地菩薩之所修；般若則是成佛之道（實證三界唯心、萬法唯識）的入門，若未證悟實相般若，即無成佛之可能，必將永在外門廣行菩薩六度，永在凡夫位中。然而實相般若的發起，全賴實證萬法的實相；若欲證知萬法的眞相，則必須探究萬法之所從來，則須實證自心如來—金剛心如來藏，然後現觀這個金剛心的金剛性、眞實性、如如性、清淨性、涅槃性、能生萬法的自性性、本住性，名爲證眞如；進而現觀三界六道唯是此金剛心所成，人間萬法須藉八識心王和合運作方能現起。如是實證《華嚴經》的「三界唯心、萬法唯識」以後，由此等現觀而發起實相般若智慧，繼續進修第十住位的如幻觀、第十行位的陽焰觀、第十迴向位的如夢觀，再生起增上意樂而勇發十無盡願，方能滿足三賢位的實證，轉入初地；自知成佛之道而無偏倚，從此按部就班、次第進修乃至成佛。第八識自心如來是般若智慧之所依，般若智慧的修證則要從實證金剛心自心如來開始；《金剛經》則是解說自心如來之經典，是一切三賢位菩薩所應進修之實相般若經典。這一套書，是將平實導師宣講的《金剛經宗通》內容，整理成文字而流通之；書中所說義理，迥異古今諸家依文解義之說，指出大乘見道方向與理路，有益於禪宗學人求開悟見道，及轉入內門廣修六度萬行。已於2013年9月出版完畢，總共9輯，每輯約三百餘頁，售價各250元。

禪意無限CD：平實導師以公案拈提書中偈頌寫成不同風格曲子，與他人所寫不同風格曲子共同錄製出版，幫助參禪人進入禪門超越意識之境界。盒中附贈彩色印製的精美解說小冊，以供聆聽時閱讀，令參禪人得以發起參禪之疑情，即有機會證悟本來面目，實證大乘菩提般若。本CD共有十首歌曲，長達69分鐘，每盒各附贈二張購書優惠券。每片280元。

空行母—性別、身分定位，以及藏傳佛教：本書作者為蘇格蘭哲學家，因為嚮往佛教深妙的哲學內涵，於是進入當年盛行於歐美的假藏傳佛教密宗，擔任卡盧仁波切的翻譯工作多年以後，被邀請成為卡盧的空行母（又名佛母、明妃），開始了她在密宗裡的實修過程；後來發覺在密宗雙身法中的修行，其實無法使自己成佛，也發覺密宗對女性歧視而處處貶抑，並剝奪女性在雙身法中擔任一半角色時應有的身分定位。當她發覺自己只是雙身法中被喇嘛利用的工具，沒有獲得絲毫應有的尊重與基本定位時，發現了密宗的父權社會控制女性的本質；於是作者傷心地離開了卡盧仁波切與密宗，但是卻被恐嚇不許講出她在密宗裡的經歷，也不許她說出自己對密宗的教義與教制下對女性剝削的本質，否則將被咒殺死亡。後來她去加拿大定居，十餘年後方才擺脫這個恐嚇陰影，下定決心將親身經歷的實情及觀察到的事實寫下來並且出版，公諸於世。出版之後，她被流亡的達賴集團人士大力攻訐，誣指她為精神狀態失常、說謊……等。但有智之士並未被達賴集團的政治操作及各國政府政治運作吹捧達賴的表相所欺，使她的書銷售無阻而又再版。正智出版社鑑於作者此書是親身經歷的事實，所說具有針對「藏傳佛教」而作學術研究的價值，也有使人認清假藏傳佛教剝削佛母、明妃的男性本位實質，因此洽請作者同意中譯而出版於華人地區。珍妮·坎貝爾女士著，呂艾倫 中譯，每冊250元。

霧峰無霧—給哥哥的信 本書作者藉兄弟之間信件往來論義，略述佛法大義；並以多篇短文辨義，舉出釋印順對佛法的無量誤解證據，並一一給予簡單而清晰的辨正，令人一讀即知。久讀、多讀之後即能認清楚釋印順的六識論見解，與真實佛法之牴觸是多麼嚴重；於是在久讀、多讀之後，於不知不覺之間提升了對佛法的極深入理解，正知正見就在不知不覺間建立起來了。當三乘佛法的正知見建立起來之後，對於三乘菩提的見道條件便將隨之具足，於是聲聞解脫道的見道也就水到渠成；接著大乘見道的因緣也將次第成熟，未來自然也會有親見大乘菩提之道的因緣，悟入大乘實相般若也將自然成功，自能通達般若系列諸經而成實義菩薩。作者居住於南投縣霧峰鄉，自喻見道之後不復再見霧峰之霧，故鄉原野美景一一明見，於是立此書名為《霧峰無霧》；讀者若欲撥霧見月，可以此書為緣。游宗明　老師著　已於2015年出版售價250元。

霧峰無霧—第二輯—救護佛子向正道　本書作者藉釋印順著作中之各種錯謬法義提出辨正，以詳實的文義一一提出理論上及實證上之解析，列舉釋印順對佛法的無量誤解證據，藉此教導佛門大師與學人釐清佛法義理，遠離岐途轉入正道，然後知所進修，久之便能見道明心而入大乘勝義僧數。被釋印順誤導的大師與學人極多，很難救轉，是故作者大發悲心深入解說其錯謬之所在，佐以各種義理辨正而令讀者在不知不覺之間轉歸正道。如是久讀之後欲得斷身見、證初果，即不爲難事；乃至久之亦得大乘見道而得證眞如，脫離空有二邊而住中道，實相般若智慧生起，於佛法不再茫然，漸漸亦知悟後進修之道。屆此之時，對於大乘般若等深妙法之迷雲暗霧亦將一掃而空，生命及宇宙萬物之故鄉原野美景一一明見，是故本書仍名《霧峰無霧》，爲第二輯；讀者若欲撥雲見日、離霧見月，可以此書爲緣。游宗明　老師著　已於2019年出版　售價250元。

假藏傳佛教的神話—性、謊言、喇嘛教：本書編著者是由一首名爲「阿姊鼓」的歌曲爲緣起，展開了序幕，揭開假藏傳佛教—喇嘛教—的神秘面紗。其重點是蒐集、摘錄網路上質疑「喇嘛教」的帖子，以揭穿「假藏傳佛教的神話」爲主題，串聯成書，並附加彩色插圖以及說明，讓讀者們瞭解西藏密宗及相關人事如何被操作爲「神話」的過程，以及神話背後的眞相。作者：張正玄教授。售價200元。

達賴眞面目—玩盡天下女人：假使您不想戴綠帽子，請記得詳細閱讀此書；假使您不想讓好朋友戴綠帽子，請您將此書介紹給您的好朋友。假使您想保護家中的女性，也想要保護好朋友的女眷，請記得將此書送給家中的女性和好友的女眷都來閱讀。本書爲印刷精美的大本彩色中英對照精裝本，爲您揭開達賴喇嘛的眞面目，內容精彩不容錯過，爲利益社會大眾，特別以優惠價格嘉惠所有讀者。編著者：白志偉等。大開版雪銅紙彩色精裝本。售價800元。

童女迦葉考—論呂凱文〈佛教輪迴思想的論述分析〉之謬：童女迦葉是佛世率領五百大比丘遊行於人間的歷史事實，是以童貞行而依止菩薩戒弘化於人間的大菩薩，不依別解脫戒（聲聞戒）來弘化於人間。這是大乘佛教與聲聞佛教同時存在於佛世的歷史明證，證明大乘佛教不是從聲聞法中分裂出來的部派佛教的產物，卻是聲聞佛教分裂出來的部派佛教聲聞凡夫僧所不樂見的史實；於是古今聲聞法中的凡夫都欲加以扭曲而作詭說，更是末法時代高聲大呼「大乘非佛說」的六識論聲聞凡夫極力想要扭曲的佛教史實之一，於是想方設法扭曲迦葉菩薩爲聲聞僧，以及扭曲迦葉童女爲比丘僧等荒謬不實之論著便陸續出現，古時聲聞僧寫作的《分別功德論》是最具體之事例，現代之代表作則是呂凱文先生的〈佛教輪迴思想的論述分析〉論文。鑑於如是假藉學術考證以籠罩大衆之不實謬論，未來仍將繼續造作及流竄於佛教界，繼續扼殺大乘佛教學人法身慧命，必須舉證辨正之，遂成此書。平實導師 著，每冊180元。

末代達賴—性交教主的悲歌：簡介從藏傳僞佛教（喇嘛教）的修行核心—性力派男女雙修，探討達賴喇嘛及藏傳僞佛教的修行內涵。書中引用外國知名學者著作、世界各地新聞報導，包含：歷代達賴喇嘛的祕史、達賴六世修雙身法的事蹟，以及《時輪續》中的性交灌頂儀式……等；達賴喇嘛書中開示的雙修法、達賴喇嘛的黑暗政治手段；達賴喇嘛所領導的寺院爆發喇嘛性侵兒童；新聞報導《西藏生死書》作者索甲仁波切性侵女信徒、澳洲喇嘛秋達公開道歉、美國最大假藏傳佛教組織領導人邱陽創巴仁波切的性氾濫，等等事件背後眞相的揭露。作者：張善思、呂艾倫、辛燕。售價250元。

黯淡的達賴—失去光彩的諾貝爾和平獎：本書舉出很多證據與論述，詳述達賴喇嘛不爲世人所知的一面，顯示達賴喇嘛並不是眞正的和平使者，而是假借諾貝爾和平獎的光環來欺騙世人；透過本書的說明與舉證，讀者可以更清楚的瞭解，達賴喇嘛是結合暴力、黑暗、淫欲於喇嘛教裡的集團首領，其政治行爲與宗教主張，早已讓諾貝爾和平獎的光環染污了。 本書由財團法人正覺教育基金會寫作、編輯，由正覺出版社印行，每冊250元。

第七意識與第八意識？—穿越時空「超意識」：「三界唯心，萬法唯識」是佛教中應該實證的聖教，也是《華嚴經》中明載而可以實證的法界實相。唯心者，三界一切境界、一切諸法唯是一心所成就，即是每一個有情的第八識如來藏，不是意識心。唯識者，即是人類各各都具足的八識心王——眼識、耳鼻舌身意識、意根、阿賴耶識，第八阿賴耶識又名如來藏，人類五陰相應的萬法，莫不由八識心王共同運作而成就，故說萬法唯識。依聖教量及現量、比量，都可以證明意識是二法因緣生，是由第八識藉意根與法塵二法為因緣而出生，又是夜夜斷滅不存之生滅心，即無可能反過來出生第七識意根、第八識如來藏，當知不可能從生滅性的意識心中，細分出恆審思量的第七識意根，更無可能細分出恆而不審的第八識如來藏。本書是將演講內容整理成文字，細說如是內容，並已在《正覺電子報》連載完畢，今彙集成書以廣流通，欲幫助佛門有緣人斷除意識我見，跳脫於識陰之外而取證聲聞初果；嗣後修學禪宗時即得不墮外道神我之中，得以求證第八識金剛心而發起般若實智。平實導師 述，每冊300元。

中觀金鑑—詳述應成派中觀的起源與其破法本質：學佛人往往迷於中觀學派之不同學說，被應成派與自續派所迷惑；修學般若中觀二十年後自以為實證般若中觀了，卻仍不曾入門，甫聞實證般若中觀者之所說，則茫無所知，迷惑不解；隨後信心盡失，不知如何實證佛法；凡此，皆因惑於這二派中觀學說所致。自續派中觀所說同於常見，以意識境界立為第八識如來藏之境界，應成派所說則同於斷見，但又同立意識為常住法，故亦具足斷常二見。今者孫正德老師有鑑於此，乃將起源於密宗的應成派中觀學說，追本溯源，詳考其來源之外，亦一一舉證其立論內容，詳加辨正，令密宗雙身法祖師以識陰境界而造之應成派中觀學說本質，詳細呈現於學人眼前，令其維護雙身法之目的無所遁形。若欲遠離密宗此二大派中觀謬說，欲於三乘菩提有所進道者，允宜具足閱讀並細加思惟，反覆讀之以後將可捨棄邪道返歸正道，則於般若之實證即有可能，證後自能現觀如來藏之中道境界而成就中觀。本書分上、中、下三冊，每冊250元，全部出版完畢。

人間佛教—實證者必定不悖三乘菩提：「大乘非佛說」的講法似乎流傳已久，卻只是日本人企圖擺脫中國正統佛教的影響，而在明治維新時期才開始提出來的說法；台灣佛教、大陸佛教的淺學無智之人，由於未曾實證佛法而迷信日本人錯誤的學術考證，錯認為這些別有用心的日本佛學考證的講法為天竺佛教的真實歷史；甚至還有更激進的反對佛教者提出「釋迦牟尼佛並非真實存在，只是後人捏造的假歷史人物」，竟然也有少數佛教徒願意跟著「學術」的假光環而信受不疑，亦導致部分台灣佛教界人士，造作了反對中國大乘佛教而推崇南洋小乘佛教的行為，使台灣佛教的信仰者難以檢擇，亦導致一般大陸人士開始轉入基督教的盲目迷信中。在這些佛教及外教人士之中，也就有一分人根據此邪說而大聲主張「大乘非佛說」的謬論，這些人以「人間佛教」的名義來抵制中國正統佛教，公然宣稱中國的大乘佛教是由聲聞部派佛教的凡夫僧所創造出來的。這樣的說法流傳於台灣及大陸佛教界凡夫僧之中已久，卻非真正的佛教歷史中曾經發生過的事，只是繼承六識論的聲聞法中凡夫僧，以及別有居心的日本佛教界，依自己的意識境界立場，純憑臆想而編造出來的妄想說法，卻已經影響許多無智之凡夫僧俗信受不移。本書則是從佛教的經藏法義實質及實證的現量內涵本質立論，證明大乘佛法本是佛說，是從《阿含正義》尚未說過的不同面向來討論「人間佛教」的議題，證明「大乘真佛說」。閱讀本書可以斷除六識論邪見，迴入三乘菩提正道發起實證的因緣；也能斷除禪宗學人學禪時普遍存在之錯誤知見，對於建立參禪時的正知見有很深的著墨。平實導師 述，內文488頁，全書528頁，定價400元。

喇嘛性世界—揭開假藏傳佛教譚崔瑜伽的面紗：這個世界中的喇嘛，號稱來自世外桃源的香格里拉，穿著或紅或黃的喇嘛長袍，散布於我們的身邊傳教灌頂，吸引了無數的人嚮往學習；這些喇嘛虔誠地為大眾祈福，手中拿著寶杵（金剛）與寶鈴（蓮花），口中唸著咒語：「唵．嘛呢．叭咪．吽……」，咒語的意思是說：「我至誠歸命金剛杵上的寶珠伸向蓮花寶穴之中」！「喇嘛性世界」是什麼樣的「世界」呢？本書將為您呈現喇嘛世界的面貌。當您發現真相以後，您將會唸：「噢！喇嘛．性．世界，譚崔性交嘛！」作者：張善思、呂艾倫。售價200元。

見性與看話頭：黃正倖老師的《見性與看話頭》於《正覺電子報》連載完畢，今結集出版。書中詳說禪宗看話頭的詳細方法，並細說看話頭與眼見佛性的關係，以及眼見佛性者求見佛性前必須具備的條件。本書是禪宗實修者追求明心開悟時參禪的方法書，也是求見佛性者作功夫時必讀的方法書，內容兼顧眼見佛性的理論與實修之方法，是依實修之體驗配合理論而詳述，條理分明而且極爲詳實、周全、深入。本書內文375頁，全書416頁，售價300元。

實相經宗通：學佛之目的在於實證一切法界背後之實相，禪宗稱之爲本來面目或本地風光，佛菩提道中稱之爲實相法界；此實相法界即是金剛藏，又名佛法之祕密藏，即是能生有情五陰、十八界及宇宙萬有（山河大地、諸天、三惡道世間）的第八識如來藏，又名阿賴耶識心，即是禪宗祖師所說的眞如心，此心即是三界萬有背後的實相。證得此第八識心時，自能瞭解般若諸經中隱說的種種密意，即得發起實相般若——實相智慧。每見學佛人修學佛法二十年後仍對實相般若茫然無知，亦不知如何入門，茫無所趣；更因不知三乘菩提的互異互同，是故越是久學者對佛法越覺茫然，都肇因於尚未瞭解佛法的全貌，亦未瞭解佛法的修證內容即是第八識心所致。本書對於修學佛法者所應實證的實相境界提出明確解析，並提示趣入佛菩提道的入手處，有心親證實相般若的佛法實修者，宜詳讀之，於佛菩提道之實證即有下手處。平實導師述著，共八輯，已於2016年出版完畢，每輯成本價250元。

真心告訴您㈠——達賴喇嘛在幹什麼？這是一本報導篇章的選集，更是「破邪顯正」的暮鼓晨鐘。「破邪」是戳破假象，說明達賴喇嘛及其所率領的密宗四大派法王、喇嘛們，弘傳的佛法是仿冒的佛法；他們是假藏傳佛教，是坦特羅(譚崔性交)外道法和藏地崇奉鬼神的苯教混合成的「喇嘛教」，推廣的是以所謂「無上瑜伽」的男女雙身法冒充佛法的假佛教，詐財騙色誤導衆生，常常造成信徒家庭破碎、家中兒少失怙的嚴重後果。「顯正」是揭櫫眞相，指出眞正的藏傳佛教只有一個，就是覺囊巴，傳的是 釋迦牟尼佛演繹的第八識如來藏妙法，稱爲他空見大中觀。正覺教育基金會即以此古今輝映的如來藏正法正知見，在眞心新聞網中逐次報導出來，將箇中原委「眞心告訴您」，如今結集成書，與想要知道密宗眞相的您分享。售價250元。

法華經講義：此書爲平實導師始從2009/7/21演述至2014/1/14之講經錄音整理所成。世尊一代時教，總分五時三教，即是華嚴時、聲聞緣覺教、般若教、種智唯識教、法華時；依此五時三教區分爲藏、通、別、圓四教。本經是最後一時的圓教經典，圓滿收攝一切法教於本經中，是故最後的圓教聖訓中，特地指出無有三乘菩提，其實唯有一佛乘；皆因眾生愚迷故，方便區分爲三乘菩提以助眾生證道。世尊於此經中特地說明如來示現於人間的唯一大事因緣，便是爲有緣眾生「開、示、悟、入」諸佛的所知所見——第八識如來藏妙眞如心，並於諸品中隱說「妙法蓮花」如來藏心的密意。然因此經所說甚深難解，眞義隱晦，古來難得有人能窺堂奧；平實導師以知如是密意故，特爲末法佛門四眾演述《妙法蓮華經》中各品蘊含之密意，使古來未曾被古德註解出來的「此經」密意，如實顯示於當代學人眼前。乃至〈藥王菩薩本事品〉、〈妙音菩薩品〉、〈觀世音菩薩普門品〉、〈普賢菩薩勸發品〉中的微細密意，亦皆一併詳述之，可謂開前人所未曾言之密意，示前人所未見之妙法。最後乃至以〈法華大義〉而總其成，全經妙旨貫通始終，而依佛旨圓攝於一心如來藏妙心，厥爲曠古未有之大說也。平實導師述，共有25輯，已於2019/05/31出版完畢。每輯300元。

西藏「活佛轉世」制度—附佛、造神、世俗法：歷來關於喇嘛教活佛轉世的研究，多針對歷史及文化兩部分，於其所以成立的理論基礎，較少系統化的探討。尤其是此制度是否依據「佛法」而施設？是否合乎佛法眞實義？現有的文獻大多含糊其詞，或人云亦云，不曾有明確的闡釋與如實的見解。因此本文先從活佛轉世的由來，探索此制度的起源、背景與功能，並進而從活佛的尋訪與認證之過程，發掘活佛轉世的特徵，以確認「活佛轉世」在佛法中應具足何種果德。定價150元。

真心告訴您（二）—達賴喇嘛是佛教僧侶嗎？補祝達賴喇嘛八十大壽：這是一本針對當今達賴喇嘛所領導的喇嘛教，冒用佛教名相、於師徒間或師兄姊間，實修男女邪淫，而從佛法三乘菩提的現量與聖教量，揭發其謊言與邪術，證明達賴及其喇嘛教是仿冒佛教的外道，是「假藏傳佛教」。藏密四大派教義雖有「八識論」與「六識論」的表面差異，然其實修之內容，皆共許「無上瑜伽」四部灌頂爲究竟「成佛」之法門，也就是共以男女雙修之邪淫法爲「即身成佛」之密要，雖美其名曰「欲貪爲道」之「金剛乘」，並誇稱其成就超越於（應身佛）釋迦牟尼佛所傳之顯教般若乘之上；然詳考其理論，則或以意識離念時之粗細心爲第八識如來藏，或以中脈裡的明點爲第八識如來藏，或如宗喀巴與達賴堅決主張第六意識爲常恆不變之眞心者，分別墮於外道之常見與斷見中；全然違背　佛說能生五蘊之如來藏的實質。售價300元。

涅槃—解說四種涅槃之實證及內涵：眞正學佛之人，首要即是見道，由見道故方有涅槃之實證，證涅槃者方能出生死，但涅槃有四種：二乘聖者的有餘涅槃、無餘涅槃，以及大乘聖者的本來自性清淨涅槃、佛地的無住處涅槃。大乘聖者實證本來自性清淨涅槃，入地前再取證二乘涅槃，然後起惑潤生捨離二乘涅槃，繼續進修而在七地心前斷盡三界愛之習氣種子，依七地無生法忍之具足而證得念念入滅盡定；八地後進斷異熟生死，直至妙覺地下生人間成佛，具足四種涅槃，方是眞正成佛。此理古來少人言，以致誤會涅槃正理者比比皆是，今於此書中廣說四種涅槃、如何實證之理、實證前應有之條件，實屬本世紀佛教界極重要之著作，令人對涅槃有正確無訛之認識，然後可以依之實行而得實證。本書共有上下二冊，每冊各四百餘頁，對涅槃詳加解說，每冊各350元。

佛藏經講義：本經說明爲何佛菩提難以實證之原因，都因往昔無數阿僧祇劫前的邪見，引生此世求證時之業障而難以實證。即以諸法實相詳細解說，繼之以念佛品、念法品、念僧品，說明諸佛與法之實質；然後以淨戒品之說明，期待佛弟子四衆堅持清淨戒而轉化心性，並以往古品的實例說明歷代學佛人在實證上的業障由來，教導四衆務必滅除邪見轉入正見中，不再造作謗法及謗賢聖之大惡業，以免未來世尋求實證之時被業障所障；然後以了戒品的說明和囑累品的付囑，期望末法時代的佛門四衆弟子皆能清淨知見而得以實證。平實導師於此經中有極深入的解說，總共21輯，每輯300元，於2019/07/31開始每二個月發行一輯。

成唯識論釋：本論係大唐玄奘菩薩揉合當時天竺十大論師的說法加以辨正而著成，攝盡佛門證悟菩薩及部派佛教聲聞凡夫論師對佛法的論述，並函蓋當時天竺諸大外道對生命實相的錯誤論述加以辨正，是由玄奘大師依據無生法忍證量加以評論確定而成爲此論。平實導師弘法初期即已依於證量略講過一次，歷時大約四年，當時正覺同修會規模尚小，聞法成員亦多尚未證悟，是故並未整理成書；如今正覺同修會中的證悟同修已超過六百人，鑑於此論在護持正法、實證佛法及悟後進修上的重要性，擬於2022年初重講，並已經預先註釋完畢編輯成書，名爲《成唯識論釋》，總共十輯，每輯目次41頁、序文7頁、內文380頁乃至400頁，皆以12級字編排；於增上班宣講時的內容將會更詳細於書中所說，涉及佛法密意的詳細內容只於增上班中宣講，於書中皆依佛誡隱覆密意而說，攝屬判教的〈目次〉已經詳盡判定論中諸段句義，用供學人參考；是故讀者閱完此論之釋，即可深解成佛之道的正確內涵；預定將於每一輯內容講述完畢時即予出版，預計每七個月出版一輯，每輯定價400元。

大法鼓經講義：本經解說佛法的總成：法、非法。由開解法、非法二義，說明了義佛法與世間戲論法的差異，指出佛法實證之標的即是法——第八識如來藏；並顯示實證後的智慧，如實擊大法鼓、演深妙法，演說如來祕密教法，非二乘定性及諸凡夫所能得聞，唯有具足菩薩性者方能得聞。正聞之後即得依於 世尊大願而拔除邪見，入於正法而得實證；深解不了義經之方便說，亦能實解了義經所說之眞實義，得以證法——如來藏，而得發起根本無分別智，乃至進修而發起後得無分別智；並堅持布施及受持清淨戒而轉化心性，得以現觀眞我眞法如來藏之各種層面。此爲第一義諦聖教，並授記末法最後餘四十年時，一切世間樂見離車童子將繼續護持此經所說正法。平實導師於此經中有極深入的解說，總共六輯，每輯300元，於《佛藏經講義》出版完畢後開始發行，每二個月發行一輯。

解深密經講義：本經是所有尋求大乘見道及悟後欲入地者所應詳習串習的三經之一，即是《楞伽經》、《解深密經》、《楞嚴經》三經中的一經，亦可作爲見道眞假的自我印證依據。此經是 世尊晚年第三轉法輪時，宣說地上菩薩所應熏修之無生法忍唯識正義經典；經中總說眞見道位所見的智慧總相，兼及相見道位所應熏修的七眞如等法，以及入地應修之十地眞如等義理，乃是大乘一切種智增上慧學，以阿陀那識－如來藏－阿賴耶識爲成佛之道的主體。禪宗之證悟者，若欲修證初地無生法忍乃至八地無生法忍者，必須修學《楞伽經、解深密經、楞嚴經》所說之八識心王一切種智。此三經所說正法，方是眞正成佛之道；印順法師否定第八識如來藏之後所說萬法緣起性空之法，墮於六識論中而著作的《成佛之道》，乃宗本於密宗宗喀巴六識論邪思而寫成的邪見，是以誤會後之二乘解脫道取代大乘眞正成佛之道，承襲自古天竺部派佛教聲聞凡夫論師的邪見，尚且不符二乘解脫道正理，亦已墮於斷滅見及常見中，所說全屬臆想所得的外道見，不符本經中佛所說的正義。平實導師曾於本會郭故理事長往生時，於喪宅中從首七開始宣講此經，於每一七起各宣講三小時，至第十七而快速略講圓滿，作爲郭老之往生後的佛事功德，迴向郭老早證八地、速返娑婆住持正法。茲爲今時後世學人故，已經開始重講《解深密經》，以淺顯之語句講畢後，將會整理成文並梓行流通，用供證悟者進道；亦令諸方未悟者，據此經中佛語正義修正邪見，依之速能入道。平實導師述著，全書輯數未定，每輯三百餘頁，將於未來重講完畢後逐輯陸續出版。

修習止觀坐禪法要講記：修學四禪八定之人，往往錯會禪定之修學知見，欲以無止盡之坐禪而證禪定境界，卻不知修除性障之行門才是修證四禪八定不可或缺之要素，故智者大師云「性障初禪」；性障不除，初禪永不現前，云何修證二禪等？又：行者學定，若唯知數息，而不解六妙門之方便善巧者，欲求一心入定，未到地定極難可得，智者大師名之爲「事障未來」：障礙未到地定之修證。又禪定之修證，不可違背二乘菩提及第一義法，否則縱使具足四禪八定，亦不能實證涅槃而出三界。此諸知見，智者大師於《修習止觀坐禪法要》中皆有闡釋。作者平實導師以其第一義之見地及禪定之實證證量，曾加以詳細解析。將俟正覺寺竣工啓用後重講，不限制聽講者資格；講後將以語體文整理出版。欲修習世間定及增上定之學者，宜細讀之。平實導師述著。

阿含經講記—小乘解脫道之修證：數百年來，南傳佛法所說證果之不實，所說解脫道之虛妄，所弘解脫道法義之世俗化，皆已少人知之；從南洋傳入台灣與大陸之後，所說法義虛謬之事，亦復少人知之；今時台灣全島印順系統之法師居士，多不知南傳佛法數百年來所說解脫道之義理已然偏斜、已然世俗化、已非眞正之二乘解脫正道，猶極力推崇與弘揚。彼等南傳佛法近代所謂之證果者皆非眞實證果者，譬如阿迦曼、葛印卡、帕奧禪師、一行禪師……等人，悉皆未斷我見故。近年更有台灣南部大願法師，高抬南傳佛法之二乘修證行門爲「捷徑究竟解脫之道」者，然而南傳佛法縱使眞修實證，得成阿羅漢，至高唯是二乘菩提解脫之道，絕非究竟解脫，無餘涅槃中之實際尚未得證故，法界之實相尚未了知故，習氣種子待除故，一切種智未實證故，焉得謂爲「究竟解脫」？即使南傳佛法近代眞有實證之阿羅漢，尚且不及三賢位中之七住明心菩薩本來自性清淨涅槃智慧境界，則不能知此賢位菩薩所證之無餘涅槃實際，仍非大乘佛法中之見道者，何況普未實證聲聞果乃至未斷我見之人？謬充證果已屬逾越，更何況是誤會二乘菩提之後，以未斷我見之凡夫知見所說之二乘菩提解脫偏斜法道，焉可高抬爲「究竟解脫」？而且自稱「捷徑之道」？又妄言解脫之道即是成佛之道，完全否定般若實智、否定三乘菩提所依之如來藏心體，此理大大不通也！平實導師爲令修學二乘菩提欲證解脫果者，普得迴入二乘菩提正見、正道中，是故選錄四阿含諸經中，對於二乘解脫道法義有具足圓滿說明之經典，預定未來十年內將會加以詳細講解，令學佛人得以了知二乘解脫道之修證理路與行門，庶免被人誤導之後，未證言證，梵行未立，干犯道禁自稱阿羅漢或成佛，成大妄語，欲升反墮。本書首重斷除我見，以助行者斷除我見而實證初果爲著眼之目標，若能根據此書內容，配合平實導師所著《識蘊眞義》《阿含正義》內涵而作實地觀行，實證初果非爲難事，行者可以藉此三書自行確認聲聞初果爲實際可得現觀成就之事。此書中除依二乘經典所說加以宣示外，亦依斷除我見等之證量，及大乘法中道種智之證量，對於意識心之體性加以細述，令諸二乘學人必定得斷我見、常見，免除三縛結之繫縛。次則宣示斷除我執之理，欲令升進而得薄貪瞋痴，乃至斷五下分結…等。平實導師將擇期講述，然後整理成書。共二冊，每冊三百餘頁。每輯300元。

總經銷：　聯合發行股份有限公司

231 新北市新店區寶橋路 235 巷 6 弄 6 號 4F

Tel.02－2917-8022（代表號）　Fax.02－2915-6275（代表號）

零售：1.**全台連鎖經銷書局：**

三民書局、誠品書局、何嘉仁書店

敦煌書店、紀伊國屋、金石堂書局、建宏書局

諾貝爾圖書城、墊腳石圖書文化廣場

2.**台北市：**佛化人生　**大安區**羅斯福路 3 段 325 號 6 樓之 4　台電大樓對面

3.**新北市：**春大地書店　**蘆洲區**中正路 117 號

4.**桃園市：**御書堂　**龍潭區**中正路 123 號

5.**新竹市：**大學書局　**東區**建功路 10 號

6.**台中市：**瑞成書局　**東區**雙十路 1 段 4 之 33 號

佛教詠春書局　**南屯區**永春東路 884 號

文春書店　**霧峰區**中正路 1087 號

7.**彰化市：**心泉佛教文化中心　南瑤路 286 號

8.**高雄市：**政大書城　**前鎮區**中華五路 789 號 2 樓（高雄夢時代店）

明儀書局　**三民區**明福街 2 號

青年書局　**苓雅區**青年一路 141 號

9.**台東市：**東普佛教文物流通處　博愛路 282 號

10.**其餘鄉鎮市經銷書局：**請電詢總經銷**聯合**公司。

11.**大陸地區請洽：**

香港：樂文書店

銅鑼灣店 :香港銅鑼灣駱克道 506 號 2 樓

電話 : (852) 2881 1150　email: luckwinbs@gmail.com

廈門：廈門外圖臺灣書店有限公司

地址：廈門市思明區湖濱南路809 號 廈門外圖書城3 樓 郵編：361004

電話：0592-5061658（臺灣地區請撥打 86-592-5061658）

E-mail：JKB118＠188.COM

12.**美國：世界日報圖書部：**紐約圖書部　電話 7187468889#6262

洛杉磯圖書部　電話 3232616972#202

13.**國內外地區網路購書：**

正智出版社　書香園地　http://books.enlighten.org.tw/

（書籍簡介、經銷書局可直接聯結下列網路書局購書）

三民　網路書局　http://www.sanmin.com.tw

誠品　網路書局　http://www.eslitebooks.com

博客來　網路書局　http://www.books.com.tw

金石堂　網路書局　http://www.kingstone.com.tw

聯合　網路書局　http:// www.nh.com.tw

附註：1.請儘量向各經銷書局購買：郵政劃撥需要八天才能寄到（本公司在您劃撥後第四天才能接到劃撥單，次日寄出後第二天您才能收到書籍，此六天中可能會遇到週休二日，是故共需八天才能收到書籍）若想要早日收到書籍者，請劃撥完畢後，將劃撥收據貼在紙上，旁邊寫上您的姓名、住址、郵區、電話、買書詳細內容，直接傳眞到本公司 02-28344822，並來電 02-28316727、28327495 確認是否已收到您的傳眞，即可提前收到書籍。 2.因台灣每月皆有五十餘種宗教類書籍上架，書局書架空間有限，故唯有新書方有機會上架，通常每次只能有一本新書上架；本公司出版新書，大多上架不久便已售出，若書局未再叫貨補充者，書架上即無新書陳列，則請直接向書局櫃台訂購。 3.若書局不便代購時，可於晚上共修時間向正覺同修會各共修處請購（共修時間及地點，詳閱**共修現況表**。每年例行年假期間請勿前往請書，年假期間請見共修現況表）。 4.郵購：郵政劃撥帳號 19068241。 5.正覺同修會會員購書都以八折計價（戶籍台北市者爲一般會員，外縣市爲護持會員）都可獲得優待，欲一次購買全部書籍者，可以考慮入會，節省書費。入會費一千元（第一年初加入時才需要繳），年費二千元。**6.尚未出版之書籍，請勿預先郵寄書款與本公司，謝謝您！** 7.若欲一次購齊本公司書籍，或同時取得正覺同修會贈閱之全部書籍者，請於正覺同修會共修時間，親到各共修處請購及索取；**台北市讀者**請洽：103 台北市承德路三段 267 號 10 樓（捷運淡水線 圓山站旁）請書時間：週一至週五爲 18.00~21.00，第一、三、五週週六爲 10.00~21.00，雙週之週六爲 10.00~18.00 請購處專線電話：25957295-分機 14（於請書時間方有人接聽）。

敬告大陸讀者：

大陸讀者購書、索書捷徑（尚未在大陸出版的書籍，以下二個途徑都可以購得，電子書另包括結緣書籍）：

1.廈門外國圖書公司：廈門市思明區湖濱南路 809 號 廈門外圖書城 3F
郵編：361004 電話：0592-5061658 網址：http://www.xibc.com.cn/

2.電子書：正智出版社有限公司及正覺同修會在台灣印行的各種局版書、結緣書，已有『**正覺電子書**』陸續上線中，提供讀者於手機、平板電腦上購書、下載、閱讀正智出版社、正覺同修會及正覺教育基金會所出版之電子書，詳細訊息敬請參閱『正覺電子書』專頁：http://books.enlighten.org.tw/ebook

關於平實導師的書訊，請上網查閱：

成佛之道 http://www.a202.idv.tw

正智出版社 書香園地 http://books.enlighten.org.tw/

中國網採訪佛教正覺同修會、正覺教育基金會訊息：

http://foundation.enlighten.org.tw/newsflash/20150817_1

http://video.enlighten.org.tw/zh-CN/visit_category/visit10

★ 正智出版社有限公司售書之稅後盈餘，全部捐助財團法人正覺寺籌備處、佛教正覺同修會、正覺教育基金會，供作弘法及購建道場之用；懇請諸方大德支持，功德無量。

★ 聲 明 ★

本社於 2015/01/01 開始調整本目錄中部分書籍之售價，以因應各項成本的持續增加。

＊ 喇嘛教修外道雙身法、墮識陰境界，非佛教 ＊

＊ 弘揚如來藏他空見的覺囊派才是真正藏傳佛教 ＊

售後服務—換書啓事（免附回郵） 2017/12/05

《楞伽經詳解》第三輯初版免費調換新書啓事：茲因 平實導師弘法早期尚未回復往世全部證量，有些法義接受他人的說法，寫書當時並未察覺而有二處（同一種法義）跟著誤說，如今發現已將之修正。茲爲顧及讀者權益，已開始免費調換新書；敬請所有讀者將以前所購第三輯（不論第幾刷），攜回或寄回本公司免費換新；郵寄者之回郵由本公司負擔，不需寄來郵票。因此而造成讀者閱讀、以及換書的不便，在此向所有讀者致上萬分的歉意，祈請讀者大眾見諒！

《楞嚴經講記》第 14 輯初版首刷本免費調換新書啓事：本講記第 14 輯出版前因 平實導師諸事繁忙，未將之重新閱讀而只改正校對時發現的錯別字，故未能發覺十年前所說法義有部分錯誤，於第 15 輯付印前重閱時才發覺第 14 輯中有部分錯誤尚未改正。今已重新審閱修改並已重印完成，煩請所有讀者將以前所購第 14 輯初版首刷本，寄回本公司免費換新（初版二刷本無錯誤），本公司將於寄回新書時同時附上您寄書來換新時的郵資，並在此向所有讀者致上最誠懇的歉意。

《心經密意》初版書免費調換二版新書啓事：本書係演講錄音整理成書，講時因時間所限，省略部分段落未講。後於再版時補寫增加 13 頁，維持原價流通之。茲爲顧及初版讀者權益，自 2003/9/30 開始免費調換新書，原有初版一刷、二刷書籍，皆可寄來本公司換書。

《宗門法眼》已經增寫改版爲 464 頁新書，2008 年 6 月中旬出版。讀者原有初版之第一刷、第二刷書本，都可以寄回本公司免費調換改版新書。改版後之公案及錯悟事例維持不變，但將內容加以增說，較改版前更具有廣度與深度，將更能助益讀者參究實相。

換書者**免附回郵**，亦無截止期限；舊書請寄：111 台北郵政 73-151 號信箱 或 103 台北市承德路三段 267 號 10 樓 正智出版社有限公司。舊書若有塗鴨、殘缺、破損者，仍可換取新書；但缺頁之舊書至少應仍有五分之三頁數，方可換書。所有讀者不必顧念本公司是否有盈餘之問題，都請踴躍寄來換書；本公司成立之目的不是營利，只要能眞實利益學人，即已達到成立及運作之目的。若以郵寄方式換書者，免附回郵；並於寄回新書時，由本公司附上您寄來書籍時耗用的郵資。造成您不便之處，再次致上萬分的歉意。

正智出版社有限公司 啓

國家圖書館出版品預行編目(CIP)資料

佛藏經講義 / 平實導師述著. -- 初版.
-- 臺北市 : 正智, 2019.07　　面 ; 公分

ISBN 978-986-97233-8-1(第一輯;平裝)
ISBN 978-986-98038-1-6(第二輯;平裝)
ISBN 978-986-98038-5-4(第三輯;平裝)
ISBN 978-986-98038-8-5(第四輯;平裝)
ISBN 978-986-98038-9-2(第五輯;平裝)
ISBN 978-986-98891-3-1(第六輯;平裝)
ISBN 978-986-98891-5-5(第七輯;平裝)
ISBN 978-986-98891-9-3(第八輯;平裝)
ISBN 978-986-99558-0-5(第九輯;平裝)
ISBN 978-986-99558-3-6(第十輯;平裝)
ISBN 978-986-99558-5-0(第十一輯;平裝)
ISBN 978-986-99558-6-7(第十二輯;平裝)
ISBN 978-986-99558-9-8(第十三輯;平裝)
ISBN 978-986-06961-2-7(第十四輯;平裝)
ISBN 978-986-06961-3-4(第十五輯;平裝)
ISBN 978-986-06961-8-9(第十六輯;平裝)
ISBN 978-626-95796-2-4(第十七輯;平裝)

1. 經集部

221.733　　108011014

佛藏經講義——第十七輯

著述者：平實導師
音文轉換：蔡正利 黃昇金
校對：章乃鈞 陳介源 孫淑貞 傅素嫻 王美伶
出版者：正智出版社有限公司
電話：〇二 28327495 28316727（白天）
傳眞：〇二 28344822
一一一台北郵政 73-151 號信箱
郵政劃撥帳號：一九〇六八二四一
正覺講堂：總機〇二 25957295（夜間）
總經銷：聯合發行股份有限公司
231 新北市新店區寶橋路 235 巷 6 弄 6 號 4 樓
電話：〇二 29178022（代表號）
傳眞：〇二 29156275
初版首刷：二〇二三年三月三十一日 二千冊
定價：三〇〇元